Graeme K. Deans / Fritz Kröger / Stefan Zeisel

Merger Endgames –
Strategien für die Konsolidierungswelle

T0406464

Graeme K. Deans
Fritz Kröger
Stefan Zeisel

Merger Endgames

Strategien für die Konsolidierungswelle

GABLER

Bibliografische Information Der Deutschen Bibliothek
Die Deutsche Bibliothek verzeichnet diese Publikation in der Deutschen Nationalbibliografie;
detaillierte bibliografische Daten sind im Internet über <http://dnb.ddb.de> abrufbar.

1. Auflage Oktober 2002

Umschlaggestaltung: Nina Faber de.sign, Wiesbaden
Satz: Buch-Werkstatt GmbH, Bad Aibling

Gedruckt auf säurefreiem und chlorfrei gebleichtem Papier

ISBN-13: 978-3-322-82418-9   e-ISBN-13: 978-3-322-82417-2
DOI: 10.1007/978-3-322-82417-2

Inhalt

Vorwort

Aus der Nähe betrachtet, ist das Wirtschaftsleben – wie Fußball oder Kinder – vom Chaos geprägt. Doch je weiter man zurücktritt, desto deutlicher bildet sich ein Muster heraus, das Zeiten und Räume umspannt. Solche Muster zu entdecken, das Bedeutende aus dem Zufälligen herauszulösen, entsteht nur aus der Kombination von intensiver Forschung, Erfahrung und Intuition.

Diese Herausforderung ist besonders schwierig in einer globalen Wirtschaft, mit Zehntausenden großer Unternehmen, die Hunderte von Millionen von Arbeitskräften beschäftigen und im Laufe der Jahrzehnte Milliarden von Konsumenten bedienen. Den Autoren dieses Buches – weltweit erfahrene Senior-Berater von A.T. Kearney, der Tochtergesellschaft von EDS – ist dieser Wurf gelungen. In der Tat, sie haben Ordnung ins Chaos gebracht. Aber sie haben auch praktische und umsetzungsfähige Empfehlungen für Manager und Anleger gegeben. Und sie sind – völlig zu Recht – vollkommen überzeugt von ihren Schlussfolgerungen und Extrapolationen.

Was Graeme Deans, Fritz Kröger und Stefan Zeisel geschrieben haben, ist nicht weniger als die Naturgeschichte der Akquisitionen und Übernahmen. Sie untersuchen nicht nur, warum Fusionen geschehen und warum sie erfolgreich sind (oder, häufiger noch, scheitern). Die Autoren zeigen, wie die Konsolidierung vonstatten geht, ihren Lebenszyklus, ihre Anatomie.

Im Zuge dieser überraschenden und überzeugenden Analyse räumen die Autoren mit Mythen auf und zeigen CEOs, wie sie den besten Zeitpunkt und den besten Partner für Fusionen ermitteln können und weisen Private-Equity-Investoren und interessierte Anleger auf die lukrativsten Unternehmen und Industriesegmente hin.

Als Journalist bin ich beeindruckt davon, wie die Autoren ohne Umschweife zum Punkt kommen:

- „Es gibt keine optimale oder maximale Größe eines Unternehmens. Um zu überleben, müssen Unternehmen kontinuierlich wachsen. Punkt."

- „Ein Unternehmen, das seine Industrie übertreffen will, muss fusionieren."

- „Nischenmärkte sind keine Refugien. Unternehmen in Nischen werden konsolidiert werden."

- „In der Automobilindustrie werden mehr große Spieler wie Volkswagen, GM und Ford entstehen."

- „Die Finanzdienstleistungsbranche wird weiterhin in Nord-Amerika, dann in Europa und schließlich weltweit konsolidieren."

- „Innerhalb der nächsten fünf Jahre wird es eine Fusion mit einem Transaktionswert von einer Billion US-Dollar geben, die faktisch ein globales Monopol entstehen lässt. Da sind wir uns ziemlich sicher."

Die Autoren vertreten die These, dass die Profitabilität von Unternehmen von Fusionen, Marktanteilen und Aktienkursen abhängt. Fusionen sind damit kein Neben-, sondern ein Hauptkriegsschauplatz – oder, wie die Autoren sagen, das „Endgame".

Zunächst war ich von diesem Buch eingenommen, das gebe ich gern zu, weil es eine ähnliche Einschätzung von den Kapitalmärkten vertritt wie ich selbst. Das Modell der Autoren blickt etwa 10 Jahre in die Zukunft. Sie prognostizieren eine zunehmende Zahl von Fusionen und sind der Ansicht, dass starke Fusionsaktivität mit einem Anstieg der Aktienkurse korreliert. Zwischen 1970 und 1980 und zwischen 1980 und 1990 verdreifachte sich jeweils die gesamte weltweite Marktkapitalisierung, und diese verdreifachte sich noch einmal zwischen 1990 und 2000. Deans, Kröger und Zeisel gehen davon aus, dass sie sich bis 2010 noch einmal verdreifachen wird.

Ich war auch fasziniert von der Endgames-Logik. Alles, was ich bisher über Fusionen zu wissen glaubte, stellte sich als falsch heraus. Die Forschung der Autoren basiert auf einer tief reichenden Analyse von 1.345 großen Fusionen von 945 kaufenden Unternehmen und einer Datenbasis von mehr als 25.000 globalen Unternehmen. Die Autoren kommen zu dem Schluss, dass obwohl Fusionen in der Mehrzahl statt Wert zu schaffen tatsächlich Wert vernichten, externes Wachstum jeder internen Wachstumsstrategie weit überlegen ist (die besten Unternehmen beherrschen beides), und dass in jeder Industrie dieselben Kräfte der Konsolidierung und Dekonsolidierung gelten.

Die generelle Gültigkeit von Industriekonsolidierung ist das Herz von *Merger Endgames – Strategien für die Konsolidierungswelle.* Die Autoren präsentieren in diesem Buch eine in ihrer Einfachheit elegante Theorie – dass alle Industrien weltweit in ähnlicher Weise konsolidieren. Deshalb, so die Autoren, können Fusionen und Industriekonsolidierungen mit hoher Wahrscheinlichkeit vorhergesagt werden. Dieser Prozess, den die Autoren die Endgames-Kurve nennen, läuft in vier Phasen über einen Zeitraum von etwa 25 Jahren ab.

1. Jede Industrie beginnt in Phase eins. Die Autoren beschreiben sie wie einen „Wilden Westen" der Wirtschaft. Die Aktivitäten beginnen mit Start-Ups in völlig neuen Industriesegmenten wie der Biotechnologie, dem Internet-Einzelhandel oder Spin-Offs, die den gesamten Prozess der Industriekonsolidierung von vorn durchlaufen oder mit Industrie-Segmenten, die soeben dereguliert oder privatisiert wurden, wie die Energieversorgung, Wasser, Eisenbahnen und Telekommunikation sowie, in vielen Ländern, Banken und Versicherungen. In dieser Phase versuchen die Unternehmen, Markteintrittsbarrieren wie Patente aufzubauen, sie beeilen sich, den Umsatz zu steigern und den Marktanteil auszuweiten und schließlich beginnen sie zu konsolidieren.

2. In der zweiten Phase wachsen die Unternehmen, um Skaleneffekte aufzubauen. Die besten CEOs kaufen ihre Wettbewerber auf und stecken ihre Territorien ab. Kröger, Deans und Zeisel beschreiben, wie Hugh McColl aus einer kleinen Bank in North

Carolina, NCNB, durch Fusionen die viertgrößte Bank der USA machte, unglücklicherweise geriet McColl in der dritten Phase in Schwierigkeiten. Am Ende von Phase zwei ist die Konzentrationsrate (der Marktanteil der drei größten Unternehmen) bei 45 Prozent in einigen Industriesegmenten. In jeder Phase des Endgames gibt es Gewinner und Verlierer auf den Aktienmärkten. Der beste Eintrittszeitpunkt für Private-Equity-Investoren liegt gegen Ende der ersten und Anfang der zweiten Phase, den besten Ausstiegszeitpunkt bildet die frühe Phase drei, wenn die Premiumpreise hoch sind.

3. Die dritte Phase erfordert Fokussierung. Nach einer aggressiven Konsolidierung laufen erfolgreiche Unternehmen in ihrem Industriesegment zur Höchstform auf, entledigen sich nicht überlebensnotwendiger oder zweitrangiger Geschäftsbereiche und bauen noch mehr Marktanteile auf. In dieser und der nächsten Phase entstehen zwei Drittel des Wachstums durch Akquisitionen und Übernahmen. Auf organischem Weg können Unternehmen nichts Wesentliches mehr erreichen, und ähnlich wie in Phase zwei nehmen die Fusionen unter (fast) Gleichen zu (Morgan Stanley und Dean Witter in Phase zwei; Exxon und Mobil in Phase drei).

4. In der letzten Phase schrauben die Industrien ihre Konzentration bis zu 90 Prozent hoch und erreichen damit den Höchststand. Hier regieren die Industrietitanen, wie die Autoren sie bezeichnen, in Industriesegmenten wie der Zigarettenindustrie, Aluminium und Softdrinks. Die Profite können in dieser Phase nicht mehr wesentlich gesteigert werden, deshalb streben Unternehmen in der vierten Phase häufig danach, wachstumsträchtige Bereiche auszugliedern und neue Segmente oder Sub-Segmente entstehen zu lassen. Die Autoren zitieren Pepsi Co., die zwei Spin-off-Industrien erkannt und aufgebaut hat: isotonische Getränke (Gatorade hatte Pepsi von Quaker Oats gekauft) und Mineralwasser (dies baute das Unternehmen selbst auf).

Es ist erfrischend, ein Buch zu lesen, das eine überzeugende, eigenständige These entwickelt und souverän ausführt: eine These, die nicht von Spekulationen über Terrorismus oder Technologie-Visionen oder Bilanzskandalen verfälscht ist. Die Autoren sagen voraus, dass der Dow Jones bis 2010 um das Dreifache steigen wird. Meine Einschätzung liegt eine Spur niedriger – bei 36.000 Zählern. Ich hätte liebend gern Unrecht.

James K. Glassmann

James K. Glassmann arbeitet für die *Washington Post* und den *International Herald Tribune*. Er ist ständiges Mitglied des American Enterprise Institute in Washington, Ko-Autor des Buches *Dow 36.000* (1999) und Autor von *The Secret Code of the Superior Investor* (2002).

Einleitung:
Jede Industrie ist im Endgame

Seit Jahren beobachten wir die steigende Zahl von Akquisitionen, Fusionen und Desinvestitionen weltweit – dabei wird absolut klar: Der globale Konsolidierungstrend ist nicht aufzuhalten. Er mag an Geschwindigkeit verlieren, wie 2001, oder zunehmen, wie im Verlauf der 1990er Jahre, aber er schreitet stetig und unvermeidlich voran. Die Konsequenzen für einzelne Industrien und Unternehmen sind enorm. Während die Konsolidierung in einer Industrie an Geschwindigkeit nachlässt, wird in einem anderen Sektor eine neue Welle entfacht. Dies wiederum löst eine Restrukturierungsphase in einer weiteren Industrie aus, die zu einem neuen Konsolidierungsschub führt.

Fusionen und Industriekonsolidierungen sind keine nationalen, regionalen oder industriespezifischen Besonderheiten. Die Arena für die Endgames ist die Weltwirtschaft – jedes Unternehmen ist Teil des Endgames seiner Industrie.

Die Ergebnisse unserer Endgames-Studie geben Aufschluss über die Gesetzmäßigkeit von Industriekonsolidierungen:

1. Alle Industrien konsolidieren nach derselben Gesetzmäßigkeit.

2. Industriekonsolidierungen und Fusionen lassen sich vorhersagen.

3. Jede strategische oder operative Entscheidung eines Unternehmens ist nach ihrem Endgames-Effekt zu beurteilen.

4. Die Erfolgswahrscheinlichkeit einer Fusion hängt von der Position der jeweiligen Industrie im Endgame ab.

5. Das Umsatzwachstum ist stabil, aber die Profitabilität verändert sich dramatisch mit den Endgames-Phasen.

A.T. Kearneys Endgames-Studie stützt sich auf eine Datenbasis, die in ihrer Breite und Tiefe einzigartig ist. Sie umfasst Daten von mehr als 25.000 Unternehmen weltweit über einen Zeitraum von elf Jahren, die insgesamt 98 Prozent der globalen Marktkapitalisierung abbilden, also weitgehend die gesamte Weltwirtschaft repräsentieren.

Aus den Gesetzmäßigkeiten der Endgames-Kurve ergeben sich Handlungsempfehlungen für Unternehmen in allen vier Phasen des Endgames. Unternehmen, die ihnen folgen, sind im Endgame ihrer Industrie erfolgreich. Unsere Erkenntnisse aus der Endgames-Studie haben viele unserer Hypothesen verifiziert, zwangen uns aber auch, einige überholte Annahmen ad acta zu legen. Unter anderem kamen wir zu folgenden Schlussfolgerungen:

➢ Es gibt keine optimale Unternehmensgröße. Unternehmen müssen immer weiter wachsen, wenn sie überleben wollen!

➢ Organisches Wachstum allein ist nicht hinreichend. Wer den Wettbewerb übertreffen will, muss akquirieren!

➢ Es gibt keine Nischenmärkte, die verteidigt werden könnten. Alle Industrien sind oder werden global. Jedes Unternehmen ist im Endgame!

Angesichts der Vielzahl von Büchern über Fusionsstrategien und Konsolidierungstrends sind wir überzeugt, dass dieses Buch wegen seines holistischen Ansatzes und seiner Vorhersagekraft eine Sonderstellung einnimmt und für vier Lesergruppen interessant ist:

➢ Vorstände und Vorstandsvorsitzende von Unternehmen in jeder Industrie,

➢ Führungskräfte und Geschäftsführer von Unternehmen, die akquirieren oder desinvestieren,

➢ Private-Equity-Investoren, die Industrien konsolidieren oder „aufrollen",

➢ Personen mit Interesse an der Entwicklung der globalen Kapitalmärkte.

In diesem einleitenden Kapitel stellen wir zunächst unsere Endgames-Studie und die Logik der Endgames-Kurve vor, bevor wir in den weiteren Kapiteln dieses Buches die Charakteristika der einzelnen Phasen der Endgames-Kurve und unsere daraus abgeleiteten Handlungsempfehlungen für Unternehmen erläutern.

Die Endgames-Studie bringt Ordnung ins Chaos der Fusionen

A.T. Kearney hat in einem langjährigen, weltweiten und industrieübergreifenden Vergleich erstaunliche Ähnlichkeiten in der Konsolidierung unterschiedlicher Industrien entdeckt. Über einen Zeitraum von 20 Jahren betrachtet, lassen Industriekonsolidierungen ein s-förmiges Verlaufsmuster erkennen, das wir „Endgames-Kurve" nennen.

Unternehmensfusionen und Industriekonsolidierungen sind demzufolge keine zufälligen Ereignisse, sondern verlaufen in allen Industrien ähnlich. Wenn man die Position einer Industrie in der Endgames-Kurve kennt, wird ihre Entwicklung mit einiger Wahrscheinlichkeit vorhersehbar. Dies hat auch ganz konkreten Nutzen für die Unternehmen: Ein Unternehmen, das weiß, in welcher Phase der Endgames-Kurve sich seine Industrie befindet, kann die richtigen strategischen und operativen Entscheidungen treffen.

Wir stellen dem interessierten Leser im Anhang detailliert dar, wie wir diese s-förmige Kurve abgeleitet haben, auf welche Datenbasis sich unsere Erkenntnisse stützen und wie wir bei der Berechnung vorgegangen sind. Hier in aller Kürze die wichtigsten Schritte: Für die Endgames-Studie haben wir eine Datenbank von mehr als 25.000 Unternehmen zwischen 1990 und 2000 zusammengestellt. Sie ermöglichte es uns, die Entwicklung der Industriekonsolidierung im Zeitverlauf zu analysieren.

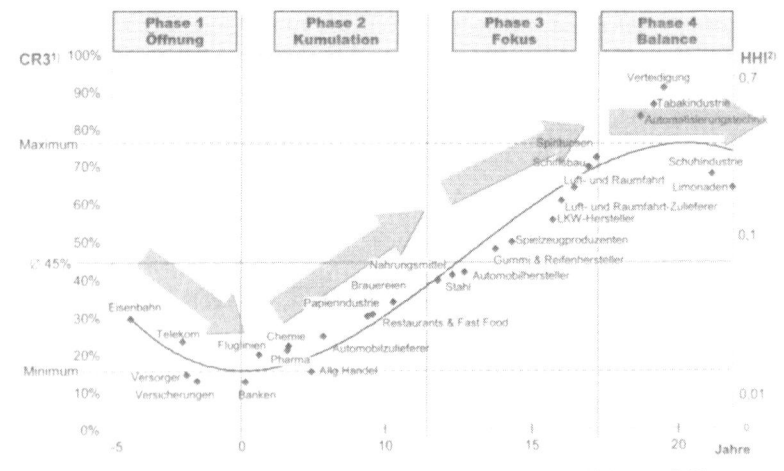

Abb. 1: Die Endgames-Kurve

Den Konzentrationsgrad einer Industrie haben wir mit einem der am häufigsten verwendeten Maßstäbe, dem CR3-Index, gemessen. Er ist definiert als die Summe der Marktanteile der drei größten Unternehmen in einer Industrie. Um auch den Einfluss kleinerer Unternehmen zu berücksichtigen, haben wir darüber hinaus den Hirschman-Herfindahl-Index verwendet, der die Industriekonzentration als Summe der quadrierten Marktanteile aller Unternehmen in einer Industrie berechnet.

Als wir Konsolidierungsgrad und -trend der wichtigsten Industrien in einen Graphen eintrugen, wurde ein Muster erkennbar, das für jede beliebige Industrie gültig ist: die Endgames-Kurve. Wenn Industrien sich auf der Endgames-Kurve nach oben bewegen, nimmt die Konzentration zu, der Marktanteil der wichtigsten Spieler – gemessen sowohl mit dem Hirschman-Herfindahl- als auch dem CR3-Index – nähert sich einem theoretischen Maximum von 100 Prozent. Entsprechend verändert sich die Fusionsaktivität in einer Industrie mit deren Position auf der Endgames-Kurve: Die Industrien am unteren Ende der Kurve fusionieren wesentlich stärker als diejenigen am oberen Ende.

16

Der Zeitraum, den eine Industrie benötigt, um zu dekonsolidieren, zu konsolidieren und schließlich die letzte Stufe der Konzentration zu erreichen, umfasst etwa 25 Jahre. Die Standardabweichung von dieser Geschwindigkeit beträgt plus oder minus fünf Jahre. Auf diesem Weg verändern sich die Industrien, deshalb haben wir vier Phasen voneinander abgegrenzt, deren Charakteristika und Erfolgsfaktoren analysiert und daraus Handlungsempfehlungen für Unternehmen abgeleitet.

Die vier Phasen der Endgames-Kurve

> **Öffnungsphase:** Am Anfang ist der Markt nicht oder kaum konzentriert, die ersten Akquisitionen werden getätigt. Kürzlich deregulierte, Start-up- oder Spin-off-Industrien befinden sich in dieser Phase.

> **Kumulationsphase:** Größe wird entscheidend. Die wichtigsten Spieler bilden sich heraus und lassen erste Marktriesen entstehen. Die Konzentrationsrate der größten drei beträgt in manchen Industrien bis zu 45 Prozent, die Konsolidierungsgeschwindigkeit ist auf dem Maximum. Durch das starke Wachstum können die Unternehmen erhebliche Skaleneffekte nutzen.

> **Fokusphase:** Die wichtigsten Territorien sind abgesteckt, die zukünftigen Weltmarktspieler haben sich herauskristallisiert. Erfolgreiche Marktteilnehmer bauen ihr Kerngeschäft aus, tauschen nicht zum Kerngeschäft gehörende Bereiche aus oder stoßen sie ab. Die Konsolidierungsgeschwindigkeit lässt nach, aber die Tendenz zu Mega-Fusionen nimmt zu.

> **Balancephase:** Einige wenige Spieler dominieren die Industrie, die Konsolidierungsrate beträgt 90 Prozent. Industriegiganten, die ihre Wettbewerber weitgehend aus dem Markt gedrängt haben, beherrschen das Spiel. An die Stelle von Fusionen treten Allianzen. Akquisitionen und Übernahmen sind in dieser Phase schwierig geworden.

Unternehmen sollten die Gesetzmäßigkeit der Endgames-Kurve für strategische Entscheidungen nutzen

Unternehmen, die wissen, in welcher Phase des Endgame sich ihre Industrie befindet, können abschätzen, was in der Industrie als nächstes passieren wird und sich darauf vorbereiten oder selbst den Anstoß für die Weiterentwicklung geben. Dabei können sie die Gesetzmäßigkeiten der Endgames-Kurve nutzen, um sich in eine gute Endgames-Position zu bringen und schließlich zu den Gewinnern des Endgame ihrer Industrie zu gehören.

1. Alle Industrien konsolidieren nach derselben Gesetzmäßigkeit

Wenige Dinge im Wirtschaftsleben erscheinen so chaotisch und unvorhersehbar wie Akquisitionen und Übernahmen. Unsere Endgames-Studie hat Ordnung in das Chaos gebracht: Es gibt ein klares und logisches Muster der Industriekonsolidierung, das für alle Industrien weltweit gültig ist. Als wir die Daten der 25.000 Unternehmen in unserer Endgames-Datenbank analysierten, stellten wir fest, dass sie sich alle in den vier Phasen der Endgames-Kurve befinden – kein Unternehmen kann sich dem Endgame seiner Industrie entziehen. Alle Industrien werden vom ersten Tag ihres Bestehens an in den Sog der Konsolidierung gerissen.

Die Kunst für ein Unternehmen besteht darin, so lange wie möglich im Endgame zu bleiben beziehungsweise das Endgame zu dominieren. An der Endgames-Kurve ist deutlich abzulesen, wie sich die Anzahl von Unternehmen in einer Industrie im Zeitablauf verringert.

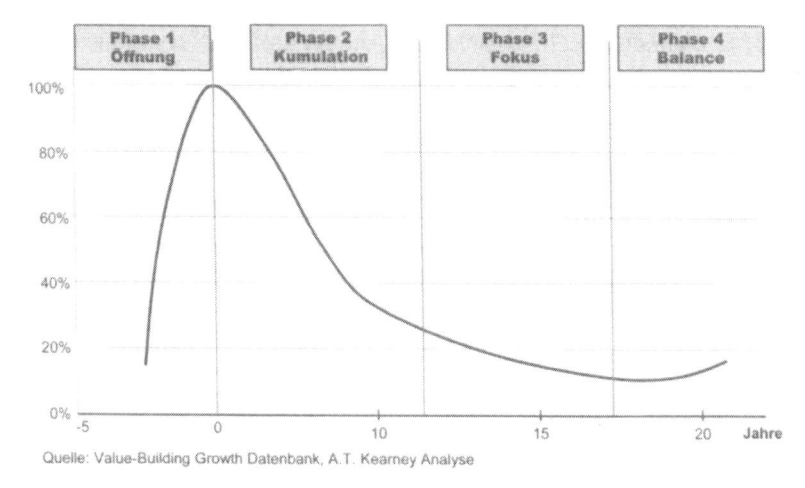

Abb. 2: Prozentzahl der Unternehmen in einer phasentypischen Industrie

Am Ende der Öffnungsphase ist eine Industrie hoch fragmentiert, die Anzahl von Unternehmen ist am höchsten. In der Kumulationsphase verringert sich die Anzahl von Unternehmen um bis zu 70 Prozent. In den letzten beiden Phasen, der Fokus- und der Balancephase, nimmt sie erneut um mehr als die Hälfte ab. Erst gegen Ende der vierten Phase kann die Zahl wieder etwas zunehmen, wenn neue, innovative Marktteilnehmer in den inzwischen reifen und von Industrieriesen regierten Markt eintreten können, weil die Marktführer „satt" und „träge" geworden sind.

Wir wissen also, wie viele Unternehmen in den verschiedenen End-games-Phasen existieren – und wir können auch abschätzen, wie lange diese Unternehmen im Endgame ihrer Industrie bleiben werden. Tatsächlich kann die Entwicklung in einer Industrie mit Hilfe der Endgames-Kurve von Jahr zu Jahr vorhergesagt werden. Nach dem heutigen Erkenntnisstand dauert es etwa 20 bis 25 Jahre, bis eine Industrie von der Öffnungsphase über die Kumulations- und die Fokusphase bis zur Balancephase den Konsolidierungsprozess durchlaufen hat.

19

Dieser Zeitraum verkürzt sich stetig. In der Frühzeit der Industrialisierung brauchten die schwerfälligen Unternehmen noch etwa 40 bis 60 Jahre, bis sie den höchsten Konsolidierungsgrad ihrer Industrie erreicht hatten. Die technologischen Voraussetzungen für Handel und Informationsaustausch erlauben heute die Steuerung von Unternehmen mit so gigantischer Größe, wie sie vor 20 Jahren nicht einmal vorstellbar, geschweige denn durchführbar war. Zudem macht der Einfluss des Kapitalmarkts Akquisitionen und Übernahmen in einem Umfang und einer Häufigkeit möglich, die bislang undenkbar waren.

Die heutige Geschwindigkeit der Industriekonsolidierung ist also Ergebnis einer jüngeren Entwicklung. Seit dem Beginn des „Fusionsfiebers" in den 80er Jahren des 20. Jahrhunderts ist die Zahl der Fusionen jährlich um durchschnittlich fast 21 Prozent gestiegen, und der Trend zu „Mega-Deals" nimmt ungebrochen zu. Die Richtung ist eindeutig: Je schneller sich die Einflussfaktoren auf die Wirtschaft verändern, desto stärker wird die Konsolidierungsgeschwindigkeit steigen. Es ist abzusehen, dass sich der Zeitraum der Konsolidierung schließlich bis auf zehn bis fünfzehn Jahre verkürzen wird.

Die zunehmende Globalisierung wird den Konsolidierungstrend noch verstärken. Je mehr Handelsbarrieren fallen und je stärker der Einfluss der Welthandelsorganisation wird, desto mehr werden Unternehmen ihre globale Präsenz ausweiten, auch wenn diese Entwicklung für den Konsumenten nicht immer offensichtlich ist.

Ein Beispiel dafür ist die Entwicklung in Asien: Während der Wirtschaftskrise 1997 und 1998 unterstützten globale Organisationen wie der Internationale Währungsfond (IMF), die Weltbank und die Welthandelsorganisation (WTO) Thailand, Süd-Korea, Indonesien und andere Länder darin, ihr Finanzwesen neu zu organisieren und die Wirtschaft durch Abbau von Handelsbarrieren zu öffnen. Als unmittelbare Konsequenz dieser Maßnahmen begannen globale Finanzdienstleister, in diesen Ländern zu investieren. Zwischen 1998 und 2000 erlebte zum Beispiel Thailand eine wahre Kaufwelle:

> GE Capital kaufte das Autofinanzierungsunternehmen GS Capital und das Kreditkartenunternehmen Central Card.

> Die Development Bank of Singapore kaufte die Thai Danu Bank.

> ABN-Amro kaufte die Bank of Asia, die zehntgrößte Bank in Thailand.

Ähnliche Kaufaktivitäten waren nach der Wirtschaftskrise in Süd-Korea und dem restlichen Asien zu beobachten.

Damit ist eindeutig: Alle Industrien sind oder werden global. Die alten Tage der regionalen Differenzierung sind vorbei. Alle Industrien konsolidieren nach derselben Gesetzmäßigkeit. Wer nach der Devise „small is beautiful" vorgeht oder versucht, in einer Nische zu überleben, ist zum Scheitern verurteilt.

Natürlich wird es weiterhin Bereiche geben, in denen kleine Unternehmen gedeihen können, und es wird immer wieder eine neue Generation von Gründern geben, die im Schatten der Großen durchaus profitable Unternehmen führen können. Aber auch sie unterliegen der Gesetzmäßigkeit des Endgames und müssen sich letztlich entscheiden, ob sie lieber kaufen oder gekauft werden.

Die einzige richtige Antwort auf die Frage nach der „optimalen" Größe lautet also: „größer" – größer als letztes Jahr, größer als der Wettbewerb – und das Ziel heißt, morgen noch größer zu sein. Stagnation oder ein langsamer Wachstumspfad sind fatal. Die Option für Unternehmen lautet: wachsen, und zwar durch Fusionen.

Durch organisches Wachstum allein können Unternehmen den Wettbewerb nicht übertreffen, im Gegenteil: Unternehmen, die langsamer wachsen als ihre Wettbewerber, werden zu Akquisitionszielen und scheiden damit aus dem Endgame ihrer Industrie aus. Am Anfang der Endgames-Kurve ist organisches Wachstum noch lebenswichtig, formt es doch den kulturellen Zusammenhalt innerhalb eines Unternehmens. Aber es muss rasch durch Akquisitionen unterstützt werden. In der Wachstums- und der Fokusphase nimmt die Bedeutung von Unternehmenskäufen erheblich zu, nur durch externes Wachstum können Unternehmen auf der Endgames-Kurve nach oben gelangen.

2. Industriekonsolidierungen und Fusionen lassen sich vorhersagen

Jedes Jahr finden in allen Gegenden der Welt Tausende von Fusionen statt, doch wer kann abschätzen, woher die nächste Fusionsankündigung kommen wird? Welche Industrie ist dabei zu konsolidieren oder zu dekonsolidieren? Welche Unternehmen werden kaufen und welche werden gekauft?

Fakt ist: Alle Industrien, ohne Ausnahme, sind oder werden global und werden früher oder später konsolidieren. Es gibt keine Marktnischen und keine lokalen Refugien, die nicht über kurz oder lang im Endgame sind. Im Gegenteil: Konsolidiert eine Industrie, reißt sie die benachbarte – ihre Lieferanten, ihre Kunden – mit in den Sog. Zum Beispiel hat die Konsolidierung in der Automobilindustrie längst eine Konsolidierungswelle in der Automobilzulieferindustrie ausgelöst, die Fusionen im Lebensmitteleinzelhandel haben sich auf die Nahrungsmittelindustrie ausgeweitet und so weiter. Allerdings werden Nischenspieler erst in der Balancephase aggressiv als Akquisitionsziele verfolgt – und sind dann unweigerlich zu schwach, um ihre Position ernsthaft zu verteidigen.

Nachdem wir die Gesetzmäßigkeiten der Industriekonsolidierung erkannt haben, können wir langfristige Voraussagen über Fusionen treffen, und noch konkreter können wir vorhersagen, welche Unternehmen als Übernahmekandidaten gelten. Wir können berechnen, welche Unternehmen in welchem Zeitraum konsolidiert werden. Aber dieses Muster zu erkennen, ist erst der Anfang. Die wichtigste Entdeckung ist die, dass Unternehmen mit der Endgames-Kurve in die Zukunft blicken – und in der Gegenwart die richtigen Entscheidung treffen können. Damit können Unternehmen die Gesetzmäßigkeit der Endgames-Kurve nutzen, um selbst zu den Gewinnern zu gehören.

Die Entwicklung für jede einzelne Industrie ist zwar nur so weit vorauszusehen, wie sie braucht, um den Konsolidierungsgrad der nächst höher konzentrierten Industrie zu erreichen. Aber alle Industrien in späteren Endgames-Phasen haben die früheren Phasen einmal durchlaufen. Daher ist ein Blick über die Grenzen der eigenen Industrie und auch der eigenen Phase des Endgames hinaus nach vorn überaus aufschlussreich für die Entwicklung einer Endgames-Strategie. Unternehmen in der letzten Phase sollten außerdem die Industrien in der Öffnungsphase daraufhin beobachten, ob sich hier die Chance für einen Spin-off in einen noch jungen Wachstumsbereich ergibt.

Es ist entscheidend, als erster die richtigen Endgames-Strategien zu verfolgen. Unternehmen in dekonsolidierenden Industrien zum Beispiel müssen den richtigen Zeitpunkt abpassen, wann sie (wenn überhaupt) Geschäftsbereiche desinvestieren, um den bestmöglichen Preis zu erzielen. Wer zu lange wartet oder nur reagiert, wenn andere längst aktiv sind, muss seine Desinvestitionsobjekte schnelleren Unternehmen oder Investoren zu einem Spottpreis überlassen.

Langfristiger Erfolg ist die Belohnung für eine langfristige Strategie. Deshalb ist es so wichtig, die Entwicklung einer Industrie – oder eines Unternehmens – über eine Zeitspanne von zehn oder fünfzehn Jahren vorherzusagen. Alle kurzfristigen Strategien erübrigen sich vor dem Hintergrund der Endgames-Kurve.

Die Vorhersagbarkeit von Industriekonsolidierungen ist nicht nur für Unternehmen, sondern auch für Investoren interessant. Langfristig prognostizieren wir, dass die Industriekonsolidierung zu fast 80 Prozent mit dem Anstieg der globalen Aktienmärkte korrelieren wird – für den Aktienmarkt sagen wir eine Steigerung von etwa 300 Prozent in den nächsten zehn Jahren voraus. Die nächste Konsolidierungswelle wird sich also stark auf die globalen Börsen auswirken – mehr dazu ist in Kapitel sechs zu lesen, unserem Ausblick auf das Jahr

2010. In einzelnen Branchen ist diese Entwicklung bereits abzusehen, unter anderem in der Auto- und der Finanzbranche:

> In der Automobilindustrie werden weitere große Marktteilnehmer entstehen, wie Volkswagen, GM und Ford. DaimlerChrysler scheint sich ebenfalls auf einem gesünderen Pfad zu befinden.

> Die Finanzbranche wird zunächst in Nordamerika und Europa weiter konsolidieren, dann weltweit. Es ist noch nicht klar, wo das Zentrum des bevorstehenden Sturms an Fusionen sein wird: Wird die Deutsche Bank eine führende Rolle einnehmen? Welche japanische Bank wird eine führende Position übernehmen?

3. Jede strategische oder operative Entscheidung eines Unternehmens ist nach ihrem Endgames-Effekt zu beurteilen

Der Sinn und Zweck einer Fusion besteht in einer erhöhten Wettbewerbsfähigkeit des neuen Unternehmens, der sich daraus ergebenden Steigerung des Shareholder Value und dem „Aufstieg" auf der Endgames-Kurve. Jede strategische und operative Entscheidung sollte deshalb danach getroffen werden, ob sie das Wachstum des Unternehmens fördert, seine Wettbewerbsfähigkeit erhöht und seine Position auf der Endgames-Kurve verbessert.

Der Fall des 150-jährigen deutschen Bauunternehmens Philipp Holzmann illustriert deutlich die Notwendigkeit, strategische und operative Züge eines Unternehmens am Endgames-Effekt zu messen.

Philipp Holzmann

Während der 1970er und 1980er Jahre ging Holzmann weltweit auf Expansionskurs und erwarb lokale Unternehmen in vielen Ländern. Dennoch schaffte Holzmann es nie über die Kumulationsphase hinaus. In den späten 1990er Jahren ging Holzmann auf den Konkurs zu, aber Bundeskanzler Schröder rettete das Unternehmen. Er bot den Gläubigerbanken ein Darlehen und eine Bürgschaft in Höhe von insgesamt fast 130 Millionen € aus der Staatskasse an und überredete die Banken, weitere etwa 100 Millionen € in das Unternehmen zu investieren.

2002 reichte Holzmann, erneut zahlungsunfähig, Konkurs ein. Eine umsichtige strategische Restrukturierung und der Verkauf einiger Geschäftsbereiche hätten das Unternehmen retten können. Aber der heldenhafte Rettungsversuch der Bundesregierung war vergeblich, weil der Endgames-Effekt der Restrukturierung nicht berücksichtigt worden war. Angesichts der Endgames-Position der Industrie war es eindeutig, dass die Gruppe als Ganzes nicht gerettet werden könnte – eine frühzeitige Zerlegung und Verwertung der einzelnen Teile wäre die sinnvollere Lösung gewesen.

Nur einen Wettbewerber zu kaufen ist nicht genug: Die Summe von zwei negativen Zahlen ist eine noch größere negative Zahl und kein positiver Wert – und auf das Ergebnis einer Fusion kommt es an. Ein Beispiel ist hier die Fusion von Compaq und Digital Equipment im Jahr 1998. Während die Führungskräfte beider Unternehmen immer noch für sich reklamieren, der Zusammenschluss sei ein Erfolg gewesen, betrachten ihn Industrieexperten als gescheitert. Compaq verlor seine Marktführerschaft im PC-Markt an Dell. Der Wechsel ließ Kunden im Unklaren über die Zukunft der Produkte, die sie verwendeten. Compaqs Wert sank um 52 Prozent, die Ausschüttungen sind von 1,27 US-Dollar pro Aktie auf 27 Cents in den vergangenen drei Jahren gesunken. Analysten betonen, dass nur sehr wenige Fusionen zwischen großen IT-Unternehmen den Shareholder Value erhöht und die Kundenbeziehungen verbessert haben. Die Liste von Misserfolgen enthält Zusammenschlüsse wie die von Univac und RCA, Sperry Univac und Burroughs, Silicon Graphics und Cray, AT&T und NCR, Siemens und Nixdorf, Compaq und Tandem sowie Fujitsu und Amdahl.

A.T. Kearneys Value-Building-Growth-Matrix, die wir zuerst in unserem Buch „Der entschlüsselte Wachstumscode"[1] vorgestellt haben, ist ein geeignetes Tool, mit dem Unternehmen die besten Akquisitionskandidaten für eine erfolgreiche Endgames-Strategie identifizieren und den Endgames-Effekt eines möglichen Zusammenschlusses analysieren können. Die Value-Building-Growth-Matrix misst das Umsatz- und Wertwachstum der Spieler einer Industrie und ordnet sie gemäß ihrer Performance im Vergleich zum Industriedurchschnitt in vier Quadranten ein.

Wer einen klaren *Underperformer* erwirbt, der den Durchschnitt an Umsatz- und Wertwachstum seiner Industrie unterbietet, muss ohne die Bereitschaft und Fähigkeit, eine längere Restrukturierungsphase zu überstehen, mit einer hohen Misserfolgswahrscheinlichkeit rechnen – es sei denn, das gekaufte Unternehmen kann eine starke Wachstumskultur mitbringen und die Risiken begrenzen. *Simple Grower* und *Profit Seeker* sind wesentlich vernünftigere Akquisitionsziele, weil sie bereits eine Wachstumsbasis besitzen, häufig zu einem fairen Preis zu haben sind und die Aufmerksamkeit des Topmanagements nicht ungebührlich in Anspruch nehmen. Bleiben noch die *Value Grower*, die ihre Industrie sowohl an Umsatzwachstum wie an Wertwachstum übertreffen. Sie sind strategisch gesehen häufig die besten, wenn auch teuersten, Akquisitionsziele – in jeder Endgames-Phase.

Ein positiver Endgames-Effekt lässt sich auch erzielen, indem Unternehmen ihr angesammeltes Portfolio von Tochtergesellschaften und Geschäftsbereichen entsprechend ihrer jeweiligen Endgames-Position optimieren. Topmanagement und Aufsichtsrat sollten kontinuierlich das Portfolio von (Sub-)Industrien in ihrem Unternehmen daraufhin überprüfen, wo sie auf der Endgames-Kurve stehen, und sicherstellen, dass sie in konsolidierungsträchtigen Bereichen agieren.

---

1 Fritz Kröger, Michael Träm, Jörg Rockenhäuser und James McGrath: *Der entschlüsselte Wachstumscode. Strategien zur Wertsteigerung von Unternehmen.* Gabler 2000

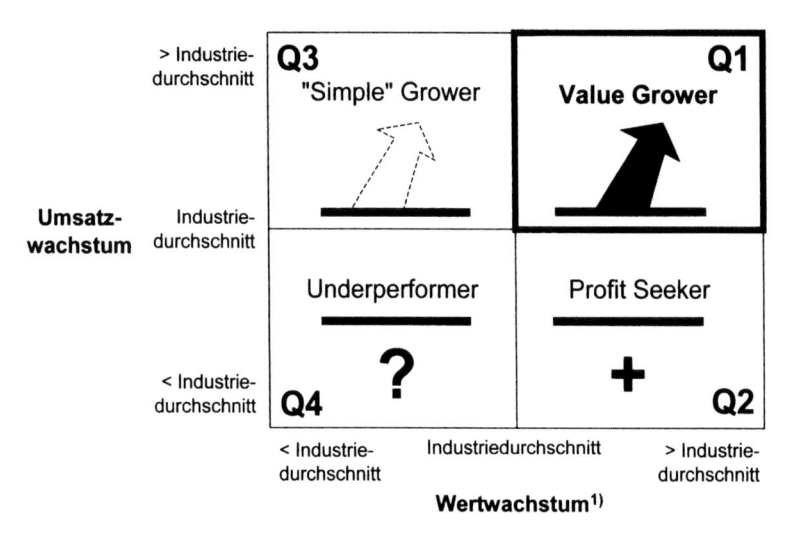

1) Gemessen als Adjusted Market Capitalization Growth = Marktkapitalisierungswachstum, korrigiert um Eigenkapitalveränderungen

Abb. 3: A.T. Kearneys Value-Building-Growth-Matrix

Darum geht es aktuell in der globalen Industrie für Produkte des Gesundheitswesens. Die Industrie befindet sich im Übergang von der Kumulations- zur Fokusphase, und sie durchläuft eine Zeit extremer Konsolidierung und sehr begrenzter Wachstumsmöglichkeiten. Bristol-Myers Squibb und Schering Plough sind typisch für diese Industrie. Beide haben ihr Portfolio auf die pharmazeutische Sub-Industrie und das Over-the-counter(OTC)- und Konsumgütergeschäft ausgerichtet – beide befinden sich ebenfalls im Übergang von Phase zwei zu Phase drei. Infolgedessen erlebt jedes der beiden Unternehmen diese schwierige Übergangszeit mit ganzer Härte – das langsame Wachstum, die Probleme mit auslaufenden Patenten, ins Bodenlose stürzenden Aktienkursen, Margendruck von größeren Wettbewerbern und die ständige Gefahr, zum Übernahmekandidat zu werden.

Im Gegensatz dazu hat Johnson & Johnson aktiv sein Geschäftsportfolio immer wieder neu ausgerichtet und besitzt nach wie vor ausgezeichnete Wachstumsaussichten und einen stabilen Aktienkurs trotz der Herausforderungen, vor denen sein Kernbereich, die pharmazeutische Industrie, steht. Zusätzlich zum pharmazeutischen, OTC- und Konsumgüter-Geschäft hat J&J aggressiv sein Portfolio diversifiziert, indem es Unternehmen für medizinische Geräte (Phase eins) und der Biotechnologie-Industrie (Phase eins) kaufte und wachsen ließ. Dies ermöglicht J&J erhebliche Wachstumschancen, selbst wenn ihr eigentliches Kerngeschäft einbricht – und nicht zuletzt enthält es eine überzeugende und attraktive Story für die Investoren.

Entscheidend für die Realisierung eines positiven Endgames-Effektes ist Geschwindigkeit. Diejenigen Unternehmen, die ihre Industrie schnell von einer Phase des Endgames in die nächste katapultieren, sind am erfolgreichsten. Sie verbuchen schnell wichtige Vorteile für sich und erreichen als erste eine günstige Endposition. Langsamere Unternehmen werden leicht zu Übernahmekandidaten.

Investoren sollten sich bei der Entscheidung für Akquisitionsobjekte an der Position der jeweiligen Industrie auf der Endgames-Kurve orientieren und bevorzugt in Industrien investieren, die sich in der Talsohle der Kurve befinden – und sie zu Beginn der Fokus-Phase wieder abstoßen. Mithilfe der Endgames-Kurve lassen sich außerdem Länder, Regionen und sogar Städte in Bezug auf Wachstum und Wettbewerb analysieren und bewerten. Wenn man die Positionen von Unternehmen in einer bestimmten Metropole auf der Endgames-Kurve betrachtet oder sich für die Wirtschaft eines bestimmten Landes interessiert, wird schnell deutlich, ob die Wirtschaftslage für junge Industrien günstig ist und damit künftiges Wachstum verspricht oder ob die Stärke eher in alten Industrien liegt und damit das primäre Interesse in der Bewahrung des Status quo liegt.

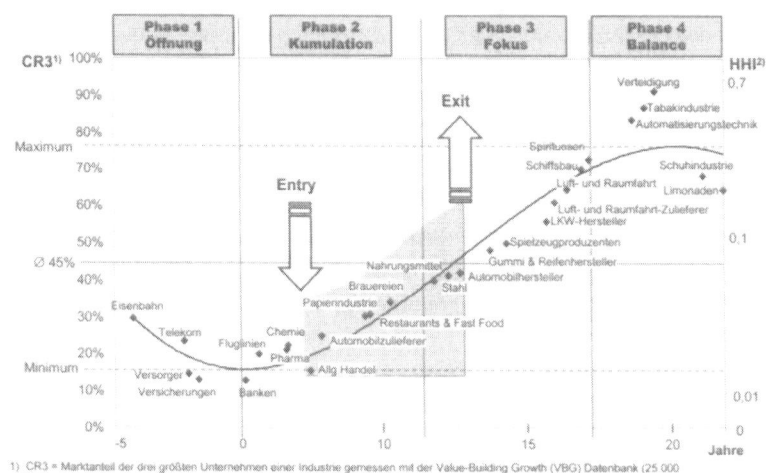

Abb. 4: Entry- und Exit-Zeitpunkte für Investoren

4. Die Erfolgswahrscheinlichkeit einer Fusion hängt von der Position der jeweiligen Industrie im Endgame ab

Im Laufe der Jahre haben wir festgestellt, dass sich die Erfolgswahrscheinlichkeit von Fusionen insgesamt leicht erhöht hat. Unsere Post-Merger-Integration-Studie aus dem Jahr 1999 zeigte, dass fast 60 Prozent aller Akquisitionen statt den Shareholder Value zu erhöhen, tatsächlich Wert vernichteten. Heute hat sich die Misserfolgsrate gebessert, doch sie liegt immer noch bei entmutigenden 52 Prozent.

Die Erfolgswahrscheinlichkeit von Fusionen kann erheblich gesteigert werden, wenn Unternehmen der Logik des Endgames folgen und in ihren Fusionsstrategien die Position des eigenen und des zu kaufenden Unternehmens in der Endgames-Kurve berücksichtigen: Als wir den Zusammenhang zwischen den einzelnen Endgames-Phasen

29

und dem Gelingen und Scheitern von Fusionen untersuchten, stellten wir erstaunliche Unterschiede fest. Alle früheren Faustregeln – wie „Großes Unternehmen sollte kleines Unternehmen kaufen", „Fusionierende Unternehmen sollten aus einem Land stammen" oder „Fusionen sollten das Kerngeschäft stärken" – stellten sich als kurzsichtig heraus und können jederzeit widerlegt werden. Sie sind nicht mehr die narrensicheren Erfolgsrezepte, als die sie einst galten. Heute besteht ein starker Zusammenhang zwischen der Endgames-Phase und der Erfolgswahrscheinlichkeit einer Fusion.

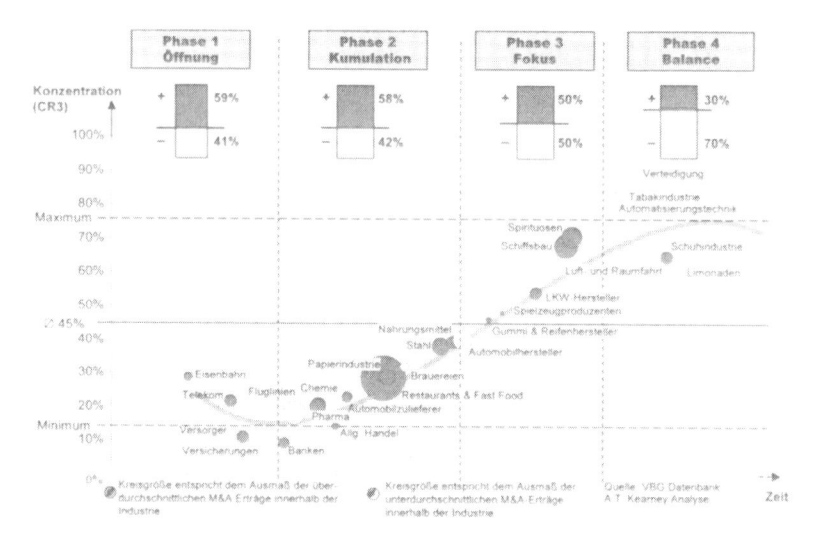

Abb. 5: M&A-Performance nach Industrien

Zusätzlich zur Value-Building-Growth-Matrix sollten Unternehmen deshalb die folgenden phasenspezifischen Kriterien bei der Wahl des geeigneten Akquisitionsobjekts berücksichtigen:

➤ In der Öffnungsphase ist das wichtigste Auswahlkriterium – für Investoren ebenso wie für Unternehmen – dass ein Unternehmen über ausreichende Finanzkraft und ein solides Geschäftsmodell verfügt.

➢ In der Wachstums- und Fokusphase ist entscheidend, dass ein Unternehmen über eine ausgewiesene Integrationskompetenz verfügt. Hier sollten Unternehmen außerdem horizontale Fusionen anstreben und Akquisitionsobjekte auswählen, die nicht allzu weit von den eigenen Kernkompetenzen entfernt liegen. Vertikale Integration oder der Aufbau von Konglomeraten sind seltener erfolgreich.

Starbucks ist es zum Beispiel gelungen, sich gegen eine Fülle von kleinen Wettbewerbern durch einen aus Kundensicht einzigartigen Premium-Kaffee auszuzeichnen. Auf diesem Gebiet ist Starbucks unangefochten, aber als sich das Unternehmen mit einer Reihe von Investitionen in dot.coms – Living.com, Kozmo.com, Cooking.com und TalkCity.com – die Welt des Internet erschließen wollte, stieß dieser Kurswechsel den Shareholdern bitter auf. Inzwischen hat Starbucks die Investitionen abgeschrieben und betrachtet das Internet nicht länger als Kerngeschäftsfeld.

Ein ähnliches Beispiel ist Tyco International, ein Konglomerat von Unternehmen, die sich in Industrien der Wachstums- und der Fokusphase befinden. Nach einem aggressiven Fusionskurs in unterschiedlichen Industrien durchlief Tyco eine schwierige Phase, weil das Unternehmen so stark und diversifiziert war, dass es in seinem weitgefächerten Portfolio kaum Synergien realisieren konnte.

➢ In der Balancephase ist entscheidend, dass Unternehmen die Fähigkeit besitzen, sich selbst ständig neu zu erfinden und Geschäftsbereiche auszugliedern, die von den Wachstumspotentialen früherer Phasen des Endgames profitieren können. Diese Spinoffs können die nächste Wachstumswelle auslösen und Shareholder Value generieren. Ein gutes Bespiel dafür ist die Verteidigungselektronik. Nach den Anschlägen vom 11. September 2001 beschloss der US-Kongress die größte Erhöhung der Verteidigungsausgaben im ganzen letzten Jahrzehnt. Dies wirkt sich positiv auf das Kerngeschäft der Verteidigungselektronikindustrie aus und es eröffnet auch eine Reihe von Möglichkeiten für neue Spin-off-Industrien, wie Flugzeugsicherheit, Flughafensicherheit und Technologien für die Überwachung der Passagiere, mit denen das Endgame wieder von vorn beginnt.

Unternehmen, die die Position einer Industrie auf der Endgames-Kurve analysieren können, entwickeln einen strategischen Blick für Fusionen. Die Fähigkeit, akquirierte Unternehmen schnell und erfolgreich zu integrieren, wird zu einer Kernkompetenz der künftigen Gewinner des Endgames.

5. Das Umsatzwachstum ist stabil, aber die Profitabilität verändert sich dramatisch mit den Endgames-Phasen

Unsere Endgames-Studie zeigte, dass das Umsatzwachstum in allen Phasen der Endgames-Kurve relativ stabil ist. Wenn die Unternehmen in der Öffnungsphase ihre Territorien abstecken, liegt das Umsatzwachstum bei durchschnittlich 10,6 Prozent. In der Kumulationsphase fällt es auf 7,6 Prozent, wenn die Unternehmen konsolidieren, und stabilisiert sich bei 8,8 Prozent in der Fokus- und 8,1 Prozent in der Balancephase.

Die Profitabilität in den vier Phasen des Endgames korreliert dagegen mit dem Grad der Konsolidierung in einer Industrie – allerdings mit einer leichten zeitlichen Verzögerung.

In der Öffnungsphase ist die Profitabilität zunächst relativ hoch, weil die Industrie schnell wächst. Zwar müssen zum Beispiel ehemalige staatliche Unternehmen nach der Liberalisierung oder Deregulierung schwerfällige Organisationsstrukturen voller Redundanzen finanzieren, weil es in einem reinen Monopol keine Notwendigkeit gab, Geschäftsprozesse zu optimieren oder Dienstleistungen kosteneffizienter zu gestalten. Bis zur vollständigen Liberalisierung erzielen sie jedoch mit ihren monopolartigen Preisen so hohe Profite, dass sie die hohen Kosten leicht kompensieren können. Die Unternehmen in den neuen Industrien wie der Biotechnologie- und der Nanotechnologie-Industrie bilden die Ausnahme zu dieser Regel, denn angesichts der hohen Investitionen in die neuen Technologien ist jeder Gedanke an Profitabilität reine Illusion.

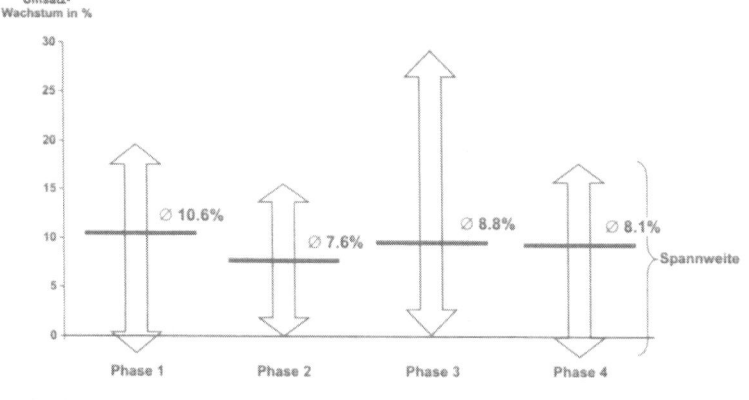

Abb. 6: Das Umsatzwachstum ist entlang der Endgames-Kurve relativ stabil

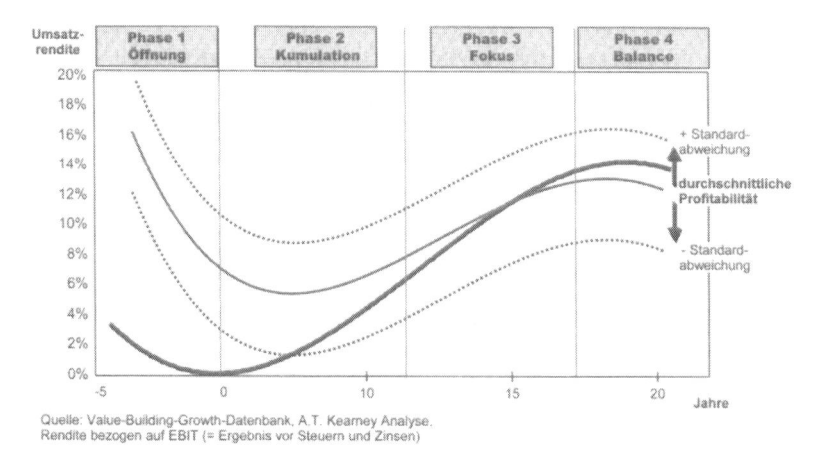

Abb. 7: Die Profitabilität folgt der Endgames-Kurve

In der Kumulationsphase nimmt die Profitabilität durch den stärkeren Wettbewerb dramatisch ab. Der Grund dafür liegt in der Reaktion der Unternehmen auf die sich beschleunigende Konsolidierung ihrer Industrie und auf das niedrige Preisniveau: Während sie die Preise nicht

33

direkt beeinflussen können, versuchen die Unternehmen, wenigstens der hohen internen Kosten Herr zu werden, um doch noch eine zufriedenstellende Marge zu erzielen. Damit laufen sie allerdings Gefahr, in der Profitabilitätsfalle gefangen zu werden und mit immer neuen Kostensenkungsmaßnahmen die Fähigkeit des Unternehmens zu künftigem Wachstum zu beschneiden.

In den letzten beiden Endgames-Phasen entsteht ein nahezu oligopolistisches Wettbewerbsmodell, das den überlebenden Spielern eine profitable Preispolitik ermöglicht. Die Unternehmen in der Balancephase erreichen die höchste Profitabilität schlicht und einfach deshalb, weil sie ihre Wettbewerber weitgehend aus dem Markt gedrängt haben. Allerdings müssen gerade diese riesigen Unternehmen sich stets vor Augen halten, dass ein Ausruhen auf den Lorbeeren, wie glorreich sie auch errungen sein mögen, ein Unternehmen träge und damit unfähig macht, sich gegen neue, innovative und kosteneffiziente Marktteilnehmer ernsthaft zu verteidigen. Gerade in der Balancephase müssen Unternehmen reagieren oder sich anpassen, wenn es Veränderungen in der Industriestruktur oder neue technologische Entwicklungen gibt. Unternehmensführer sollten deshalb ihre Unternehmen so schnell wie möglich durch die Öffnungs- und die Kumulationsphase leiten, um profitabel zu werden.

Die Marktteilnehmer durchlaufen Segment für Segment die einzelnen Phasen der Endgames-Kurve – von der Öffnungsphase zur Kumulationsphase und zur Fokusphase. Hier sollten sich die Unternehmen entweder selbst neu erfinden und wieder von vorn anfangen oder weiter in die Balancephase vordringen, wo sie wie in einem Ecosystem mit- oder gegeneinander ums Überleben kämpfen. Gewinner des Endgames sind diejenigen Unternehmen, die möglichst lange in der vierten Phase bleiben, in der die Industriekonzentration und die Profite am größten sind.

Der erste Schritt auf diesem Weg besteht darin, die Chancen und Risiken der eigenen Endgames-Position zu bewerten. Deshalb erläutern wir in jedem der vier folgenden Kapitel zunächst die Charakteristika der jeweiligen Endgames-Phase. In einem zweiten Schritt sollten Unternehmen versuchen, von anderen Industrien in derselben und in anderen Phasen des Endgames zu lernen. Hierfür haben wir eine Reihe von ausgewählten Industrieporträts zusammengestellt, aus denen Unternehmen viel über erfolgreiche Strategien und Fallstricke der vier Endgames-Phasen erfahren können. Jede Phase des Endgames hält außerdem ihre eigenen Herausforderungen für die Unternehmen bereit, und in jeder Phase gelten bestimmte operative und strategische Imperative. Deshalb haben wir für die einzelnen Phasen Handlungsempfehlungen für Unternehmen abgeleitet, die wir ebenfalls in den folgenden Kapiteln erläutern.

Unternehmen, die zu den Gewinnern des Endgames in ihrer Industrie gehören wollen, müssen außerdem eine Reihe von Voraussetzungen im Unternehmen schaffen. Dazu gehört der Aufbau von Integrationskompetenz, die eine Integration der beiden Spieler in möglichst kurzer Zeit ermöglicht, ohne das laufende Geschäft zu vernachlässigen. Dazu gehört auch die Definition der Rolle, die der Vorstand und der Aufsichtsrat in den einzelnen Phasen des Endgames spielen.

Die Gesetze der Endgames-Kurve

> Alle Industrien sind oder werden global.

> Konsolidierung ist unvermeidlich. Es gibt keine Marktnische, die nicht über kurz oder lang im Endgame ist.

> Der wichtigste Imperativ für Unternehmen lautet: wachse, und zwar früh und primär durch Fusionen.

> Das Portfolio muss ständig der Endgames-Position entsprechend optimiert werden.

> Die Gewinner des Endgames „reiten" erfolgreich die Endgames-Kurve. Alle kurzfristigen Strategien sind vor diesem Hintergrund obsolet.

Kapitel 1: Öffnungsphase –
Die Chancen nutzen

Die Öffnungsphase ist eine Zeit einzigartiger Aufbruchstimmung. Der Innovationsfreude und den Wachstumschancen scheinen keine Grenzen gesetzt. Infolgedessen fragmentiert sich die Industrie und erreicht am Ende der Phase die maximale Anzahl von Unternehmen, der Marktanteil der drei größten Wettbewerber beträgt am Ende der Phase unter 20 Prozent. Die ökonomischen Risiken für die meisten Marktteilnehmer sind hoch: Von den Unternehmen, die am Ende dieser Phase eine Industrie bevölkern, überlebt nur eine Handvoll bis zur Balancephase.

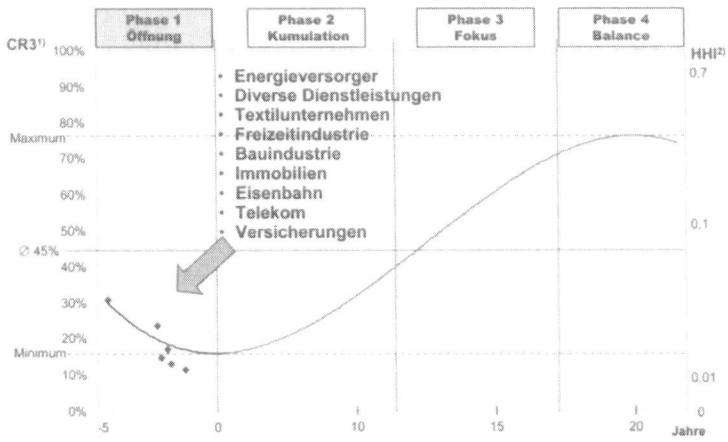

Abb. 8: In der Öffnungsphase fällt die Konzentration auf ca. 17 Prozent

37

Was sind typische Industrien in der Öffnungsphase? Es handelt sich um drei Gruppen:

- Neu entstehende Industrien unter anderem aufgrund neuer Technologien und Dienstleistungen,
- Deregulierte und liberalisierte Industrien,
- Neue Industrien mit bereits vorhandenen Technologien, die durch Marktveränderungen oder äußere Ereignisse eine kritische Masse erreichen und dabei eine eigene Industriedynamik aufbauen.

In den neu entstehenden Industrien erscheinen die Chancen verheißungsvoll. Investoren finden sich leicht, denn die Chancen des Neuanfangs und die niedrigen Markteintrittsbarrieren wecken Begehrlichkeiten. Nachahmer treten mit modifizierten Versionen des ursprünglichen Geschäftsmodells in den Markt ein und wetteifern mit den „Originalen" um das Kapital. Über kurz oder lang entwickelt sich ein heftiger Wettbewerb, und die Kapitalquellen in dieser Industrie beginnen allmählich zu versiegen und stattdessen für andere, chancenreicher erscheinende Industrien zu sprudeln.

Wenn die Industrie hoch fragmentiert ist, machen zu viele Unternehmen das Gleiche. An diesem Punkt kann der Wettbewerb sich in zwei Richtungen entwickeln: Das beste Unternehmen – mit den effizientesten Prozessen, den besten Produkten oder Dienstleistungsangeboten, der besten Organisation und der besten Weise, die Kundenbedürfnisse zu befriedigen – versucht, die weniger effizienten Rivalen durch aggressiven Verdrängungswettbewerb vom Markt zu entfernen. Die andere Möglichkeit besteht darin, die Wettbewerber einfach aufzukaufen.

Industrien bleiben in der Öffnungsphase, bis ein „Industrie-Konsolidierer" die Regeln des Spiels neu definiert, seine Größe und Erfahrung nutzt, um andere zu dominieren. TMP Worldwide, die Muttergesellschaft von Monster.com, dem weltweit größten Stellenanbieter im Internet, ist ein faszinierendes Beispiel für ein Internet-Unternehmen, das die Chance der Öffnungsphase bewusst genutzt hat und zum herausragenden Konsolidierer seiner Industrie wurde. In nur zwei Jahren ist die Branche der Internet-Jobanbieter von zehn großen Anbietern auf nur drei große – TMP, CareerBuilder und Yahoo! – zusammengeschrumpft – diese drei Unternehmen verbuchen 66 Prozent der Umsätze in diesem Markt für sich.

TMP Worldwide

1976 gegründet, war TMP ursprünglich eine Werbeagentur, die sich auf den Kanal „Gelbe Seiten" spezialisiert hatte. Als Folge einer Akquisition in den frühen 1990er Jahren entdeckte TMP eher zufällig ein internetbasiertes Forum, in dem Lebensläufe veröffentlicht wurden. TMP baute das Forum aus und brachte es unter dem Namen Monster.com neu auf den Markt.

Schon bald wurde Monster.com integraler Bestandteil der TMP-Strategie „vom Praktikanten zum Vorstandsvorsitzenden", die den gesamten weltweiten Bewerbungsmarkt dominieren sollte. Während des Internetbooms wurde dem TMP-Management klar, dass die einzige Möglichkeit, diesen Markt zu dominieren, darin bestand, ihn durch Akquisitionen schnell zu konsolidieren.

In nur vier Jahren akquirierte und integrierte TMP weltweit mehr als 70 Unternehmen. Darunter viele Start-ups und etablierte Karriereportale, etwa FlipDog.com (USA) und Jobline (Schweden), sowie Personalberatungen wie QD Legal (Großbritannien, Asien), TASA (Hong-Kong), Morgan & Banks (Australien) und Melville Craig (Schottland) und Online-Werbeagenturen, unter anderem IN2 (USA).

TMP trieb die Konsolidierung buchstäblich in Internetgeschwindigkeit voran. Ohne den anfänglichen Weitblick, mit dem man erkannte, dass das Internet zur Basis des zukünftigen Geschäftsmodells werden würde, wäre TMP irgendein unbedeutendes Unternehmen geblieben, das früher oder später selbst aufgekauft worden wäre. Stattdessen hat TMP schnell und entschieden gehandelt und den Unternehmenserfolg auf drei Säulen gestellt:

> Detailliertes Know-how über potentielle Akquisitionskandidaten und die Fähigkeit, Transaktionen zu prüfen und dann entweder abzulehnen oder hoch interessante Unternehmen zu kaufen.

> Globale Vision und die Weitsicht, von Beginn an die Konsolidierung weltweit voranzutreiben.

> Tief im Unternehmen verwurzeltes Know-how zur Unternehmensintegration in allen Aspekten des Geschäfts. Da TMPs Akquisitionen in der Regel eher klein waren (deutlich kleiner als 100 Millionen US-Dollar) und es so viele Unternehmen kaufte, bewältigte TMP häufig mehrere parallele Integrationsprozesse.

Natürlich vollzieht sich nicht jede Konsolidierung in dieser Geschwindigkeit, aber alle Industrien konsolidieren im Laufe ihres Lebenszyklus. Als zum Beispiel die Stahlschmelze erfunden wurde, entstanden sofort in der Nähe von Kohlevorkommen Hunderte, wenn nicht Tausende von Stahlwerken. Dasselbe gilt für die Automobilindustrie und das Hotel- und Gaststättengewerbe. In diesem Wirtschaftszweig, der traditionell von familiengeführten Unternehmen geprägt und infolgedessen hoch fragmentiert war, dominieren heute große Hotelketten den Weltmarkt.

Ein weiteres wichtiges Industrie-Segment in Phase eins bilden die deregulierten Industrien. Diese Gruppe entsteht aus ehemals staatseigenen oder staatlich regulierten Monopolen und umfasst Unternehmen der Energie-, Wasser- und Gaswirtschaft, Postdienstleistungen und – zu gewissem Grad – Banken und Versicherungen. Im Lauf der Jahre wurden zahlreiche Industrien dereguliert oder wettbewerbsfähiger infolge gesetzgeberischer oder anderer Maßnahmen, die die Öffnung bis dato monopolistischer oder zumindest stark regulierter Märkte für neue Marktteilnehmer ermöglichten.

Wenn das passiert, erweitern sich Industrien, die vormals von nur einem Marktteilnehmer beherrscht wurden, sehr schnell und bringen zwei, drei oder sogar mehr als zehn neue Spieler hervor. Für den

Kunden ist eine solche Entwicklung im Allgemeinen eine gute Nachricht. Für die ehemaligen Monopolunternehmen aber bedeutet sie tief greifende Veränderungen, deren Ergebnis keineswegs absehbar ist.

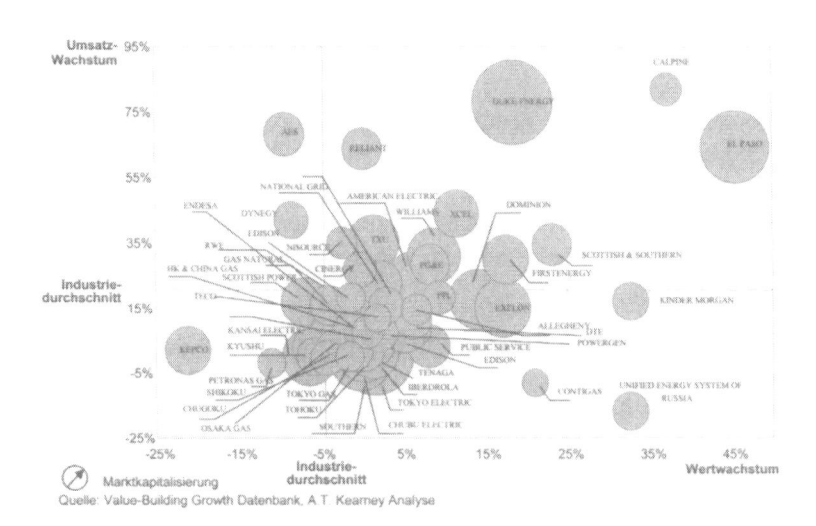

Abb. 9: Globale Energieversorger (Steigerung p.a. 1996-2001)

In der Öffnungsphase sind nicht zuletzt Industrien anzutreffen, die Beiprodukt der späteren Konsolidierungsphasen sind. Sie entstehen, wenn Industriesegmente eine kritische Größe erreicht haben und eine Eigendynamik entwickeln. Die globale Hightech-Industrie etwa hat im Laufe der technischen Entwicklung und des reifer werdenden Marktes für ihre Kerntechnologien eine ganze Reihe von Spin-off-Industrien hervorgebracht. Einige Beispiele:

➢ In den frühen 1960er Jahren führte die Möglichkeit, Skaleneffekte mit der Wartung von IBM Mainframe Computern zu erzielen, zum Entstehen der IT-Outsoucing-Industrie.

➢ Neue Telekommunikationstechnologien haben Satelliten, Breitband- und Mobilfunk-Netzwerke hervorgebracht, die alle mit der traditionellen Festnetz-Telefonie konkurrieren.

41

➢ Fortschritte in der Informationstechnologie und der Software haben zu Tausenden von dot.com-Unternehmensgründungen geführt, die in nur wenigen Jahren Dutzende von Sub-Industrien in Phase eins hervorgebracht haben, zum Beispiel Online-Marktplätze, Online-Buchhandel, Online-Brokerage und Suchmaschinen / Kataloge.

Alle drei Industrie-Segmente sind anfänglich regional begrenzt. Erst im Zuge beginnender Konsolidierung blicken die Unternehmen auch über die Grenzen des eigenen regionalen Marktes hinaus und sehen sich international nach geeigneten Partnern um, mit denen sie dem steigenden Kostendruck und dem härter werdenden Wettbewerb begegnen können.

Wenn Unternehmen das Ende der Öffnungsphase erreichen, sieht die Landschaft schon ganz anders aus. Die unbegrenzten Möglichkeiten sind verschwunden, die Gruppe der führenden Unternehmen beginnt sich abzuzeichnen. An diesem Punkt ist es absolut entscheidend zu wissen, wann die Zeit reif ist zu kaufen – oder gekauft zu werden. Die Erfahrungen der Commerzbank und des US-amerikanischen Unternehmens MedQuist sind gute Beispiele dafür, wie unterschiedlich die Situation von Unternehmen am Ende der Öffnungsphase sein kann.

Commerzbank und MedQuist

Die Deregulierung der globalen Finanzdienstleistungsindustrie hat zu einem drastischen Anstieg der Fusionen und Konsolidierung geführt, sowohl innerhalb einzelner Länder als auch grenzüberschreitend. Nachdem die Beschränkungen der Banken in den USA einmal aufgehoben worden waren, begann seit 1990 eine große Konsolidierungswelle mit Tausenden von Unternehmenszusammenschlüssen. In Asien haben sich nach der Wirtschaftskrise und dem anhaltenden Abschwung die führenden globalen Wettbewerber auf dem Finanzdienstleistungssektor auf Einkaufstour begeben, um sich auf dem größten und am schnellsten wachsenden Markt der Welt vorteilhaft zu positionieren. Und in Europa hat die Einführung des Euro den Weg für eine Flut von grenzüberschreitenden Fusionen geebnet, wobei in jedem größeren europäischen Land die jeweils größte Bank versucht, eine führende Position in ganz Europa zu erreichen.

Die Commerzbank ist das kleinste Blue-Chip-Unternehmen unter den großen deutschen Privatbanken und hat lange an ihrer Strategie des internen Wachstums festgehalten. Obwohl sich das Unternehmen häufig in der Gefahr befand, von einem wesentlich größeren lokalen Rivalen wie der Deutschen Bank oder der Dresdner Bank feindlich übernommen zu werden, hat es sich immer gegen solche Übernahmen zu verteidigen gewusst. Am Ende jedoch wuchs die Commerzbank nicht schnell genug, um heute auch nur annähernd in sicheren Gewässern zu schwimmen.

Nachdem die geplante Fusion zwischen Deutscher Bank und Dresdner Bank gescheitert war, hatte die Commerzbank die Chance, ihre Strategie des internen Wachstums zu ändern und zu akquirieren oder durch Verkauf zum besten Preis eine Wertsteigerung für das Unternehmen zu erzielen. Aber auch diesen Zeitpunkt hat die Commerzbank verpasst: Seit dem Spitzenkurs, den die Aktie im August 2000 erzielte, ist der Kurs um die Hälfte gefallen, der Börsenwert von 17 Milliarden auf neun Milliarden US-Dollar zusammengeschmolzen.

Heute ist es nur eine Frage der Zeit, wann die Commerzbank übernommen oder schlimmstenfalls in ihre Einzelteile zerlegt wird. Es gibt einige in Frage kommende Käufer, etwa die Münchner Rück, ein Rückversicherungsunternehmen, das etwa zehn Prozent der Anteile an der Commerzbank hält.

Im Gegensatz zur Commerzbank hat MedQuist eine beispielhaft schnelle Konsolidierung in dem hoch fragmentierten Medical-Transcription-Geschäft zustande gebracht. Ausgehend von nur 5 Prozent Marktanteil wurde MedQuist infolge einer Reihe von Akquisitionen seit 2001 zum wichtigsten Konsolidierer seiner

Branche. Tatsächlich ist MedQuist kaum ein lokaler Wettbewerber über den Weg gelaufen, den das Unternehmen nicht kaufte. Trifft MedQuist dagegen auf einen größeren lokalen Rivalen, kommt es regelmäßig zu Zermürbungskämpfen, die MedQuist gewinnt. Zum Beispiel versuchte Lernout & Hauspie, ein Unternehmen für Spracherkennungssysteme, seine Geschäfte ins Medical-Transcription-Geschäft auszudehnen – und scheiterte: MedQuist kaufte seine Marktanteile auf. Heute ist MedQuist fast fünf Mal so groß wie sein nächster Wettbewerber.

Aber die Geschichte von MedQuist geht noch weiter: Im Jahr 2000 erwarb der niederländische Elektronikgigant Royal Philips Electronics für 1,2 Milliarden US-Dollar 60 Prozent der Anteile an MedQuist. Philips stellt Voice Recognition-Technologie (VRT) her und ist prädestiniert dafür, MedQuist mit allem zu versorgen, was das Unternehmen an Equipment benötigt. Philips investierte damit in eine wachstumsstarke Branche – MedQuists Umsatzwachstum beträgt mehr als zehn Prozent im Jahr – und nahm zugleich die Chance wahr, doch noch in den VRT-Markt einzusteigen. Dies war Philips nämlich zuvor misslungen, da es mit Produkten an den Markt gegangen war, die weder den Marktbedürfnissen noch den Standards entsprachen.

David A. Cohen, Präsident und Vorstandsvorsitzender von MedQuist, sieht den Vorteil der Fusion indessen darin, seinen 2.400 Kunden in der Gesundheitsvorsorge Sprach- und andere Technologien der Firma Philips anbieten und Expansionspläne nach Europa früher realisieren zu können. Seiner unbeirrbaren Endgames-Strategie verdankt MedQuist eine starke Ausgangsposition für das Endgame.

Der Reiz des (Neu-)Anfangs

Steckbrief: Öffnungsphase

> Die Industrie dekonsolidiert nach Deregulierung oder Liberalisierung (Aufhebung von Staatsmonopolen, von Ein- und Ausfuhrbeschränkungen, etc.), Neugründungen oder Spin-offs.

> Kein Unternehmen besitzt signifikante Marktanteile, der Marktanteil der drei größten Wettbewerber sinkt in Summe auf unter 20 Prozent. Der Konzentrationsgrad der Industrien liegt bei 30 bis 15 Prozent.

> Die Industrien sind häufig regional begrenzt aktiv.

> Das sich schnell verändernde Marktumfeld macht es schwierig, einen festen Stand im Markt zu finden.

> Die M&A-Aktivität ist gering.

> Die Profitabilität nimmt ab.

In der Öffnungsphase stehen Industrien, die auf der Basis neuer oder vorhandener Technologien entstanden sind, oder alte staatliche oder regulierte Industrien, die liberalisiert beziehungsweise dereguliert worden sind. Für die neu entstehenden Industrien liegt die wichtigste Herausforderung im finanziellen Durchhaltevermögen, denn es kann, wie in der Nanotechnologie-Industrie, sehr lange dauern, bis sich die hohen Anfangsinvestitionen amortisieren.

Auch wenn eine Industrie schon längst mit der Konsolidierung begonnen hat, ist nur den Unternehmen mit ausgezeichneten Alleinstellungsmerkmalen ein Überleben einigermaßen sicher. Ein Blick auf neue Industrien belegt dies: Nur durch einen frühzeitigen Konsolidierungskurs können die Unternehmen dieser „bevölkerten" Branche First-Mover-Vorteile sichern und durch Synergien dem Kostendruck begegnen. Die Biotechnologie-Industrie ist in dieser Hinsicht im Endgame schon weiter fortgeschritten als die Internet-Einzelhändler.

Sobald der erste „Konsolidierer" in einer Industrie entsteht, gewinnt die Konsolidierungswelle an Geschwindigkeit. Der US-amerikanische Autohandel hat diese Erfahrung bereits Mitte der 1990er Jahre gemacht, in Deutschland wird durch die Gruppenfreistellungsverordnung eine ähnliche Entwicklung ausgelöst.

Praktische Anwendungen aus neuen Technologien: Nanotechnologie

Die Nanotechnologie basiert auf der relativ neuen Technologie, unendlich kleine Geräte im Nanometerbereich herzustellen (1 Nanometer = 1 Milliardstel Meter), die einzelne Atome oder Moleküle verändern können. Vertreter dieser Industrie gehen davon aus, dass praktische Anwendungen in buchstäblich allen Bereichen möglich sind – von der Herstellung äußerst leistungsfähiger Computer bis hin zum Kampf gegen Krebs. Die US National Science Foundation bestätigt diesen Optimismus mit Prognosen, denen zufolge der Markt für nanotechnologische Produkte und Dienstleistungen bis 2015 auf eine Billion US-Dollar anwachsen wird.

Obwohl die Entwicklung noch in den Anfängen steckt, investieren Regierungen, Venture-Capital-Unternehmen, alteingesessene Unternehmen und Gründer enorme Summen in die Entwicklung marktfähiger Produkte. Allein im vergangenen Jahr investierten Regierungen weltweit mehr als zwei Milliarden US-Dollar in die Nanotechnologie-Forschung. Gleichzeitig haben Marktführer der Technologie-Industrie wie IBM, Intel und Hewlett-Packard Nanotechnologie-Projekte initiiert. Innerhalb von zwei oder drei Jahren, so die Planung von IBM, werden die ersten Produkte auf den Markt gebracht. Und obwohl mehr als die Hälfte der führenden Nanotechnologie-Unternehmen in Nord-Amerika ansässig ist, dominiert noch keine Region diese Industrie.

Es ist offensichtlich, dass sich diese Industrie noch in den Anfängen der Öffnungsphase befindet. Je weiter die Technologie fortschreitet, desto mehr Unternehmen werden in diese Industrie eintreten und versuchen, dereinst die Früchte ihrer Forschungs- und Entwicklungsbemühungen zu ernten. Bis dahin ist es jedoch noch ein weiter Weg, denn die Entwicklung von Nanotechnologie-Produkten ist sehr forschungs- und damit zeitintensiv. Daher wird es voraussichtlich noch mehr als zehn Jahre dauern, bis diese Industrie in die Kumulationsphase übergehen wird.

Öffnungsphase, Lektion 1: Nanotechnologie

> Nanotechnologie ist ein Beispiel dafür, dass und wie weiterhin völlig neue Industrien entstehen.

> Die neuen Industrien gehen in der Regel aus technologischen Innovationen hervor.

> Neue Industrien bieten auch den Unternehmen aus späteren Phasen des Endgames eine Chance für zusätzliches Wachstum.

Der Vorsprung der Ersten: Internet-Einzelhändler

Wenige Industrien haben schneller von 0 auf 100 beschleunigt als die Online-Retailer. Angezogen von berauschenden Aussichten und anscheinend stabilen Geschäftsmodellen stürzten sich die Venture Capital-Firmen in den 1990er Jahren auf die Internet-Unternehmen und überschütteten diese mit Startkapital. Die Substanz der meisten Unternehmungen beschränkte sich allerdings häufig auf die Leidenschaft und Hingabe junger Enthusiasten, die bis zur Erschöpfung arbeiteten und in der Hoffnung auf Reichtum durch Aktienanteile und Optionen ein geringes Gehalt in Kauf nahmen.

Unter den Tausenden derartiger Unternehmen stach Amazon.com von Anfang an heraus. Bereits in seinen ersten Jahren konnte es kaum ein

Wettbewerber, ob Online oder Offline, mit ihm aufnehmen. Amazon nutzte diese Zeit, um sich einen erklecklichen Marktanteil zu sichern. Aktienkurse, die in den Himmel stiegen, und erhebliche Kredite gaben dem Online-Buchhändler außerdem die Freiheit, seine Preise tief zu halten – manche sogar unterhalb der Kostenschwelle – und einen Service anzubieten, mit dem das Internet-Unternehmen seine Rivalen leicht überholte und sich einen First-Mover-Vorteil sicherte.

Der Vorteil des Ersten ist jedoch vergänglich. Heute steht Amazon einer Reihe von Wettbewerbern gegenüber: von etablierten Buchhandelsketten, die ihr eigenes Online-Geschäft aufgezogen haben, bis zu einer Reihe von E-Business-Spezialisten, die in den Markt hineindrängten. Doch auch gegen sie hat Amazon einige strategische Siege errungen, darunter die Übernahme der Website von Borders.com, womit er zugleich einen alteingesessenen Rivalen aus dem Online-Geschäft verdrängte und selbst dessen Internet-Kunden übernahm – auch wenn andere Wettbewerber wie Barnes & Nobles die Lücke sogleich wieder füllen.

Als Antwort auf seine Widersacher setzte Amazon seine Agilität, innovative Technologie und seine wettbewerbsfähigen Preise ein und erweiterte sein Angebot über Bücher hinaus bis zum Sortiment eines virtuellen Online-Kaufhauses, in dem es von CDs und DVDs über Spiele und Haushaltsgeräte fast alles zu kaufen gibt. Darüber hinaus spielt das Unternehmen seine Fähigkeiten im Bereich Business-to-Consumer weiterhin bei einer Reihe anderer Hersteller in einer Vielzahl von Industrien aus, kumuliert gigantische Volumina und deckt immer neue Marktsegmente ab. Das Ergebnis ist, dass viele seiner Wettbewerber inzwischen aus dem Markt gedrängt wurden. Die langfristige Überlebensfähigkeit von Amazon als internetbasiertem Geschäftsmodell steht nach wie vor auf dem Prüfstand. Das Unternehmen kämpft noch immer mit der Gewinnschwelle.

Das Auktionsunternehmen eBay dagegen verzeichnet als eines der wenigen dot.coms Gewinne, sogar zu einem Zeitpunkt, als die meisten anderen Internet-Unternehmen große Schwierigkeiten hatten.

Ausgangspunkt von eBays Erfolg waren phänomenale Wachstumsraten, die das Unternehmen durch geschickte Ausnutzung seines Startvorteils erzielte. Nur im Internet gab es eine so große Anzahl potentieller Nutzer, dass man jeden Artikel ersteigern und auch zu fairen Preisen Produkte verkaufen konnte. Zudem stellen die einmal entstandenen Nutzerprofile eine gewisse Wechselbarriere für die Kunden dar. Ebay konnte sogar Gebühren für die Nutzung seines Marktplatzes einführen und damit Profite erzielen, obwohl viele andere Anbieter, zum Beispiel Yahoo!, diesen Dienst noch kostenlos angeboten haben. Damit ist es eBay gelungen, aus dem kostenlosen Dienst ein gewinnträchtiges Geschäft zu machen.

Als eBay im US-amerikanischen Markt die kritische Masse erreichte, begann das Unternehmen, eine geografische Expansion in neue Märkte zu betreiben. 2001 bereits ermöglichten die internationalen Aktivitäten dem Unternehmen einen Profit von 114 Millionen US-Dollar, 15 Prozent des Gesamtumsatzes. Rajiv Dutta, CFO von eBay, rechnet bis 2005 mit einem weiteren Gewinnanstieg auf 800 Millionen US-Dollar. Das Unternehmen begnügte sich nicht damit, ständig neue länderspezifische Websites zu eröffnen, es begann auch führende länderspezifische Webseiten in Zielmärkten dazuzukaufen, darunter Alando.de und Ibazar, S.A. in Europa, Internet Auction Co. Ltd. in Korea und NeoCom Technology in Taiwan. Zusätzlich zur globalen Expansion hat eBay außerdem darauf geachtet, seine Produktlinien zu erweitern, und sich in jedem Marktsegment – vom Autohandel bis zum Marktplatz für Dienstleistungen – zu etablieren. Die ersten Schritte in Richtung Kumulationsphase waren bislang erfolgreich.

Öffnungsphase, Lektion 2: Internet-Einzelhändler

> ➤ In neuen Industrien gibt es einen Wettbewerbsvorsprung für den Ersten (First-Mover-Vorteil).

> ➤ Attraktive Geschäftsmodelle ziehen Wettbewerb an – dies können sowohl junge als auch etablierte Firmen sein.

> Durch aggressives, auch akquisitorisches Vorgehen kann man den Wettbewerbsvorteil verteidigen und die Öffnungsphase als Gewinner überstehen.

Die Konsolidierung hat begonnen: Biotechnologie

An der Schnittstelle von Medizin, Gesundheitswesen, industriellen Anwendungen, Ernährungs- und Umweltthemen ist die Biotechnologie angesiedelt. Einen enormen Impuls erhielt sie 1959 durch die Entdeckung der Doppelhelix-Struktur der DNS. Erst in den frühen 1990er Jahren begann sich eine Industrie zu entwickeln, die heute bereits kräftig konsolidiert.

Am Anfang entfachten staatliche Programme und die Lockerung der Gesetze über Genmanipulation eine Phase des Wachstum, die durch Venture-Capital-Unternehmen noch geschürt wurde. In den 1990er Jahren waren Risikokapitalgeber stark daran interessiert, in die jungen Start-ups der Biotechnologie-Branche zu investieren. Die Konsequenzen dieser Entwicklung waren damals sogar in den Schlagzeilen, zum Beispiel das geklonte Schaf „Dolly" 1997. Die Zukunft der Branche erscheint auch heute noch unvermindert positiv, die Analysten sagen bereits die nächste revolutionäre Entwicklung in der biotechnologischen Forschung voraus.

Von diesem starken Wachstum beflügelt, nähert sich die Biotechnologie-Industrie besonders in den USA und Großbritannien dem Ende der Öffnungsphase und tritt mit wehenden Fahnen in die Kumulationsphase ein. Zwar wetteifern kleinere Start-ups noch um das Geld der Venture-Capital-Unternehmen und fiebern auf ihren Börsengang hin. Aber getreu der Logik der Endgames-Kurve schrumpft ihre Zahl, während der Markt reifer wird.

Die größeren Spieler auf dem Markt geben bereits enorme Summen aus, um die Endgames-Kurve durch Konsolidierung ihrer Industrie hinaufzuklettern, indem sie konsolidieren. MedImmune kaufte Aviron für ca. 1,5 Milliarden US-Dollar, COR Therapeutics kostete Millenium Pharmaceuticals sogar 1,75 Milliarden US-Dollar. Abgesehen von den führenden Unternehmen auf dem Markt wie Amgen und Genentech sind die meisten Marktteilnehmer trotz ihres rasanten Wachstums allerdings noch wenig profitabel.

In dieser Konsolidierungsphase akquirieren Unternehmen im Wesentlichen aus zwei Gründen: um global zu expandieren und um sowohl technologisch als auch finanziell kritische Masse zu erreichen. Dementsprechend nehmen die Abschlüsse an Umfang zu. In den USA stieg die Zahl von Fusionen in der Biotech-Branche zwischen 1999 und 2000 von 46 auf 77. Obwohl dieser Wert 2001 wieder auf 52 zurückging, explodierte der Wert der Akquisitionen von 6,3 Milliarden US-Dollar 2000 auf 23,2 Milliarden im Jahr 2001. Es ist zu erwarten, dass das Jahr 2002 den Trend zu finanzträchtigeren Deals markiert, während die Industrie immer stärker konsolidiert.

Selbstverständlich beschränkte sich die Konsolidierungswelle nicht auf die USA: Rhein Biotechs Kauf des koreanischen Unternehmens Green Cross Vaccine im Februar 2000 war die Initialzündung für eine ganze Serie von Unternehmenskäufen in Europa. Kurz darauf kaufte die deutsche GPC Biotech AG das US-amerikanische Unternehmen Mitotix und bildete damit das erste transatlantische Gentechnik-Unternehmen der Welt. Außerdem kaufte British Celltech Group 1999 Chiroscience Group und 2000 Medeva und ließ daraus ein voll integriertes pharmazeutisches Unternehmen entstehen. Mittlerweile ist Rhein Biotech selbst zum Übernahmekandidaten geworden. Die schweizerische Berna Biotech erwarb das Unternehmen für 279 Millionen €.

Was die Größe angeht, ist jedoch die Mehrzahl dieser Übernahmen klein verglichen mit der 16-Milliarden-US-Dollar-Fusion zwischen dem Marktführer Amgen und Immunex 2001 – der bislang größten Fusion in der Biotech-Industrie bisher. Der Grund für diesen Zusammenschluss sind Synergien: Amgen hofft, die starken Produkte beider

Unternehmen zu vereinen und gleichzeitig von den Synergieeffekten seiner hochkarätigen Vertriebsmannschaft zu profitieren.

Analysten tendieren inzwischen dazu, die entstehenden Großunternehmen „biopharmazeutische" Unternehmen zu nennen, um sie von den forschungsintensiven, noch verlustreichen kleineren Unternehmen zu unterscheiden, die in der Biotechnologie-Industrie noch immer in der Mehrzahl sind. In den USA besitzen Amgen, Genentech und Immunex zusammen eine Marktkapitalisierung von insgesamt mehr als 100 Milliarden US-Dollar. MedImmune, das viertgrößte Unternehmen, hat einen Börsenwert von weniger als zehn Milliarden US-Dollar. Von da an wird die Liste immer dünner. Der Sprung der Industrie in die Kumulationsphase steht unmittelbar bevor.

Öffnungsphase, Lektion 3: Biotechnologie

> Vom Tiefpunkt der Industrie-Dekonsolidierung kann durch einen Auslöser (in der Regel eine große Übernahme) schnell eine Konsolidierung eingeleitet werden, bei der die Anzahl der M&A-Deals sprunghaft ansteigt und viele unvorbereitete Unternehmen „auf der Strecke bleiben".

> Dieser massive Konsolidierungsschritt löst dann den Übergang in die Kumulationsphase mit neuen Spielregeln aus.

Kosten senken durch Fusionen: Autohandel

Der größte Kostenfaktor in jedem Autohandel sind die Kosten für die Lagerbestände an Autos. Auf lokaler Ebene könnten sich zwei benachbarte Autohändler – jeder mit 500 Autos auf dem Hof – zusammenschließen. Die daraus entstehende riesige Autohandlung bräuchte vielleicht nur 750 Autos vorrätig zu halten und könnte doch eine wesentlich größere Auswahl bieten, als sie der Kunde ursprünglich bei jedem der beiden einzelnen Händler vorfand. Somit hätten sowohl die Kunden durch den besseren Service als auch die Händler durch die Kostenersparnis Vorteile. Darüber hinaus kann es sich ein größeres Autohaus wesentlich leichter leisten, in Technologien zu investieren, die die Kosten noch weiter senken und die Prozesse noch effizienter ablaufen lassen. Hinzu kommen noch Kostenvorteile aus dem gemeinsamen Einkauf direkter und indirekter Güter. Cashflow und Ergebnis verbessern sich durch die Fusion dramatisch.

Im Rückblick waren die 1950er Jahre die Blütezeit des US-amerikanischen Autohandels. Mehr als 50.000 Händler verkauften mehr als 6,5 Millionen Autos und überboten damit den Vorkriegs-Höchststand aus dem Jahre 1929. Bis 1996 war die Zahl der Autohändler um 50 Prozent zurückgegangen. Die Gruppe, die am meisten litt, waren die kleineren Unternehmen, die weniger als 150 Neuwagen im Jahr verkaufen: Fast 65 Prozent von ihnen verschwanden zwischen 1976 und 1989 von der Bildfläche.[2] In der Zwischenzeit nimmt die Zahl größerer Händler wieder zu.

Eine weitere tektonische Verschiebung in dieser Industrie resultierte aus dem dramatischen Anstieg der Anzahl von Gebrauchtwagenhändlern, der vor allem durch die Zunahme von Leasing-Verträgen ausgelöst worden war. Dies führte zu einer neuen Art von Auto-Supermärkten seit den frühen 1990ern, die in der Regel ein Inventar von mehr als 1.000 Autos haben. Deren „Verkaufsberater" unterscheiden sich vom typischen, unter Druck stehenden Autoverkäufer und werden häufig mit Fixgehalt und nicht erfolgsabhängig bezahlt und lassen sich nicht aufs Feilschen ein. Manche dieser Auto-Supermärkte sind börsennotierte Unternehmen mit Zugang zum Kapitalmarkt, der ihnen eine günstige Möglichkeit bietet, ihre Bestände zu finanzieren. Zum Teil vertreiben sie auch Neuwagen. Die Autohänd-

---

2 Die Zahlen über die Autohändler von 1950 stammen von der National Automobile Dealers Association, Industry Analysis Division. Spätere Daten vom Bureau of Labor Statistics. 1976 gab es 13.200 Autohändler, die weniger als 150 Einheiten im Jahr verkauften. 1998 war diese Zahl auf 4664 geschrumpft.

ler kaufen im Gegenzug einige dieser Gebrauchtwarenhändler und konsolidieren sie.

In den späten 1990er Jahren schließlich tauchten die ersten „reinen" Konsolidierer in dieser Industrie auf. Sie schlossen eine große Zahl von Autohändlern in verschiedenen Staaten zusammen und machten aus ihnen „Megastores" für Neu- und Gebrauchtwagen sowie Autoreparaturwerkstätten. Sie werden als one-stop-shops vermarktet und sind darauf ausgerichtet, den Prozess des Autokaufs für den Kunden zu vereinfachen. Diese Konsolidierer wachsen stetig, weil viele Händler – vor allem kleinere – es vorziehen, sich ihnen anzuschließen, als weiterhin selbständig zu bleiben. Nach Forrester Research werden weitere 7.000 unabhängige Händler bis 2022 vom Markt verschwunden sein. Es besteht ein hoher Anreiz, mit Fusionen dieser Art Kosten- und Marktsynergien auszuschöpfen.

Die Deregulierung des Autohandels sorgt auch in Deutschland für vermehrte Konsolidierung. Bis 2002 erlaubte es die so genannte Gruppenfreistellungs-Verordnung (GVO) deutschen Autoherstellern, Autohändler durch Exklusivverträge an sich zu binden. Im Gegenzug sagte der Autohersteller dem Händler zu, über keinen anderen Händler in derselben Region zu vertreiben. Dieses Gesetz hielt auch ausländische Autohändler aus dem deutschen Markt fern.

Mit der Abschaffung dieses Gesetzes können Autohändler nun zahlreiche Marken ohne regionale Beschränkung vertreiben. Auch Autohändlern aus anderen Ländern ist es freigestellt, überall ihre Geschäfte zu eröffnen. Dies setzt die angestammten Händler unter Druck, wettbewerbsfähige Preise anzubieten, um gegen die ausländischen Anbieter zu bestehen, und zwingt die Autohersteller, ihre Preispolitik gegenüber den Händlern europaweit zu harmonisieren.

Der Wegfall der GVO und in seiner Konsequenz der weniger regulierte Markt markieren den Beginn der Konsolidierung im deutschen Autohandel. Industrieexperten sagen bereits eine Konsolidierungswelle unter den kleineren Familienbetrieben voraus, die von größeren Händlern aufgekauft werden. Schließlich wird die Bildung eines kleinen Netzwerks von wenigen Händlern erwartet – wie es in der US-amerikanischen Autozulieferindustrie ebenfalls anzutreffen ist. Die Händler erwarten, dass der Wettbewerb härter wird, nicht zuletzt durch die Kundenforderung, dass die OEM ihre Autos und Services im Internet anbieten.

Öffnungsphase, Lektion 4: Autohandel

> Neben Liberalisierung kann auch Deregulierung auslösender Faktor für Konsolidierung sein.

> Der Vergleich mit weiter entwickelten Märkten ermöglicht Vorhersagen darüber, was mit einer regulierten Industrie geschieht.

> In Europa wird es ähnlich wie in den USA zu einer massiven Konsolidierungswelle im Autohandel kommen.

> Der Autohandel in den USA verdeutlicht die Relevanz von Skaleneffekten bereits in der Öffnungsphase.

Die unendlichen Möglichkeiten der Öffnungsphase ausschöpfen

Es ist absolut erfolgskritisch, an der Öffnungsphase vom ersten Tag an mit festem Blick auf die Balancephase teilzunehmen. Unternehmen, die sich am Anfang in Sicherheit wähnen und ihren Wettbewerbern oder dem Marktumfeld keine Aufmerksamkeit widmen, werden kaum über die Öffnungsphase hinausgelangen. Die Fusion zwischen DB Cargo und NS Cargo ist ein gutes Beispiel für eine langfristige Perspektive der beiden Eisenbahngesellschaften.

Rail Cargo Europe

Da viele Eisenbahngesellschaften sich in staatlichem Besitz befinden oder staatlich reguliert sind, hängt ihre Konsolidierung – oder auch Dekonsolidierung – von der Gesetzgebung der jeweiligen Länder ab. Eine der größten Fusionen in der Europäischen Geschichte war die zwischen der deutschen Bahnfrachtgesellschaft DB Cargo (Mainz) und ihrem holländischen Pendant NS Cargo (Utrecht). Die Fusion erhielt den Namen Rail Cargo Europe. Als sie verkündet wurde, lag der geschätzte Umsatz bei 3,5 Milliarden € durch den Transport von mehr als 310 Millionen Tonnen Fracht pro Jahr.

Einer der größten Vorteile in der Zusammenarbeit der beiden Unternehmen bestand in dem Verzicht auf die bisherigen Stopps an der deutsch-holländischen Grenze, die wegen unterschiedlichen Strom-, Signal- und Sicherheitssystemen den Austausch von Lokomotive und Lokomotivführer bedeuteten. Die beiden Unternehmen versprachen, ihre Lokomotiven umzurüsten, um sie kompatibel zu machen und kündigten weitere Pläne für einen Nonstop-Schienenfrachtverkehr zwischen Rotterdam und Deutschland an. Eineinhalb Jahre vor dem Zeitpunkt, an dem die Fusion in Kraft treten sollte, bestellten die beiden Unternehmen bereits neue Lokomotiven, die in beiden Ländern eingesetzt werden konnten und begannen mit dem Training der Lokomotivführer und Ingenieure, die in beiden Ländern eingesetzt werden sollten.

Seit der Staggars Act 1980 in Kraft getreten war und die Eisenbahngesellschaften in ihrem Wettbewerb mit den anderen Transportwegen mit größeren Freiheiten ausgestattet hatte, begannen die Eisenbahngesellschaften mit der Konsolidierung und strebten nach marktkonformen Lösungen. Seitdem ist die Produktivität kontinuierlich gestiegen, mehr als 200 Milliarden US-Dollar wurden in Verbesserungen der Ausstattung und der Infrastruktur investiert, die Unfallrate ist um 70 Prozent zurückgegangen und der Frachtsatz wurde halbiert. Darüber hinaus hat das U.S. Surface Transportation Board mehrere grenzüberschreitende Akquisitionen von US-amerikanischen regionalen Frachtgesellschaften durch die Canadian National Railway (CNR) zugelassen, um den Service für die Kunden in wichtigen Regionen zu verbessern. CNR operiert in Kanada, Teilen des Mittelwestens der USA und in Buffalo, New York.

Baue Markteintrittsbarrieren auf, um Dekonsolidierung abzuwenden

In neu entstehenden Industrien lautet die Devise: Verteidige Dein Territorium – koste es, was es wolle. Sobald der verfügbare Markt abgesteckt ist, wird es für ein neues Unternehmen zu teuer oder zu spät, noch in dieses Segment einzutreten. Dies ist die Zeit, in der Industriepioniere ihren First-Mover-Vorteil verteidigen. Es geht darum, Wettbewerber daran zu hindern, sich auszubreiten – aber wie? Wenn Sie in der Nanotechnologie-Industrie aktiv sind, würden Sie Patente für so viele Produkte wie möglich anmelden. Im E-Business war Priceline.com sogar in der Lage, sein Geschäftsmodell patentieren zu lassen. Das Gleiche gilt für fast jede andere Industrie. Was hat Ihr Unternehmen, das Sie verteidigen, patentieren lassen oder unter Urheberrechtsschutz stellen können? Eine weitere Barriere kann zum Beispiel in einer starken Kundenbindung bestehen, wie sie zum Beispiel eBay durch seine Teilnehmerprofile erzielt hat.

Beobachte das politische Umfeld, um bei Gesetzesänderungen schnell reagieren zu können

Für die deregulierenden oder liberalisierenden Industrien ist es entscheidend, auf das sich ändernde Umfeld schnell zu reagieren. Dafür ist es wichtig, frühzeitig von bevorstehenden Veränderungen – auch ungünstigen Entwicklungen – zu erfahren. Lobbying, wie es die Development Bank of Singapore betrieben hat, kann ein hervorragendes Mittel sein, die Entwicklungen zu kennen und – wo möglich – zu beeinflussen.

Die Deutsche Telekom versuchte, von der Liberalisierung des eigenen und der anderen europäischen Märkte zu profitieren, hatte jedoch meist Pech mit ihrer Fusionsstrategie. Der Development Bank of Singapore (DBS) dagegen gelang es, die Deregulierung des singapurischen Bankenmarktes in den späten 1990er Jahren zu nutzen. Damit wurde die DBS zum klassischen Beispiel für ein Unternehmen, das in der Öffnungsphase seine Strategie dem veränderten Umfeld anpassen muss.

Deutsche Telekom

Die Deutsche Telekom war ein staatliches Monopolunternehmen, bevor es 1996 privatisiert wurde und an die Börse ging. Als sich überall in Europa die Märkte öffneten, schloss die Deutsche Telekom einen wichtigen Joint-Venture-Vertrag mit France Télécom ab. Die beiden Unternehmen hatten weitere Überkreuz-Beteiligungen in Telekommunikationsunternehmen wie dem Schweizer Multilink und Großbritanniens MetroHoldings. Aber nachdem die Deutsche Telekom eine Fusion mit der Italienischen Telekom ankündigte, die dann scheiterte, brach auch das Joint Venture zwischen den beiden Wettbewerbern auseinander. Deutsche Telekom und France Télécom trennten ihre gemeinsamen Investitionen wieder, wodurch die Deutsche Telekom einen 100-prozentigen Anteil an Multilink und France Télécom 50 Prozent an MetroHoldings erhielt.

Seitdem hat die Deutsche Telekom eine Reihe von Anteilen an Telekommunikationsunternehmen gekauft: an der Slowakischen Telekom hält sie 51 Prozent der Anteile, nachdem es von einem staatlichen Unternehmen 1999 in eine Kapitalgesellschaft überführt worden war, und als die Tschechische Regierung ebenfalls den Markt öffnete, erwarb sie 2000 eine Mehrheit an Pragonet. Darüber hinaus ging sie strategische Partnerschaften mit der kroatischen Hrvatski Telecom ein, nachdem diese sich von HDT, der kroatischen Post, getrennt hatte. Dies sind nur einige der Aktivitäten in den sich öffnenden europäischen Märkten.

Darüber hinaus unternahm die Deutsche Telekom weitere Anbahnungen, die unter einem schlechten Stern standen, etwa Quest und Freeserve. Als das Unternehmen schließlich seine erste US-amerikanische Investition in VoiceStream tätigte, lautete die einhellige Meinung, dass die Deutsche Telekom einen viel zu hohen Preis bezahlt hatte. Allerdings liegt die Wurzel des Übels Kritikern zufolge in der Unfähigkeit der Deutschen Telekom, kulturelle Differenzen zu überbrücken und unterschiedliche Kulturen zu integrieren – Fähigkeiten, die unabdingbar sind, wenn man grenzüberschreitende Fusionen zum Erfolg führen will.

Development Bank of Singapore

Im Zuge der Asienkrise 1997 ernannte die Development Bank of Singapore (DBS) John Olds zum Vorstandsvorsitzenden, um eine Endgames-Strategie in Südostasien voranzutreiben. Olds, ein amerikanischer Banker von J.P. Morgan, sah sich den südostasiatischen Markt genau an und stieß auf eine interessante Wettbewerbskonstellation: Mehrere globale Riesen wie Citibank, HSBC und Standard Chartered standen einer Reihe von nationalen Instituten in jedem der Nachbarstaaten Malaysia, Thailand und Indonesien sowie einigen aufstrebenden regionalen Wettbewerbern wie der Commonwealth Bank of Australia gegenüber.

Olds kam zu dem Schluss, dass die einzige Erfolg versprechende Strategie für DBS in einer schnellen regionalen Konsolidierung lag. Sein erster großer Schritt war der Kauf der POS

Bank in Singapore 1998 – der alten Post Office Savings Bank mit Tausenden von Sparern aus Singapur als Kunden. Als nächstes brach er mit der Akquisition der Thai Danu Bank 1999 in den thailändischen Markt ein. Dies war eine der größten ausländischen Akquisitionen eines Unternehmens aus Singapur überhaupt. Aus der Thai Danu-Erwerbung gewann er eine solide Expertise und Erfahrung mit Post-Merger-Integration, die sich bei den späteren Akquisitionen der Dao Heng Bank in Hong Kong und Vickers Ballas, einem Hongkonger Wertpapierhändler, als wertvoll erwies. Aufbauend auf diesen Erfolgen ist DBS nunmehr ein anerkannter starker Spieler in diesem regionalen Markt und gut positioniert für weitere Akquisitionen in naher Zukunft.

Lerne von anderen Industrien

Sobald sich eine Privatisierung der Industrie ankündigt oder neue Marktteilnehmer den Markt betreten – und nicht daran gehindert werden können – ist es Zeit für die Frage, wie andere Unternehmen den Übergang gemeistert haben. Durch Benchmarking können Manager in noch nicht liberalisierten Ländern sich auf das Leben nach der Deregulierung des Marktes vorbereiten.

Die globale Energiewirtschaft in ein exzellentes Beispiel dafür (vgl. Abbildung 9 auf Seite 41). Das Wachstum der meisten globalen Energieversorgungsunternehmen ist wegen ihrer regulierten Vergangenheit auf einen relativ schmalen Bereich konzentriert. Unter den US-amerikanischen Energieunternehmen, die Europa gegenüber einige Jahre Vorsprung in der Liberalisierung haben, zeigt sich eine größere Bandbreite in der Entwicklung. Viele haben Fusionen genutzt, um im Rahmen ihrer Endgames-Strategie aggressiv Skalenvorteile aufzubauen und international zu expandieren. Sobald die Energiewirtschaft auf globaler Ebene dereguliert ist, wird es einen massiven Konsolidierungsschub geben, der die Industrie weiter verändert.

Preisstruktur und Kundenbeziehungen sind ähnlich wichtige Themen wie Fusionen, wenn eine Monopolsituation beendet wird. Solange der Kunde keine Wahl hat – wie es mit Eisenbahn, Fluggesellschaften und der Telekommunikation lange Zeit der Fall war – ist es leicht, sich über Themen wie Kundentreue und Kundenzufriedenheit hinwegzusetzen. Auch das Thema „Preis" hat in regulierten Zeiten selten zu mehr als Diskussionen geführt. In einer deregulierten Industrie wird die Preisfindung zu einem wichtigen Instrument der Kundenbindung. Wenn die Kundentreue gering ist, sind schnell viele Kunden an einen preisgünstigeren Wettbewerber verloren. Um die Preise festzulegen, müssen Unternehmen ihre Kosten kennen, und wenn niedrigere Preise bedeuten, dass auch die Kosten gesenkt werden müssen, dann müssen die Prozesse neu ausgerichtet werden, um Übergewicht abzubauen.

Konzentriere dich auf die attraktivsten Segmente deiner Industrie

Die Gewinner der Öffnungsphase lernen, einen chancenträchtigen Bereich zu dominieren, anstatt ihr Können auf die gesamte Industrie auszudehnen. Einem pharmazeutischen Unternehmen zum Beispiel ist am besten gedient, wenn es sich auf einen Bereich konzentriert. Astra Zeneca besaß die Patente für Prisolec und Nexium, die Nummer eins und Nummer zwei auf dem Markt für Gallensäureerkrankung, eine chronische Krankheit, die etwa zehn Prozent der Bevölkerung in der Lebensmitte heimsucht. Ähnlich war TMP damit erfolgreich, sich auf den Online-Recruiting-Sektor zu konzentrieren, statt sowohl im Online- als auch im Offline-Recruiting zu operieren.

Am Ende der Öffnungsphase ist die Euphorie der Gründer verflogen. Es herrscht harter Wettbewerb. Die Anzahl von Unternehmen in der Industrie hat ihr Maximum erreicht, die Profitabilität ist rapide gesunken. Im Übergang von der Öffnungsphase in die Kumulationsphase wechselt die Strategie zum Aufbau von Skaleneffekten. Ebenso wie in der Öffnungsphase wird von den Unternehmen, die am Anfang der Kumulationsphase dabei sind, nur eine Handvoll übrig bleiben.

Kapitel 2: Kumulationsphase – Skaleneffekte erzielen

Auf dem Weg durch die Öffnungsphase haben die Unternehmen das Territorium abgesteckt. Es ist jetzt an der Zeit zu kumulieren. Die führenden Unternehmen müssen Strategien entwickeln, um zu expandieren, Marktanteile zu gewinnen und ihr Revier zu verteidigen – kurz: auf der Endgames-Kurve weiter nach oben zu klettern. Ob sie sich dessen ausdrücklich bewusst sind, dass sie dabei eine Endgames-Strategie verfolgen oder nicht: Wenn sie sich auf dem Markt umschauen, müssen die Unternehmen in der Kumulationsphase ständig ihre nächsten Akquisitionsziele analysieren oder einen neuen Wachstumsplan aushecken.

Die Kumulationsphase ist eine Phase des brutalen Wettbewerbs. Die M&A-Aktivität nimmt dramatisch zu, entsprechend konsolidiert die Industrie mit maximaler Geschwindigkeit. Typische Industrien, die derzeit in Phase zwei anzutreffen sind: Hotelketten, Brauereien, Banken, Chemie, Pharmazie, Automobilzulieferer, Restaurants und Fast-Food-Ketten.

Noch immer sind die meisten Marktteilnehmer auf ihren lokalen Radius beschränkt. Die Marktführer, die sich immer deutlicher abzuzeichnen beginnen, sind bereits internationalisiert oder sogar globalisiert. Diejenigen Marktteilnehmer, die strategisch wachsen und Fusionen erfolgreich als Waffe einsetzen, gehen als Sieger aus der Phase hervor, die anderen – 70 Prozent der Unternehmen, die am Anfang der Phase dabei waren – werden in dieser Phase aus dem Spiel ausscheiden. Die Konzentrationsrate steigt damit von ungefähr 15 Prozent auf etwa 45 Prozent.

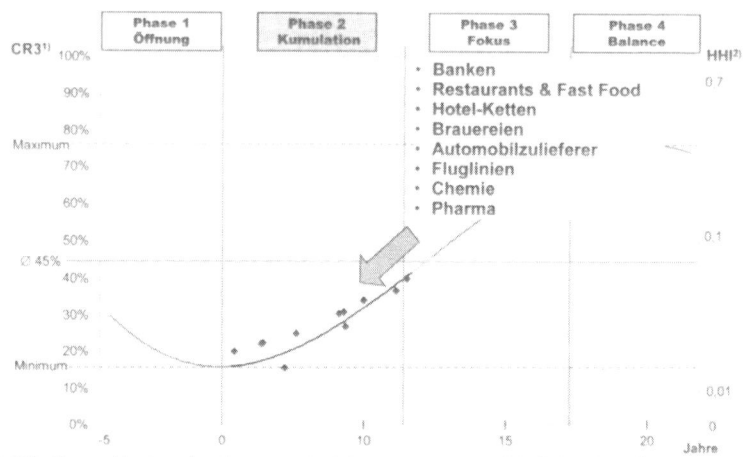

Abb. 10: In der Kumulationsphase steigt die Konzentration bis etwa 45 Prozent an

Die Gewinne in dieser Phase sind mager, der Wettbewerb wird häufig über den Preis ausgetragen. In diesem Preiskrieg tritt neben die typische, durch Akquisitionen und Übernahmen getriebene Konsolidierung die Taktik der „impliziten Konsolidierung", die aktuell in der Telekommunikation zu beobachten ist. Anstatt die Wettbewerber zu kaufen, werden sie aus dem Markt gedrängt.

Angesichts der in dieser Phase dramatisch abnehmenden Profitabilität sollten Topmanager ihre Unternehmen so schnell wie möglich durch die Kumulationsphase führen und die Kosten senken, indem sie Skaleneffekte durch Übernahmen mit Synergieeffekten nutzen und mit ständigen umsatzfokussierten Restrukturierungen für Wachstums sorgen. Unternehmen, denen es nicht gelingt, durch Skaleneffekte Kostenvorteile in der Kumulationsphase zu realisieren, scheiden aus dem Spiel aus.

Abb. 11: Globale Banken (Steigerung p.a. 1996 – 2001)

Die Landschaft in der Kumulationsphase unterscheidet sich von der in der Öffnungsphase auch darin, dass es eine wesentlich größere Bandbreite im Wachstum der globalen Marktteilnehmer gibt. In der globalen Bankbranche zum Beispiel kristallisieren sich einige wenige Marktteilnehmer als die globalen Marktführer heraus, während es ein riesiges Mittelfeld gibt. Für die Marktführer dagegen gibt es Hunderte von möglichen Akquisitionszielen, mit denen sie ihre Position im Markt vergrößern und ihren Weg die Endgames-Kurve hinauf beschleunigen könnten.

Wachstum um jeden Preis ist ebenso gefährlich wie risikoscheues Abwarten. Bei einem raschen Akquisitions- und Wachstumskurs muss ein Unternehmen darauf achten, sich nicht finanziell zu übernehmen. Im Sog der Konsolidierungswelle kann das Verlangen zu kaufen und zu wachsen manchmal größer sein, als die finanzielle Realität es zulässt. In der Konsequenz müssen die Unternehmen hohe Zinsen in Kauf nehmen und leiden dann noch lange an den Folgen einer nur scheinbar „preiswerten" Akquisition.

65

Andererseits gilt es sorgfältig abzuwägen, in welche Marktsegmente ein Unternehmen investieren will und aus welchen es sich besser zurückziehen sollte, denn nicht alle sind gleichermaßen gewinnträchtig. Einige Marktsegmente könnten unattraktiv sein, weil sie überdurchschnittliche Investitionen erfordern, andere könnten interessant sein, weil sie dem Unternehmen ein Standbein in einem neuen oder gerade erst zugänglich gewordenen Markt verschaffen. Eines ist jedoch in der Kumulationsphase sicher: Kein Unternehmen kann sich der Dynamik des Endgames entziehen, keine Industrie bleibt von Fusionen und Übernahmen verschont.

Das Wettrennen um Positionen im Markt und Marktanteile ist in der Kumulationsphase in vollem Gang und die Positionen der Marktführer verändern sich ständig. Heute wird eine Fusion verkündet, mit der die bisherige Nummer drei im Markt zur Nummer zwei wird. In der kommenden Woche katapultiert eine Fusion zwischen der neuen Nummer drei und Nummer fünf die beiden Unternehmen an die zweite Stelle. Die alte Nummer zwei hatte sich, nachdem sie von ihrem Platz gestoßen worden war, nach einem Partner umgesehen, um ihre Position wiederzuerlangen. Das Spiel verläuft immer schneller und die Einsätze sind immer höher. Ein solcher Zermürbungskrieg ist nicht angenehm, auch nicht für den Gewinner.

In Situationen, in denen nur einige wenige Marktteilnehmer übrig sind, tritt ein weiteres Phänomen auf. Eine Fusion zwischen Nummer eins und Nummer drei führt zu einem stabilen Markt und bietet der Nummer zwei eine weiterhin sichere – und profitable – Position. Der Markt für Gartengeräte veranschaulicht diese Situation. Das Unternehmen auf Position eins, Ames (bis vor kurzem eine Tochter von U.S. Industries) kaufte Tru-Temper von Huffy. Obwohl der Zusammenschluss von Nummer eins und Nummer drei ein Unternehmen erschuf, das dreimal so groß war wie die Nummer zwei im Markt, Union Tools (eine Tochter von Acorn Products), war dieser Schachzug für beide Unternehmen vorteilhaft.

Die Erklärung ist einfach: Händler haben lieber zwei als nur einen Lieferanten, sowohl aus Gründen des Wettbewerbs, als auch um die

Sicherheit der Lieferfähigkeit zu gewährleisten. Wenn Nummer eins und Nummer drei sich zusammenschließen, werden aus den drei Top-Unternehmen zwei Top-Unternehmen – und die strategische Bedeutung von Nummer zwei für die gemeinsamen Kunden steigt. Der Marktführer könnte nun versuchen, den Branchenzweiten durch niedrige Preise und eine Kostensenkungsoffensive auszustechen, aber das ist ein gefährliches Unterfangen. Das Resultat eines solchen Versuches wären niedrigere Gewinne für den Marktführer und ein anderer – und vielleicht gefährlicherer – Wettbewerber würde den zweiten Platz einnehmen. Was hier im Mikrokosmos einer kleinen Industrie gezeigt wird, geschieht in vielen großen Industrien, wenn die Unternehmen in der Kumulationsphase versuchen, ihre Marktanteile und Position im Markt zu festigen.

Reine Größe ist dabei noch lange keine Garantie für dauerhafte Marktführerschaft. Nur wer in der Lage ist, nach Fusionen erfolgreich zu integrieren, wird langfristige Vorteile erzielen. Der niederländische Lebensmitteleinzelhändler Ahold ist ein Paradebeispiel für ein globales Unternehmen, das die lokale Kultur respektiert.

Ahold

Koninklijke Ahold ist ein typisches globales Unternehmen. Mit Niederlassungen in den USA, in Europa, Lateinamerika und Asien kam der Handelsriese 2001 auf mehr als 66 Milliarden US-Dollar Konzernumsatz. Ahold selbst erwirtschaftet ungefähr 60 Prozent seiner weltweiten Umsätze. Nach der ersten Akquisition 1971, BI-LO, unterhält und betreibt Ahold inzwischen sechs regionale Supermarkt-Ketten unter den Marken Stop & Shop, Giant (Landover), Giant (Carlisle), Tops, BI-LO und Bruno's. Aholds gesamte Ladengeschäfte haben 2001 einen Konzernumsatz im Einzelhandel von ungefähr 23 Milliarden US-Dollar erzielt.

Darüber hinaus unterhält und betreibt Ahold fünf US-amerikanische Foodservice-Dienstleister mit Jahresumsätzen von etwa 19

Milliarden US-Dollar. Dieser Zweig beschert Ahold eine schnell wachsende nationale Präsenz in dem immer noch sehr fragmentierten Hotel-, Restaurant- und Catering-Markt. Außerdem hält Ahold eine führende Position in verschiedenen spezialisierten Catering-Sparten, unter anderem im Gesundheitswesen, in Krankenhäusern, Restaurants, Unternehmenskantinen und staatlichen Institutionen.

Aholds Erfolg beruht unter anderem auf der Fähigkeit, eine enge Zusammenarbeit zwischen Business Units herzustellen und gleichzeitig die lokalen Marken und Kulturen zu bewahren. Zum Beispiel hat Ahold vor zwei Jahren den kriselnden Online-Lebensmittelhändler Peapod erworben, der Ahold sowohl im Internet-Handel wie auch in den lokalen Märkten, die Peapod bedient, ein starkes Standbein ermöglicht hat. Allerdings haben die Kunden in diesen Märkten wenig davon mitbekommen und wenigen ist bewusst, dass sie Ahold anklicken, wenn sie auf die Website von Peapod gehen.

Schnelligkeit ist Trumpf

Steckbrief: Kumulationsphase

> ➤ Die Industrie konsolidiert rapide, die Konsolidierungsgeschwindigkeit erreicht ein Maximum.

> ➤ Die Konzentrationsrate steigt von etwa 15 auf etwa 45 Prozent, die Anzahl der Unternehmen in der Industrie verringert sich um bis zu 70 Prozent.

> ➤ Die meisten Marktteilnehmer sind regional aufgestellt, nur die führenden sind internationalisiert oder gar globalisiert.

> Die Profitabilität sinkt dramatisch. Unternehmen, denen es in dieser Phase nicht gelingt, durch Skaleneffekte Kostenvorteile zu realisieren, scheiden aus.

In der Kumulationsphase liegt die Herausforderung im Aufbau von Marktanteilen. Mit organischem Wachstum allein kommt ein Unternehmen in der Regel nicht weit. Nur eine hohe Zahl von Akquisitionen bringt die erforderliche Wachstumsgeschwindigkeit mit sich. Deshalb lautet der Imperativ in der Kumulationsphase: Konsolidiere Deine Industrie, indem Du mit maximaler Geschwindigkeit wächst.

Je weiter die Industrie sich auf der Endgames-Kurve hinaufarbeitet, desto mehr kleine Unternehmen werden den großen globalen Powerhäusern zum Opfer fallen, die von ihren enormen Skaleneffekten profitieren. Ein Unternehmen, das auf die Fokusphase zujagt, muss zu den ersten Unternehmen in einer Industrie gehören und es mit den wichtigsten Wettbewerbern in den wichtigsten Märkten aufnehmen können. Gegen Ende der Kumulationsphase können kaum noch kleine Deals abgeschlossen werden, sondern nur noch Mega-Fusionen, die Unternehmen mit Siebenmeilenstiefeln vorwärts tragen.

Die frühen Gewinner fressen ihre Nachahmer: CRM-Software-Industrie

Das Industrie-Segment Customer Relationship Management der Software-Industrie befindet sich genau am Wendepunkt der Konsolidierung, es ist gerade von der Öffnungsphase in die Kumulationsphase eingetreten. An dieser Industrie lassen sich anschaulich die Konsequenzen der Öffnungsphase beobachten. Neue Industrien fangen häufig mit einem einzigen erfolgreichen Unternehmen an, das eine enorme Marktkapitalisierung erzielt. Dieses Unternehmen zieht wiederum Wettbewerber an. Die aussichtsreichsten Wettbewerber werden zahlreicher, aber viele von ihnen verfehlen die kritische Masse und bleiben unprofitabel, bis die Konsolidierung beginnt. Die erfolgreichsten Unternehmen nutzen ihre Anfangsgewinne, indem sie Marktanteile dazukaufen – sie fressen ihre Nachkömmlinge auf.

Im Markt für CRM-Software hat sich diese Entwicklung rasch zugetragen. Die Umsätze für CRM-Software lagen 2001 bei 11,8 Milliarden US-Dollar und sollten 14,2 Milliarden US-Dollar im Jahr 2002 erreichen. Siebel hält 28 Prozent des Marktanteils, Peregrine hat neun Prozent, Oracle folgt mit sieben Prozent. PeopleSoft, SAP, Trilogy und Epiphany besitzen zusammen zwölf Prozent Marktanteil, den Rest teilen sich kleinere Anbieter. In der Summe halten sieben Marktteilnehmer 56 Prozent, der Rest teilt sich 44 Prozent. Der Umstand, dass die drei größten Spieler – auch wenn Siebel als Marktführer weit voraus ist – zusammen 44 Prozent der Marktanteile unter sich aufteilen, zeigt, dass diese Industrie sich recht schnell auf der Endgames-Kurve nach oben bewegt.

Die kleineren Marktteilnehmer, unter ihnen Kana Software, Onyx Software und Primus Knowledge Solutions Inc., haben es schwer und sind reif für Übernahmen. In einem so schnell wachsenden Bereich ist es klar, dass der Kampf um Marktanteile ausbricht. Natürlich haben Oracle und Peregrine auch Produkte in anderen Märkten, ebenso wie SAP. Es ist aber auch möglich, dass ein neuer Wettbewerber diesen Markt im Zuge einer Diversifikation betritt (zum Beispiel IBM), wenn er CRM als einen Markt mit hohen Wachstumschancen ansieht, und bei dem Versuch, eine gute Marktposition zu erzielen, mehrere kleinere Spieler aufkauft.

Kumulationsphase, Lektion 1: CRM-Software-Industrie

> Erfolgsstories an der Börse, wie bei Siebel, haben nicht nur positive Seiten; sie ziehen in der Öffnungsphase auch massiv neue Wettbewerber an.

> Schon nach wenigen Jahren lässt sich durch eine einfache Neugründung kein Marktanteil mehr gewinnen – vielmehr muss man Marktanteile kaufen.

> Etablierte Unternehmen versuchen Anteile am Markt zu erobern, indem sie die technische Innovation nachahmen und versuchen, bestehende Kunden aus anderen Bereichen für die neue Anwendung zu gewinnen.

> Zu Beginn der Öffnungsphase lassen sich bereits die ersten Verlierer identifizieren, die eigentlich nur noch ihren Verkaufspreis optimieren können.

Konsolidierung ist ansteckend: Automobilzuliefer-Industrie

Die globale Automobilindustrie ist geprägt von einem hin- und herwogenden Kampf um Margen zwischen den Automobilzulieferern und den Automobilherstellern. In den vergangenen Jahren war dieser Bereich ein anschauliches Beispiel für das Endgame. Mitte bis Ende der 1990er Jahre verfolgten die Automobilzulieferbetriebe eine Strategie der Systemintegration und konsolidierten ihre jeweiligen Second-tier-Lieferanten. Sie glaubten, sie könnten höhere Margen erzielen, indem sie den Herstellern „plug-in"-Module, zum Beispiel fertige Türmodule oder vollständige Inneneinrichtungen von Autos, anboten, anstatt nur die Einzelteile zu liefern. Einige Beispiele für diese Endgames-Strategie:

> TRW kaufte 1999 Lucas Varity und wurde ein führender Lieferant für Bremssysteme weltweit.

> Lear Corp. erwarb den Automobilbereich von United Technologies 1999 mit dem Ziel, Herstellern mit „Full-Service"-Modulen zu bedienen, die Inneneinrichtungen mit integrierten elektronischen Systemen umfassten. Im selben Jahr kaufte Lear Ovatex und Polovat, zwei kleinere Lieferanten für Inneneinrichtungen, zusätzlich zu dem 50-prozentigen Anteil der Donnelly Corporation an Lear-Donnellys Overhead Systems, einem Unternehmen, das Dachhimmel-Module herstellt.

➤ Johnson Controls kaufte Ikeda Bussan, einen japanischen Hersteller von Autositzen und Hauptlieferanten von Nissan. Diese Akquisition war der Eintritt von Johnson in den japanischen Markt, um dort seine ganze Produktpalette vertreiben zu können.

Diese Entwicklung beweist einmal mehr, dass Konsolidierung ansteckend ist: Der Konzentrationsprozess in einer Industrie wirkt sich sowohl auf die Kunden- als auch auf die Zuliefererindustrien sowie auf andere Industrien aus. Erst kürzlich haben Investoren wie Ripplewood Holdings die Konsolidierung der Second-tier-Automobilzulieferer vorangetrieben, im Wesentlichen mit denselben Zielen wie sie in der First-tier-Konsolidierung verfolgt wurden. In ähnlicher Weise folgt die Konsolidierung der Papierindustrie der starken Konzentration im Printmarkt, und auch im Handel und im Konsumgüterbereich sind seit Jahren sich gegenseitig verstärkende Konzentrationswellen zu beobachten. In einigen Fällen war die Strategie eher reaktiv als proaktiv. Im Gespräch über den 18 Milliarden-US-Dollar-Deal in der Papier-Industrie sagte Kari Toikka, Senior Vice President des finnischen Unternehmens UPM-Kymenne: „Wir haben uns einfach danach gerichtet, was in den Industrien unserer Kunden passierte. Globale Verlagshäuser von Zeitschriften wie *Elle* wollen ein einheitliches Erscheinungsbild und einheitliche Qualität weltweit. Ihr Ansatz ist es, die Zahl ihrer Lieferanten zu reduzieren, damit sie bessere Produkte zu besseren Bedingungen beziehen können."

Das Entstehen der Systemintegratoren im Automobilzulieferbereich wirft eine interessante Frage auf: Wie hoch sollte die Eigenfertigung eines Automobilherstellers sein? Volkswagen unterhält ein Werk in Brasilien, das für einen hohen Anteil an Fremdvergabe bekannt geworden ist. Fremdlieferanten liefern alle wesentlichen Teile des Autos, inklusive Chassis, Inneneinrichtung, Motoren und Getriebe ins Werk, wo es lediglich zusammengebaut wird. Der einstige Hersteller ist in der Kumulationsphase zum Designer und Vermarkter geworden und integriert die Systeme und den Markennamen. Das Kapital, die anlagen- und arbeitsintensiven Teile, die Herstellung der Teilsysteme und deren Zusammenbau ist in der integrierten Wertschöpfungskette nach vorne zu den großen Zulieferern gewandert.

In der Kumulationsphase kann somit eine neue Plattform oder Basis für Wettbewerb entstehen – als virtuelles Markenunternehmen, nicht mehr als originärer Hersteller. Unternehmen wie Sara Lee Corporation, Puma, Sony und Nokia (unter anderen) haben sich für diese Variante entschieden.

Kumulationsphase, Lektion 2: Automobilzulieferindustrie

> Konsolidierung ist ansteckend: Industrien sind eng miteinander verknüpft, die Konsolidierung in einer Industrie kann Konsolidierungen bei Kunden oder Zulieferern auslösen.

> Neben Skaleneffekten kann eine Konsolidierung auch zu einer Komplettierung des Angebotes führen, in diesem Fall zur Systemintegration bei den Zulieferern.

> Mit wachsender Größe wird es zunehmend attraktiver – und notwendiger – sich auf seine Kernkompetenzen zu konzentrieren, dies führt zu einer stärkeren Fremdvergabe, im Extremfall entsteht ein virtuelles Unternehmen.

Am Ende der Gemütlichkeit: Brauereien

Wenige Industrien können auf eine so lange, so reiche und so vielfältige Tradition verweisen wie die Brauindustrie: Schon 1516 war Bier ein so beliebtes Getränk, dass Wilhelm IV. von Bayern ein eigenes Gesetz erließ, das „Reinheitsgebot", das die Zutaten Hefe, Gerste, Hopfen und Wasser, die im Bier erlaubt waren, genau festlegte. Noch heute folgen die deutschen Brauereien dem Qualitätsstandard, der durch dieses Gesetz definiert wurde, auch wenn die EU die mit dem Reinheitsgebot einhergehende Wettbewerbsbeschränkung aufhob.

Die Deutschen fühlen sich daher ein wenig wie die Erfinder des Bieres und halten große Stücke auf ihre Brauereien und deren Bierqualität. Mit mehr als 1.200 Brauereien ist der deutsche Markt noch immer extrem fragmentiert. Dank starker Kundentreue können sich viele Brauereien noch in Familienbesitz über Wasser halten und sich gegen die Konsolidierungswellen, die über den Rest der Welt schwappten, zur Wehr setzen.

Wie lange noch? Viele der kleineren Unternehmen stehen unter Konsolidierungsdruck. Nicht-alkoholische Getränke erobern Marktanteile, die Kunden werden gesundheitsbewusster und der Pro-Kopf-Verbrauch geht zurück. Vor dreißig Jahren betrug er in Deutschland knapp 140 Liter, bis zum Jahr 2000 war er auf 120 Liter zurückgegangen. Nachdem die nicht-alkoholischen Getränke auf der Innenspur überholen, haben die Unternehmen ihre Marketingausgaben und ihre Budgets für Sponsorships erhöht und nehmen dafür sinkende Margen in Kauf. Nur die bekannten Marken mit einem starken Marketing verzeichnen gute Ergebnisse.

Im Vergleich mit internationalen Wettbewerbern rangieren die deutschen Marktteilnehmer nur unter „ferner liefen". Anheuser-Busch (USA) setzt jährlich 130 Millionen Hektoliter um, Heineken (Niederlande) etwa 100 Millionen, Interbrew (Belgien) ca. 90 Millionen Hektoliter. Im Vergleich: Der Jahresumsatz der größten deutschen Brauerei, Warsteiner, beträgt ungefähr fünf Millionen Hektoliter. Ähnliche Unterschiede in den Produktionsvolumina sind in den Märkten für malzhaltige Getränke überall auf der Welt zu finden.

Mit seiner fast 500-jährigen Geschichte hat sich die Brauindustrie Zeit gelassen, die Endgames-Kurve hinaufzuklettern. Zu einem großen Teil verdankt sie ihren gemütlichen Konsolidierungskurs ganz einfach der Logistik: Wie Molkereien, die verderbliche Milchprodukte vertreiben, stehen Brauereien vor der Herausforderung, einen geografischen Standort zu finden, von dem aus sie sowohl die ökonomisch vernünftige Distribution als auch die Frische ihres Produktes sicherstellen können.

In kleineren Ländern können nach wie vor lokale Brauereien bestehen, deren höhere Produktionskosten durch niedrige Distributionskosten wettgemacht werden. In größeren Ländern wie den USA ist es keine Seltenheit, dass eine Anheuser-Busch-Brauerei in strategisch effizienten Vertriebsorten angesiedelt ist. Coors Bier zum Beispiel wurde so hergestellt, dass die Kühlkette auch auf dem Transport nicht unterbrochen werden durfte, was den Vertriebsradius – und somit den potentiellen Markt – bis in die 1970er Jahre im Wesentlichen auf den Westen der USA beschränkte.

Der gegenwärtige Status der deutschen Brauerei-Industrie zeigt denn auch deutliche Zeichen einer beginnenden Konsolidierung. Interbrew kaufte zuerst Diebels und gab rund 1,75 Milliarden Euro für Beck & Co. aus. Heineken ging ein Joint Venture mit Paulaner ein. Aus dem deutschen Markt wird ein Oligopol, wie überall auf der Welt. Die kleineren Familienbetriebe werden sich schließlich den größeren Konzernen anschließen, die ihnen die erforderlichen Skaleneffekte bieten können.

Der größte Teil des weltweiten Biermarkts ist ein reifer Markt mit zu wenig Spielraum für Umsatzsteigerungen – abgesehen von Deutschland. Zum Beispiel führen nur zwei Brauereien den französischen Markt an, nämlich Brasseries Kronenbourg und Brasseries Heineken. In Spanien waren Grupo Cruzcampo, San Miguel, Mahou, El Aguila und Damm die fünf verbleibenden Spieler, die im Markt überlebt hatten, bevor Heineken einen spanischen Konzern bildete, der Grupo Cruzcampo und El Aguila integrierte. In den USA halten die Marktführer Anheuser-Busch, Miller und Adolph Coors 80 Prozent der Marktanteile.

Diese Reife auf den regionalen Märkten bereitet den Boden für vermehrte grenzüberschreitende Fusionen und Globalisierung. Scottish and Newcastle, die größte Brauerei in Großbritannien, wuchs stetig in ihrem Heimmarkt, während ihre größeren Wettbewerber, Carlsberg, Heineken und Interbrew sich in Osteuropa nach neuen Wachstumsmöglichkeiten umsahen. Nachdem aber Scottish and Newcastle Anfang 2002 die größte finnische Brauerei, Hartwall, für 1,7 Milliarden

US-Dollar übernahm, veränderte sich das Bild nachhaltig. Hartwalls Anteil an Baltic Beverage Holdings bescherte Scottish and Newcastle eine sofortige Marktpräsenz in Russland, Lettland, Estland und Litauen, wo die Wachstumskurve stetig nach oben zeigt. Der Zusammenschluss führt das Unternehmen außerdem auf einen möglichen Kollisionskurs mit Carlsberg, der Brauerei, die ebenfalls Anteile an Baltic Beverages hält.

Nur wenige Monate, nachdem Scottish and Newcastle Hartwall gekauft hatte, wurde eine weitere gravierende Veränderung in der Industrie bekannt gegeben: Nach längeren Spekulationen kaufte das in London ansässige Unternehmen South African Breweries, PLC (SAB) Miller Brewing von Philip Morris für 5,6 Milliarden US-Dollar. Das fusionierte Unternehmen SAB Miller wird die zweitgrößte Brauerei der Welt sein und eine der führenden Positionen in den USA einnehmen, dem profitabelsten Biermarkt der Welt.

Kumulationsphase, Lektion 3: Brauereien

> ➢ Nationale Industrien, die wie die deutschen Brauereien die notwendige Konsolidierung verschlafen, werden von außen konsolidiert.

> ➢ Bei den großen, internationalen Spielern stehen die Gewinner bereits fest – gegen sie haben die nationalen Wettbewerber kaum eine Chance.

Marktanteile in der Kumulationsphase gewinnen

In der zweiten Phase des Endgames geht es um wertsteigerndes Wachstum und darum, so schnell wie möglich Skaleneffekte zu erzielen. Was empfehlen wir Unternehmen, die sich durch die Kumulationsphase kämpfen? Natürlich gibt es keine Einheitslösung, die alle glücklich macht, egal wie groß oder klein sie sind oder in welchem Markt sie agieren. Unterschiedliche Unternehmen und Industrien erfordern unterschiedliche Herangehensweisen. Aber die Grundbedingungen für Wachstum sind immer dieselben: Fusionen, Globalisierung, Markenmanagement und Markterweiterung. Es ist nicht notwendig, alles zu beherrschen, aber wenn Ihr Unternehmen nicht wenigstens in den meisten Punkten Spitzenklasse ist, wird es sicher Ihr Wettbewerber sein.

Globalisiere, ohne lokale Besonderheiten zu ignorieren

In der Öffnungsphase kann es sein, dass Industrien auf lokaler, regionaler oder gar nationaler Ebene konzentriert sind. Aber sobald das Endgame in die Kumulationsphase eintritt, ändern sich die geografischen Dimensionen. Globalisieren ist der einzige Weg, um kritische Masse aufzubauen. Ein Unternehmen, das ein echter Weltmarktführer werden will, muss in der globalen Triade – Amerika, Europa und Asien-Pazifik – eine nicht unerhebliche Rolle spielen. Internationale Expansion eröffnet erhebliche Marktchancen, um die Ressourcen zu gewinnen, die in der Kumulationsphase entscheidend werden. Viele dieser Möglichkeiten erfordern es, andere und neue Partner zu finden – Unternehmen, die sich dessen bewusst sind, was sie brauchen, um in ungewohnten globalen Märkten erfolgreich zu sein. Avis ist dafür ein gutes Beispiel.

Avis

Beim Aufbau seiner globalen, einheitlichen Präsenz nutzte das zweitgrößte Mietwagenunternehmen Avis auch ohne eigene M&A-Tätigkeit beispielhaft Skaleneffekte. Sobald ein Kunde sich für das „Wizard"-Programm eingeschrieben hat, wird der Prozess, einen Wagen bei einer Avis-Geschäftsstelle zu mieten, zu bezahlen und zurückzugeben, überall auf der Welt schnell und einfach. Das Unternehmen hat Zweigstellen an etwa 1700 Orten in Nord- und Südamerika sowie Asien und dem pazifischen Raum. Zudem bestehen Marketingabkommen mit Avis Europa PLC, einem unabhängigen englischen Unternehmen, das Lizenzen für etwa 3050 Geschäftsstellen in Europa, dem Mittleren Osten und Afrika besitzt. Für Geschäftsreisende ist die Möglichkeit, allerorts den gewohnten, einheitlichen Service zu bekommen, ein nicht zu unterschätzender Zusatznutzen.

Ungeachtet dessen steht Avis unter ständigem Druck der Konkurrenz. Als Nummer zwei im Markt kann es Kunden allerdings eine gleichwertige Alternative zum Marktführer Hertz bieten. Wenn Avis seine Sache gut macht, kann das Unternehmen mit seinem Dienstleistungskonzept und seiner globalen Abdeckung kleinere Wettbewerber aus dem Markt verdrängen (Budget, National: Niedrigpreisanbieter; Enterprise: Tür-zu-Tür-Anlieferung und -Abholung; Alamo: Discountpreise, aber schlechtere Standorte; Sixt: regionaler Anbieter mit deutschem/europäischem Fokus). Um wachsen zu können, muss Avis seine Zielkunden eindeutig identifizieren und seine Dienstleistung klar auf diese Kundengruppe hin ausrichten und dies zu akzeptablen Preisen, die Profitabilität ermöglichen.

Avis gehört übrigens seit 2001 zu Cedant. Der global diversifizierte Hotel- und Immobilien-Franchiser mit einem Jahresumsatz von neun Milliarden US-Dollar und Gesellschaften in mehr als 50 Ländern ist damit seiner über Jahre hinweg verfolgten Strategie treu geblieben, organisches Wachstum durch strategische Akquisitionen in Kerngeschäftsfeldern zu ergänzen.

Obwohl die Globalisierung der Entstehung neuer Märkte Tür und Tor öffnet, kann sie sich ebenso schnell zur Falle entwickeln. Die Komplexität, in anderen Ländern aktiv zu sein, kann überwältigend sein: Erweiterung der Produkte oder des Kundenstamms, Sprachprobleme und Währungsunterschiede, unterschiedliche kulturelle Vorstellungen, Marktregulierungen, Einmischungen der Regierung und die Entfernungen (Zeitzonen), die Informationen und Mitarbeiter überwinden müssen. Die meisten Geschäftsmodelle für nationale Märkte ignorieren die Fallstricke einer Grenzüberschreitung oder spielen sie herunter.

Wer in einem ausländischen Markt ein Unternehmen mit guten Vor-Ort-Kenntnissen erwirbt, sollte die 80:20-Regel beherzigen, die besagt, dass achtzig Prozent der Geschäftstätigkeit in einem ausländischen Markt gleich oder zumindest ähnlich sind, unabhängig davon, wo sie ausgeübt wird. Die verbleibenden zwanzig Prozent aber entscheiden darüber, ob ein Unternehmen in dem ausländischen Markt erfolgreich ist oder nicht. Deshalb ist es geraten, dass ein Unternehmen bei einer Akquisition in einem ausländischen Markt die 20 Prozent lokaler Kultur und lokalen Know-hows erhält – und die Komplexität in den 80 Prozent, die sich nicht ändern, reduziert.

Jedes erfolgreiche globale Unternehmen zeigt, dass diese Regel zutrifft – allerdings meist im Rückblick, wie bei Wal-Mart.

Wal-Mart

Seitdem Wal-Mart 1962 seine Pforten öffnete, erlebte das Unternehmen ein enormes Wachstum. 1990 war Wal-Mart zum größten Handelsunternehmen in den USA geworden und begann globale Expansionspläne zu schmieden. Inzwischen ist es das weltgrößte Handelsunternehmen mit überlegenen Marktanteilen in den USA, Kanada und Mexiko sowie kleineren Unternehmungen in Südamerika, Asien und Europa.

Jedoch nicht alle Expansionspläne von Wal-Mart waren von Erfolg gekrönt. Mit der Akquisition von 21 „Wertkauf"- (1998) und 74 „Interspar"-Märkten (1999) stieß Wal-Mart auf den deutschen Markt vor. Doch schnell wurde deutlich, dass seine Kultur nicht mit der der übernommenen Unternehmen in Einklang stand. Zum Beispiel war es für die deutschen Führungskräfte undenkbar, sich auf Geschäftsreisen mit anderen Managern ein Hotelzimmer zu teilen, wie es bei Wal-Mart als Unternehmen mit rigoroser Kostenkontrolle üblich ist. Legendär ist auch die morgendliche „Wal-Mart-Motivationsgymnastik", die von vielen Mitarbeitern der übernommenen Filialen nur belächelt wurde. Wal-Mart verlor so viele Mitarbeiter, dass wichtige Schlüsselfunktionen, in denen das Know-how der erworbenen Unternehmen vonnöten gewesen wäre, nicht adäquat besetzt werden konnten. Damit fanden Wal-Marts Expansionsträume in Deutschland ein jähes Ende.

Auch der stark regulierte Markt bereitet Wal-Mart Probleme. So kann es etwa aufgrund fehlender Genehmigungen Jahre dauern, um im Rahmen von organischem Wachstum eine neue Filiale zu eröffnen. Des Weiteren führte die Niedrigpreisinitiative von Wal-Mart zu Problemen mit den Wettbewerbsbehörden, was das Unternehmen daran hinderte, seinen ursprünglichen Businessplan zu verfolgen. Unter dem Strich steht Wal-Mart in Deutschland heute mit einem Marktanteil von unter 2 Prozent da – einer zu geringen kritischen Masse. Im Jahre 2000 musste Wal-Mart in Deutschland bei einem Umsatz von ungefähr drei Milliarden US-Dollar einen Verlust in Höhe von 200 Millionen US-Dollar verschmerzen.

Achte auf Markenmanagement in der Kumulationsphase

Markenmanagement wird ein immer komplexeres Thema, je schneller sich das Unternehmen auf der Konsolidierungskurve in der Kumulationsphase bewegt. Dies betrifft zunächst die Unternehmensmarke, denn häufig werden die Unternehmen in der Öffnungsphase zusammengewürfelt durch eine Reihe von Akquisitionen in einer fragmentierten Industrie. Bei diesen „roll-ups" ist es für die Unternehmensführung entscheidend, eine Strategie zu entwickeln, mit der sie sich vom Wettbewerb differenzieren und mehr Wert erzeugen können als die Summe ihrer Teile. Markenführung ist ein wichtiges strategisches

Tool, um die verschiedenen Unternehmensgruppen aneinander zu binden und sie für das Wachstum in der nächsten Phase richtig zu positionieren.

Auf ihrem Weg durch die Konsolidierungswelle haben Banken diese Herausforderung besonders zu spüren bekommen. Viele haben sich während einer Übergangsphase für einen Hybridnamen entschieden, der solange geführt wird, bis der Markenwert auf das neue Unternehmen übergegangen ist. Die Kürze gebietet es, hier auf eine Zusammenstellung der Bankenkonsolidierung und der Marken zu verzichten, aber Namen wie „HypoVereinsbank" kommen schnell ins Gedächtnis.

MagneTek ist ein exzellentes Beispiel für eine Unternehmensmarke. Entstanden Mitte der 1980er Jahre durch eine Folge von mehr als zehn Akquisitionen in der Industrie für elektrische Motoren, elektrisches Zubehör und Beleuchtung, war MagneTek eine Ansammlung miteinander verbundener oder benachbarter Geschäftsbereiche, zusammengetragen mit Hilfe von Private-Equity-Geldern und dem Kauf von Unternehmen wie Plessey SpA und Century Electric. Das Management benannte das Unternehmen um in MagneTek und baute den neuen Firmennamen zur Marke auf, die das übergeordnete Thema der Geschäftstätigkeit andeuten sollte. Der Name MagneTek wurde richtungsweisend für die Akquisitionsstrategie und den Marktauftritt des Unternehmens und ermöglichte es ihm, in den 1990er Jahren erfolgreich die Kumulationsphase zu durchlaufen.

Mit einer ähnlichen Herausforderung sehen sich Unternehmen in der Kumulationsphase auch bei ihren Produktmarken konfrontiert. Hier liegt darüber hinaus eine Chance für Unternehmen, deren Markt in der Kumulationsphase den Sättigungsgrad erreicht hat, sich außerhalb des eigenen Marktes umzusehen oder vorsorglich ein neues Geschäftsmodell zu entwickeln. Die Entwicklung des Yum! Brands, früher bekannt unter dem Namen Tricon Global Restaurants ist ein Beispiel dafür.

Yum!

Yum! wurde ursprünglich von PepsiCo ins Leben gerufen, als das Unternehmen die Restaurantketten Kentucky Fried Chicken (KFC), Taco Bell und Pizza Hut kaufte. Nachdem PepsiCo nicht in der Lage war, im Gaststättengewerbe dieselbe Profitabilität aufrecht zu erhalten, die es in seinem Kerngeschäft gewöhnt war, gliederte das Unternehmen die drei Restaurantketten unter dem Namen Yum! aus. Sobald es unabhängig war, begann das Unternehmen, aggressiv die Synergien zwischen den Marken zu realisieren, die Kosten zu senken und zu wachsen.

Yum!s erster Schritt war ein Umbau seines Geschäftsmodells, um eine Basis für künftiges Wachstum durch Akquisitionen zu legen. Das Unternehmen legte die Personal- und Recruitingabteilungen der drei Restaurantketten zusammen, führte eine gemeinsame Beschaffung zur Kostensenkung ein, entwarf einen integrierten Entwicklungsplan für eine globale Restaurantkette und verfolgte gemeinsame Produktentwicklungsprogramme. Diese Maßnahmen hatten eine wettbewerbsfähige Kostenstruktur zur Folge, eine abgestimmte globale Wachstumsstrategie und einen Rahmen, mit dem aussichtsreiche Akquisitionsobjekte in das Geschäftsmodell von Yum! integriert werden konnten.

Vor allem aber begann Yum!, die drei Marken über den Restaurant-Markt hinaus zu bewerben, was eine erfolgsentscheidende Innovation zur Folge hatte – Restaurant Multibranding. Im Jahr 2000 testete Yum! das Multibranding-Konzept in einer Allianz mit Yorkshire Global Restaurants, den Besitzern von Long John Silver's und A&W All American Food Restaurants. Während der nächsten Monate eröffneten Yum! und Yorkshire 83 KFC/A&W, sechs KFC/Long John Silver's und drei Taco Bell/Long John Silver's. Sie stießen bei den Kunden auf so große Resonanz, dass Yum! schließlich Anfang des Jahres 2002 Yorkshire kaufte. David C. Novak, der Präsident und CEO von Yum!, erläuterte diese Strategie in einer Pressemitteilung, die die Fusion verkündete: „Eine unserer wichtigsten Strategien ist globales Wachstum, indem wir in der Multibranding-Innovation führend sind – wir bieten den Kunden zwei Marken und mehr Auswahl in ein und demselben Restaurant. Wir sind davon überzeugt, dass Multibranding es uns ermöglicht, unser bestehendes Geschäft zu erneuern und neue Niederlassungen zu eröffnen – mit exzellenten Ergebnissen für unsere Shareholder."

Auch McDonald's breitet sich aus. Das Unternehmen hat die Restaurants von Donato's Pizza, Chipotle Mexican Grill, Aroma Café und Boston Market (früher Boston Chicken) gekauft. Aber in den McDonald's-Filialen haben die Angebote für die Abendkarte wenig Erfolg. Warum? Weil Al Reis und Jack Trout uns immer wieder einbläuen: „Wenn Du einmal eine Position im Gedächtnis des Kunden eingenommen hast, ist es sehr schwer, diese Position zu verändern." Und man sollte es auch nicht versuchen. McDonald's steht für Hamburger und Pommes Frites. Warum dagegen angehen? Mach' einfach die besten, schnellsten und billigsten Hamburger und Frites.

Was ist der Marketingwert von Donato's Pizza, Chipotle Mexican Grill, Aroma Café und Boston Market für McDonald's? Als Marken ist ihr Wert eher fraglich. Als Erweiterung der Produktlinie sind sie konkurrierende Restaurants. Dennoch sind diese Akquisitionen brillant. Sie können McDonald's enorme Kaufkraft, seine Führungsstärke und seine finanziellen Ressourcen stärken. Mit anderen Worten, McDonald's ist in der Lage, auch Nicht-Hamburger-und-Pommes-Kunden in seinen Bann zu ziehen.

Fusioniere und wachse

In der Kumulationsphase ist es besonders wichtig, nicht planlos, sondern gezielt zu akquirieren. Einen innovativen Ansatz hat dabei Johnson & Johnson, eines der weltweit führenden Unternehmen für pharmazeutische Produkte, gewählt. Es ist ein gutes Beispiel für ein

Unternehmen, das in mehreren Marktsegmenten fusioniert und wächst.

Johnson & Johnson

Obwohl sich die Industrie eindeutig in der Kumulationsphase der Konsolidierungswelle befindet, ist das Unternehmen nicht den Spuren seiner Hauptwettbewerber wie Pfizer, Bristol-Myers Squibb und Eli Lilly gefolgt, die alle ihr nicht-pharmazeutisches Geschäft desinvestiert haben. Stattdessen hat Johnson & Johnson die pharmazeutische Industrie etwas feiner segmentiert als die anderen und seine Endgames-Strategie darum entwickelt, in den Kerngeschäftsfeldern zu wachsen. Diese Strategie hat das Unternehmen durch drei Leitprinzipien verfolgt:

> Kaufen, um Johnson & Johnsons Wettbewerbsposition in jedem der Kerngeschäftsfelder aufzubauen oder zu stärken. Beispiele hierfür sind die Akquisition von Centocor und Inverness Medical Technology (Biotechnologie beziehungsweise Diabetisgeschäft), um Wettbewerbsfähigkeit im Pharmaziebereich aufzubauen. DePuy, ein Unternehmen für orthopädische Hilfen, für das Geschäftsfeld medizinische Geräte und Neutrogena für das Privatkundengeschäft.

> Akquirieren, um Synergien zwischen den Kerngeschäftsfeldern zu gewinnen oder zu verstärken. Ein Beispiel dafür war die Akquisition von Alza, einem Unternehmen, das Innovationen auf dem Gebiet der Medikation anbietet, zum Beispiel Tabletten, die sich langsam auflösen und die Wirkstoffe damit kontrolliert abgeben, oder auch Pflaster mit Wirkstoffen. Alzas verschreibungspflichtige Medikamente werden das Wachstum von Johnson & Johnsons pharmazeutischem Geschäft stärken, und seine Medikamente werden es Johnson & Johnson ermöglichen, die Effektivität vieler Produkte sowohl im pharmazeutischen als auch im Konsumgüterbereich zu erhöhen.

➢ Aktives Überprüfen des Geschäftsportfolios und Desinvestition oder Ausgliederung derjenigen Geschäftsfelder, die zum Allgemeingut (Commodity) werden oder nur noch geringe Margen einbringen. Johnson & Johnson hat in den vergangenen zwölf Jahren mehr als 45 Akquisitionen getätigt. Weniger bekannt ist, dass das Unternehmen auch mehr als 20 Geschäftsfelder desinvestiert hat, darunter typischerweise Commodity-Bereiche, in denen die Margen gering sind, wie Kittel, Latexhandschuhe und andere Bereiche, die nicht mehr in die langfristigen Wachstumspläne des Unternehmens passten.

Johnson & Johnson verringerte sein Risiko, indem es eine Endgames-Strategie in mehreren Marktsegmenten gleichzeitig verfolgte. Das Unternehmen ist außerdem erfolgreich darin, den Wert aus gekauften Unternehmen zu realisieren, denn es beauftragt die Geschäftsführer der jeweiligen Unternehmensbereiche selbst mit der Integration nach der Fusion. Infolgedessen sind Johnson & Johnsons Kerngeschäftsbereiche – nicht die akquirierten Unternehmen – immer die treibende Kraft und der Schwerpunkt des Geschäfts. Ein gewollter Nebeneffekt dieses Vorgehens ist die Tatsache, dass sich das für Merger Integration erforderliche Know-how auf diese Weise im gesamten Unternehmen verbreitet.

Am Ende der Kumulationsphase haben die größten Marktteilnehmer ihre Imperien formiert, es sind kaum noch lohnende Bereiche übrig geblieben. Der Markt wurde bereinigt, viele Unternehmen, die in der Eröffnungsphase dazukamen, sind am Ende der Kumulationsphase nicht mehr dabei.

Damit ist die Ausgangsposition für die letzten beiden Phasen des Endgames festgelegt. Unternehmen, die in dieser Phase nicht gekauft wurden und nur noch geringe Überlebenschancen haben, könnten versuchen, in Nischen noch eine Weile zu überdauern, bevor sie von Konsolidierern der Branche als attraktive Übernahmekandidaten entdeckt werden. Selbst Unternehmen mit einer langen Geschichte wie

BMW müssen sich auf solch ein Schicksal gefasst machen. Die überlebenden Unternehmen haben in der Regel einen dramatischen Wandel durchgemacht und müssen jetzt ihr Portfolio aufräumen und zu einem neuen Miteinander finden.

Im Übergang von der Wachstums- in die Fokusphase verschiebt sich der Schwerpunkt der Endgames-Strategie von Geschwindigkeit zu Finesse. Die Auswahl ist geringer, die Deals werden seltener, die Abstände zwischen ihnen größer, aber jeder einzelne Zusammenschluss erhält erheblich größeres Gewicht. Der Spielraum für Fehltritte – auch bisher nicht groß – schrumpft auf ein Minimum.

Kapitel 3: Fokusphase –
Profitabel werden

Das Ziel in der Fokusphase ist es, als einer der wenigen globalen Player der Industrie hervorzugehen, aber der Spielraum für Akquisitionen und Übernahmen ist erheblich kleiner geworden. Es gibt schlicht und einfach nicht mehr viele Wettbewerber, die man aufkaufen und mit denen man Skaleneffekte realisieren könnte. Dafür nehmen Größe und Bedeutung der Fusionen zu.

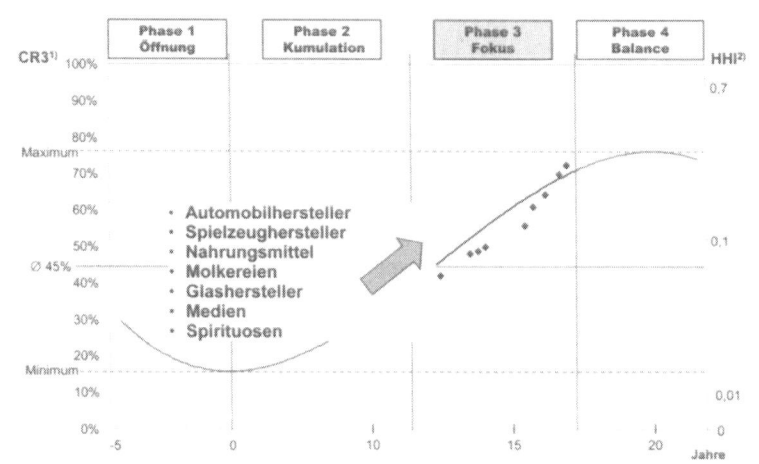

Abb. 12: In der Fokusphase nähert sich die Konzentration 75 Prozent

Die Konzentration in einer Industrie nähert sich in der Fokusphase dem Maximum. Die meisten Marktteilnehmer sind globalisiert, auf

87

nationaler Ebene halten sich allenfalls noch Nischen, die allerdings in dieser Phase ebenfalls konsolidiert werden. Nach den Akquisitions-Feldzügen der vergangenen Phase ist es jetzt an der Zeit aufzuräumen. Unternehmen, die in der Vergangenheit zahllose Akquisitionen getätigt haben, feilen an ihren Portfolios und desinvestieren diejenigen, die außerhalb ihrer Kernkompetenzbereiche liegen. Einige dieser Spin-offs werden neue Geschäftsfelder bei den kaufenden Unternehmen bilden – und bei entsprechender Größe und Innovationskraft sogar neue Industrien –, während die Zahl der Marktteilnehmer in der Industrie sich auf die effizientesten Spieler reduziert.

In der Fokusphase gewinnen die Unternehmen allmählich an Profitabilität. Den zukünftigen Gewinnern des Endgames geht es bei ihren Akquisitionen nicht mehr primär um Marktanteile, sondern jetzt verstärkt auch um den Return on Investment. Typische Industrien in der Fokusphase sind die Automobilhersteller, Medien und Spirituosen. Die Spielregeln sind zu diesem Zeitpunkt bekannt, und nur ein Schock von außen hat die Macht, die Industrie gründlich zu erschüttern.

Die wichtigsten Wettbewerbshebel in der Fokusphase sind Skalenvorteile, Größe, globale Reichweite sowie Kostenpositionen. Ein interessantes Beispiel ist die Dynamik zwischen Kosten, Kapazität und Nachfrage. Wenn neue Niedrigkosten-Anbieter schnell ein hohes Maß an Kapazität in einer Industrie bereitstellen (man denke nur Nucor in der Stahlindustrie), gelingt es ihnen häufig, Anbieter mit einem höheren Kostenlevel und bereits vorhandener Kapazität (Bethlehem Steel) aus dem Markt zu drängen. Diese Dynamik wird noch verstärkt, wenn in einem konjunkturellen Abschwung die Nachfrage zurückgeht.

Auf dem Markt führt die nahezu oligopolistische Struktur vieler Industrien in der Fokusphase dazu, dass Produkte und Dienstleistungen zum Allgemeingut (Commodity) werden. Unglücklicherweise achten viele Unternehmen in der Fokusphase mehr auf ihre operative Effizienz als auf die Befriedigung der Kundenbedürfnisse.

Der Druck auf das Senior-Managementteam ebenso wie auf Mitarbeiter in allen Hierarchiestufen und Funktionen ist hoch, wenn es in die Fokusphase geht. In den Unternehmen in dieser Etappe befinden sich oft Hunderte oder Tausende von Mitarbeitern, die Fusionen, Restrukturierungen, Change-Management-Initiativen und verschiedene Attacken des Wettbewerbs durchgemacht haben. Ihre volle Energie zu nutzen, ist in der Fokusphase von entscheidender Bedeutung. CEOs müssen durch unternehmensweite Initiativen die Zustimmung, Unterstützung und Begeisterung aller Mitarbeiter gewinnen – und sie darauf einschwören, die wichtigen strategischen Ziele zu erreichen – beim Kunden, beim Lieferanten und intern.

Unternehmen in dieser Phase sind typischerweise mit der Integration nach Mega-Mergern beschäftigt. Hier ist General Electric (GE) ein exzellentes Beispiel für ein Unternehmen, das intern die Voraussetzungen für Wettbewerbsfähigkeit in der Fokusphase geschaffen hat, indem es die Bedeutung von Mitarbeiterförderung in dieser Phase erkannt hat.

General Electric (GE)

Von Triebwerken über Turbinen zu Plastik und Chemikalien ist General Electric in einigen typischen „Fokus"-Industrien tätig. Eine der wichtigsten Erkenntnisse von GEs Topmanagement in Bezug auf die Wettbewerbsfähigkeit in der Fokusphase ist, dass es die Mitarbeiter sind, die den Unterschied ausmachen. Daher ist ein fortschrittlicher Mitarbeiterförderungsprozess für GE ein kritischer Erfolgsfaktor in der Fokusphase.

Was Jack Welch, der kürzlich in den Ruhestand getretene Vorstandsvorsitzende von GE, erreicht hat, ist eine überlegene Organisation durch Mitarbeiterförderung. Da darüber schon viel geschrieben wurde, soll hier nicht detailliert auf diese Techniken eingegangen werden, sondern vielmehr der Kontext zum Endgame hergestellt werden. In der Fokusphase habe viele Wettbewerber eine ähnliche Größe, ähnliche Ressourcen und Technologie. Deshalb sind die Mitarbeiter einer der wichtigsten kritischen Differenzierungsfaktoren – insbesondere auch die Art und Weise, wie sie zusammenarbeiten.

Welch hat auf diesem Gebiet Pionierarbeit geleistet, indem er eine ganze Reihe von innovativen Personalführungsmethoden entweder selbst geschaffen oder aber für die Zwecke von GE angepasst hat. Einige dieser Techniken sind besonders in der Fokusphase von Nutzen:

> „Grenzenlosigkeit": Offener Austausch von (häufig vertraulichen) Markt-, Wettbewerbs- und Kundeninformationen über alle Hierarchieebenen hinweg. Das Konzept der Grenzenlosigkeit hat dazu geführt, dass GE seine Wertschöpfungskette erweitern konnte und die Geschäftseinheiten in der Fokusphase mit Hilfe von neuen Dienstleistungen sowie innovativen Finanzkonzepten exponentiell wachsen.

> Workouts: Ein teambasierter, nicht kontroverser Ansatz, um funktions- oder industrieübergreifende Probleme zu lösen. Dabei treffen sich Mitarbeiter aus verschiedenen Bereichen und unterschiedlichen Hierarchiestufen (jedoch ohne das Topmanagement), um während eines oder mehrerer Tage Wege zu finden, wie die Organisation effektiver und effizienter werden kann.

> Überprüfung von strategischen Plänen und Budgets durch andere Manager: Ein transparenter Prozess, bei dem Manager anderer Geschäftseinheiten strategische Pläne und Budgets ihrer Kollegen kritisch prüfen und hinterfragen. Obgleich dies oft zu konfliktreichen Situationen führt, hat dieser Prozess dazu beigetragen, die „Latte höher zu legen".

> „Six Sigma"-Qualitätssicherung: Dieses Konzept, das ursprünglich von einer Reihe japanischer Firmen sowie Motorola in den Vereinigten Staaten erfolgreich angewendet wurde, nutzt auch Jack Welch für eine weltweite Qualitätsinitiative. Durch die Verbreitung der Six-Sigma-Kultur und

-Erwartungshaltung betonte Welch die Notwendigkeit, Kundenerwartungen zu übertreffen und schwächere Wettbewerber zu schlagen.

> Digitale Transformation: Zwar nutzte GE das Internet relativ spät als strategisches Instrument, aber als Welch das volle Potential des Internet erkannte, unternahm er aggressive Schritte in die richtige Richtung. Er prägte den Slogan „destroyyourbusiness.com", um allen GE-Mitarbeitern die Wichtigkeit dieser Initiative zu verdeutlichen. Welch war der Ansicht, dass die Anstrengungen seiner Mitarbeiter nur in dem Umfang fruchten, in dem sie über die Vorgänge im eignen Unternehmen und bei der Konkurrenz Bescheid wissen – dies ist insbesondere bei direktem Kontakt mit Kunden und Zulieferern von großer Bedeutung.

Basierend auf diesen Prinzipien hat Welch eine Reihe von strategischen Internetinitiativen implementiert, die GEs Transaktionen mit Kunden, Zulieferern und internen Interessengruppen transformiert haben und transformieren.

Die Welt ist verteilt

Steckbrief: Fokusphase

> Weiterhin linearer Konzentrationsanstieg auf hohem Niveau.

> Die Konzentration erreicht 45 bis maximal 80 Prozent.

> Die meisten Marktteilnehmer agieren global, auf nationaler Ebene sich aufstellende Nischenanbieter werden zunehmend konsolidiert.

> Die M&A-Aktivitäten lassen allmählich nach.

> Die Profitabilität nimmt deutlich zu.

> Die Marktpositionen werden gefestigt, Portfolios bereinigt, Kernkompetenzen durch gezielte Akquisitionen oder auch Tauschgeschäfte verstärkt oder strategisch ausgebaut.

Der Weg durch die Fokusphase ist ebenso tückisch und schwierig wie alle anderen Phasen des Endgames. Aber es gibt einige spezifische strategische Herausforderungen und einige Kniffe, die über Gedeih und Verderb eines Unternehmens in dieser Phase entscheiden können. Die Energie und Kreativität der Mitarbeiter eines Unternehmens und der ausschließliche Fokus auf die strategischen Imperative des Kerngeschäfts sind in dieser Phase unerlässlich. Gleichzeitig kann der Weg durch die Fokusphase sehr angenehm sein, wenn man zerstörerische technologische Einflüsse meidet und sich im Sinne der Wettbewerbsstrategie refokussiert.

Im Konsumgüterhandel zeigt sich, dass es unterschiedliche Variationen der Endgames-Dynamik gibt. In Bezug auf die Positionierung auf der Endgames-Kurve ist er zweigeteilt. Der Handel hat einige Bereiche, die Charakteristika der Öffnungs- und der Kumulationsphase aufweisen, und andere, die klar in die Fokus- oder sogar in die Balancephase fallen. Um die Kräfte zu veranschaulichen, die in der Fokusphase am Werk sind, stellen wir eine Reihe von Beispielen aus dieser Branche vor.

In der Fokusphase kommt man leicht vom ursprünglichen Kurs ab, wenn man versucht, das Wachstum künstlich anzukurbeln, dafür aber das Risiko geringerer Erträge und, häufig unbemerkt, eines potentiellen finanziellen Scheiterns in Kauf nimmt, wie ein Blick auf die US-amerikanischen Warenhäuser für Mitglieder zeigt.

In der Zange des Wettbewerbs: SB-Warenhäuser

Sam Walton mag in die Geschichte eingehen als der CEO, der ein Imperium von Selbstbedienungs-Warenhäusern aufbaute. Aber sein Erfolg wäre undenkbar ohne den Pionier Eugene Ferkauf, den Walton in vielen Dingen nachahmte. 1948 eröffnete Ferkauf das erste Warenhaus in den USA, E.J. Korvette. Aber es gab ein Problem: Der Robinson-Patman Act von 1937 schrieb vor, dass Händler den von den Herstellern empfohlenen Ladenpreis für die Waren verlangen mussten.

Um dieses Gesetz zu umgehen, deklarierte Ferkauf sein Geschäft als „nur für Mitglieder" geöffnet und verteilte Mitgliedsausweise an der Eingangstür. Weil sein Laden damit nicht für die Öffentlichkeit zugänglich war, war er von dem Gesetz befreit. Sein trickreiches Vorgehen brachte Ferkauf zwar vor Gericht, aber die öffentliche Zustimmung zu diesem Gesetz hatte inzwischen nachgelassen und Ferkauf und seine Nachahmer blieben im Geschäft. Die Ladenkette E.J. Korvette brachte es auf 58 Filialen. Sie kam gut durch die Öffnungsphase, scheiterte aber in der Kumulationsphase und ging 1980 bankrott. E.J. Korvette bereitete jedoch den Boden für künftige Warenhäuser ebenso wie für die gegenwärtige Flut von Großhändlern wie Sam's Club und Costco.

In den 1960er Jahren hatte sich inzwischen ein eigenständiger SB-Handel etabliert. Kmart ging aus der Kette SS Kresge hervor. Target Stores wurde von der Kaufhaus-Kette Dayton's auf den Markt gebracht, und zu guter Letzt gründete der frühere Angestellte von J.C. Penney, Sam Walton, 1962 in einem kleinen Ort in Arkansas einen Laden, aus dem der größte und erfolgreichste Händler der Welt hervorging, Wal-Mart. Es dauerte nicht lange, bis SB-Warenhäuser die Handelslandschaft überfluteten – nicht nur in Amerika, sondern auch in einigen europäischen Ländern und schließlich auch global (Carrefour und Hypermarché in Frankreich, Tesco in Großbritannien und Wing On in Hong Kong, um nur einige zu nennen). Diese Geschäfte – zunächst angeführt von Kmart, jetzt von Wal-Mart – befinden sich mitten in der Fokusphase.

Von den vielen regionalen Ketten, die von den Warenhäusern während der Kumulationsphase hervorgebracht wurden, sind die meisten gescheitert, darunter auch ein Versuch von J.C. Penney unter dem Namen Treasury. Diese Ketten verfolgten während der Öffnungsphase dasselbe Modell und wuchsen rasch. Trotzdem fielen sie bald den Handelsriesen zum Opfer. Dasselbe wiederholt sich in anderen Industrien (inklusive der Automobilindustrie und der Schwerindustrie).

Aggressive Warenhäuser wie Wal-Mart erkannten die Gefahren eines einheitlichen Vorgehens und begannen zu experimentieren. Sie fanden heraus, welche Warengruppen sich für ihre Ladensortimente eigneten, welche wettbewerbsfähig waren und überlebten – und welche untergingen. Selbständige Drogerieketten wie Walgreen's und sein nächster Wettbewerber CVS agieren geschickt gegen die großen Marktführer wie Wal-Mart und Target. Indem sie ihre Geschäfte an betriebsamen Orten eröffnen und in der „Drogerie" eine Kombination von Drogerieartikeln, Convenience-Artikeln, Lebensmitteln und Mini-Discount-Artikeln vertreiben, ziehen sie Kunden an, die nicht riesige Parkplätze überqueren und in 10.000 Quadratmeter großen Warenhäusern herumirren wollen, bis sie ihre Artikel gefunden haben. Das „Spielen mit dem Wettbewerb" ist das klassische Verhalten in der Fokusphase, auch wenn es hier eher ein „Spielen mit dem Kunden" ist.

Kmart hat seine Zahlungsunfähigkeit erklärt. Das Unternehmen verdeutlicht die klassische Situation, in der Fokusphase zwischen zwei großen Wettbewerbern zerrieben zu werden und nicht in der Lage zu sein, die Balance zwischen Kosten und Leistung zu finden, die notwendig wäre, um im Wettbewerb bestehen zu können. Nur Kmarts Größe und die Standorte geben dem Unternehmen die Chance, einen strategischen Investor zu finden, der das Unternehmen unter dem alten Namen weiterführt.

Je mehr die Branche zur letzten Phase des Endgames durchstartet, desto mehr festigen Wal-Mart und Target ihre Positionen, sammeln die besten Lieferanten um sich, schließen die interessantesten Transaktionen ab, verfügen über die besten Verkäufer, die besten Mitarbeiter. Der Kampf um die Marktanteile ist in vollem Gang und kleinere Unternehmen riskieren, wie Kmart nicht attraktiv genug zu sein, um im Spiel zu bleiben. Wenige regionale und kaum Nischenanbieter werden diesen Überlebenskampf bestehen.

Fokusphase, Lektion 1: SB-Warenhäuser

> Der Wettbewerb macht vor großen Namen nicht halt, Kmart zeigt, dass ein veraltetes Geschäftsmodell und zu geringe kritische Größe den unweigerlichen Tod für ein Unternehmen bedeuten.

> Große Unternehmen in der Fokusphase nutzen Skaleneffekte, die auf einem bestimmten Geschäftsmodell basieren – dabei werden viele Dinge wie Größe und Sortiment standardisiert.

> Die Konkurrenz kann die Nachteile des stark standardisierten Modells nutzen, um mit neuen kreativen Geschäftsmodellen in den Wettbewerb zu treten, zum Beispiel kleinere Größe (damit kürzere Wege) oder anderes Sortiment.

Wachsen, aber nicht um jeden Preis: Amerikanische Warenhäuser für Mitglieder

Als in den 1980er Jahren mehr und mehr kleine Unternehmen aus dem Boden schossen, erkannte Sol Price, ein innovativer Einzelhändler, dass der Handel das Kundensegment der kleinen Geschäftseigentümer nicht oder nur schlecht bediente. Wenn Kleinunternehmer ihren Bedarf an Büroausstattung, Schreibwarenartikeln und kleineren Konsumartikeln wie Kaffee und Plastikbechern decken wollten, sahen sie sich vor die Wahl gestellt, entweder für Routineeinkäufe hohe Einzelhandelspreise in Kauf zu nehmen oder viel der wertvollen Zeit darauf zu verwenden, die Dinge bei einer Vielzahl lokaler Vertriebsstellen zu erwerben – je eine pro Warengruppe, gewissermaßen. Hier gab es eine Marktlücke.

Wenn sie in der Lage wären, alle Artikel an einem Ort zu einem fairen Preis einzukaufen, könnten Kleinunternehmer Zeit und Aufwand für ihren Einkauf reduzieren. Sol Price hatte schon einmal Erfolg erzielt, als er 1954 in Süd-Kalifornien mit Fedmart eine der ersten Kaufhaus-Ketten eröffnete. Dieses Konzept ließ sich auch auf den Bürobedarf kleiner Unternehmer übertragen. Standort und Ambiente waren dabei eher zweitrangig.

Es lag nahe, Industriegebiete als Standorte zu wählen, in denen die Kunden ohnehin anzutreffen und Grundstücke billig waren. An dem Lagerhallencharakter störten sich die Kleinunternehmer nicht und verkaufsfördernde Maßnahmen waren überflüssig, weil es keinen Anlass gab, mehr als eine Marke oder einen Typ von jedem Artikel anzubieten. Damit waren die Gemeinkosten niedrig und das Artikelsortiment reduzierte sich gegenüber 50.000 und mehr in den SB-Warenhäusern auf weniger als 10.000. Großpackungen wurden angeboten, und nicht verderbliche Lebensmittel verkauften sich ebenfalls gut. Kunden, die zum ersten Mal im Price Club einkauften, fühlten sich durch die Mitgliedsgebühr von 25 US-Dollar als „Insider".

Price erkannte, dass er einen beispiellosen Warenumschlag realisieren konnte, der weit über dem lag, was man bisher im Handel kannte. Er verkaufte die Waren, bevor er sie – bei Zahlungsfristen von 30 bis 60 Tagen – selbst bezahlen musste, und erzielte mit seiner zehnprozentigen Handelsspanne ein gutes Ergebnis: ganze 15 Punkte unter der Spanne von traditionellen Warenhäusern.

Die Leute strömten in Scharen in die ersten Southern California Price Clubs und ließen in jedem Geschäft mehr als zwei Millionen US-Dollar pro Woche. Das Modell verbreitete sich wie ein Lauffeuer in den ganzen USA und lockte eine Reihe von Wettbewerbern auf den

Markt, darunter Pace, Costco Wholesale, BJ's und Wal-Mart's Sam's Club. Mehr als ein Dutzend kleiner Ketten öffneten schnell ihre Pforten und fusionierten in einem rasanten Konsolidierungskurs Mitte bis Ende der 1980er Jahre. Mitte der 1990er Jahre waren nur noch drei Spieler im Markt: Costco erwarb Price Club, Sam's kaufte Pace und BJ's erweiterte seine lokale Präsenz.

Während sich die Warenhäuser für Mitglieder in Richtung Fokusphase bewegten, stellten sie fest, dass sie in der Kumulationsphase vom Kurs abgekommen waren. Ihr Geschäftsmodell war nicht mehr so ertragreich wie ursprünglich. Die Öffnung der Mitgliedschaft für Privatkunden und ein fünfprozentiger Preisnachlass für die Geschäftskunden hatte zwar das Wachstum enorm gefördert, doch dabei hatte sich die Artikelanzahl vervielfacht, und der Fokus auf die Kernkunden war verloren gegangen. Nachdem sie eine Zeit lang die Fokusphase durchlaufen hatten, restrukturierten sowohl Sam's als auch Costco ihre Geschäfte und Sortimente, um dem neuen Mix aus Privatkunden und kleinen Geschäftskunden gerecht zu werden.

Fokusphase, Lektion 2: Amerikanische Warenhäuser für Mitglieder

> Nach der starken Kumulationsphase muss man sich in der Fokusphase darauf konzentrieren, die Zukäufe zu konsolidieren.

> Portfolio, Sortiment und Produktprogramm sollten „aufgeräumt" werden.

Vorbereitung auf die Balancephase: Office Superstores

Jahrzehnte lang war diese Branche ein schlafendes Marktsegment, vertriebsbasiert im Business-to-Business-Bereich. Später entwickelten sich große Unternehmen, die ihrerseits große Unternehmen belie-

ferten. Somit wurden die vertraglich gebundenen Schreibwarenhändler separate Mittler, die für ihre Großkunden mehr taten als nur aus-
liefern. Versandhandel entstand für kleine Geschäftskunden und Privatkunden, und es gab nur einige wenige Ladengeschäfte. Dies war
die Situation, als Tom Stemberg, ein früherer Lebensmittelhändler,
Staples, auch genannt: „The Office Products Superstore", erfand.
Innerhalb von fünf Jahren nachdem Stemberg eine Handvoll Staples-
Geschäfte eröffnet hatte, waren einige Dutzend Nachahmer in den
Markt eingetreten.

Nach weiteren fünf Jahren gab es drei „Superstore"-Ketten: Staples,
Office Depot und Office Max. Zwei von ihnen dominieren den Markt,
während der dritte, Office Max (ursprünglich eine Tochter von
Kmart), gerade noch dabeibleibt, aber immer auf der Kippe steht. Die
neue Vertriebsform – eine Art Einzelhandelsgeschäft für Büroausstattung – veränderte die gewohnte Branchenstruktur völlig. Sie trieb
die Branche durch die Kumulationsphase und in die Fokusphase in
weniger als einem Jahrzehnt. Je mehr die Superstores wuchsen, desto
bessere Preise konnten sie mit ihren Lieferanten aushandeln und kon-
kurrierten mit dem vertraglich gebundenen Schreibwarenhändler um
einen Teil ihres angestammten Marktes.

Es ist verständlich, dass Großunternehmen nicht einem Mitarbeiter
5.000 Dollar in bar in die Hand drücken und ihn in einem Kleintrans-
porter zum Einkaufen schicken – schon eher sind sie bereit, ihm eine
Kreditkarte zu geben und ihn zu beauftragen, in der Mittagspause für
einige hundert Dollar einzukaufen. Je mehr die Superstores wuchsen,
desto wohlhabender wurden sie und kauften einige der besseren vertraglich gebundenen Schreibwarenhändler und zwei oder drei führende Versandhändler auf und erweiterten damit ihren Wirkungskreis
und ihre Einkaufsmacht. Die Lieferanten für Spezialbedarf und kleinere vertraglich gebundene Schreibwarenhändler verteidigten sich,
indem sie Einkaufsgemeinschaften bildeten oder gleich fusionierten.
Dies erinnert an das, was die Haushalts- und Eisenwaren-Händler ein
Jahrzehnt früher durchgemacht haben.

Sears vielgerühmte Marke Craftsman und seine lebenslange Produktgarantie, Ladengeschäfte an jeder Ecke und ein Versandkatalog haben die Landschaft der Haushalts- und Eisenwaren auf immer verändert. Diejenigen Wettbewerber, die überlebt haben, verdanken dies dem Umstand, dass sie Kooperativen gebildet haben, in denen sie sowohl Einkaufs- als auch Vertriebsfunktionen zusammengelegt haben. Durch die Kooperativen versuchten diese Unternehmen, die sich noch nicht in der Kumulationsphase befanden, die Skalenvorteile dieser Phase zu erzielen. Sie erreichten administrative und finanzielle Hilfen, Volumennachlässe, Verkaufsförderung, zentralisierten Vertrieb und koordinierten Anzeigenschaltungen in einem Umfang, der für die einzelnen Teilnehmer sonst unerschwinglich gewesen wäre. Die Mitglieder bezahlten Mitgliedsbeiträge, um diese Vorteile nutzen zu können und teilten alle Gewinne, die am Ende des Jahres erwirtschaftet worden waren, unter sich auf. Solche Kooperativen entstanden auch in anderen Industrien und katapultierten zumindest zeitweise den Zusammenschluss aus Einzelunternehmen in die Kumulationsphase, in die es die einzelnen Unternehmen jedes für sich allein kaum geschafft hätten.

Schließlich befindet sich die Branche jetzt auf dem Weg in die Fokusphase. Einige wenige große Distributoren bleiben übrig, ebenso wie eine Handvoll größer „Konsortien" und drei Superstores. Das Muster, das in anderen Handelssegmenten deutlich wurde, wiederholt sich auch hier. Wenn dieses Beispiel die Branchensegmente mit den „Category Killern" wie Spielwaren (Toys 'R' Us), Sportartikel (The Sports Authority, Gart Sports Company) oder Elektronik (Best Buy, Circuit City, Dixons, Media Markt/Saturn) betrachtet hätte, wäre dasselbe Konsolidierungsmuster zu Tage getreten. Je mehr sich das Rennen der letzten Phase nähert, desto mehr lautet das Motto: Die Starken zerreiben die Schwächeren oder kaufen sie auf.

Fokusphase, Lektion 3: Office Superstores

➤ Alle fragmentierten Industrien befinden sich unter dem Damokles-Schwert der Konsolidierung, der klassische Schreibwarenhandel ist ein gutes Beispiel.

➤ Geradezu in Lichtgeschwindigkeit können ineffiziente Industriestrukturen von Konsolidierern aufgerollt werden.

➤ Für den Konsumenten ist dies kein Nachteil, eher im Gegenteil: Statt weniger lokaler Anbieter mit hohen Preisen und kleinem Sortiment steht ihm eine Handvoll von internationalen Anbietern mit niedrigeren Preisen und in der Regel größerer Auswahl zur Verfügung.

➤ Die Konsolidierung in verschiedenen Segmenten verläuft ähnlich, so ist die Entwicklung der „Office Superstores" vergleichbar mit derjenigen der Spielwarenhändler, Sportartikelläden oder Elektromärkte.

Die „Big Three" des Handels

Wenden wir uns zuletzt den „Big Three" – den amerikanischen Dinosauriern des Handels – der letzten Jahrzehnte zu: Sears, Montgomery Ward und J.C. Penney. Zwei der Unternehmen, Sears (1886) und Ward (1873) haben ihre Wurzeln noch im 19. Jahrhundert, J.C. Penney (1913) blickt auf fast 90 Jahre Handel zurück.

2001 stellte Ward Konkursantrag nach Chapter 11 des amerikanischen Konkursrechts, nachdem das Unternehmen fünf Jahre lang in einem stark umkämpften Markt ums Überleben gekämpft hatte. Nachdem Sears eine Sanierung über sich hat ergehen lassen, scheinen sich die jüngsten strategischen Schachzüge des Unternehmens auszuzahlen. Der 1,9 Milliarden US-Dollar-Deal, mit dem Sears 2002 den Versandhändler Lands' End kaufte, fand wegen seiner Synergiepotentiale weithin ein positives Echo. Die umfangreichen web-basierten Vertriebswege von Lands' End sowie der qualitativ hochwertige Markenname werden erheblich dazu beitragen, das Portfolio von Sears im Bekleidungsbereich zu stärken.

J.C. Penney unternahm in den späten 1980er und frühen 1990er Jahren eine Reihe von Schritten, um Marktposition und Marktauftritt zu verändern. Dies warf das Unternehmen zurück, es kostete Zeit. Heute aber sieht sich Penney einem neuen brutalen Gegner gegenüber, Kohl's, der Penney in dem schlägt, was das Unternehmen bisher am besten konnte – und mit besseren, preisgünstigeren Geschäften außerhalb der teuren Shopping Malls.

Mit diesem Problem ist J.C. Penney nicht allein. Weltweit sind traditionelle Händler durch neue, exzellente Wettbewerber gefährdet, die in manchen Industrien erst in der Fokusphase auf die Alteingesessenen lauern – hier strömen sie von allen Seiten auf den Markt. Marks & Spencer, ein alteingesessenes Flagschiff des britischen Handels, fand sich 2001 in einem Überlebenskampf wieder. Angesichts wegbrechender Marktanteile unternahm der Händler eine grundlegende Reorganisation in Großbritannien und desinvestierte das Bekleidungsgeschäft Brooks Brothers und die Supermarktkette Kings Super Markets in den USA, um sich auf sein angestammtes Geschäftsformat, eine Mischung aus Lebensmittel- und Bekleidungssortiment, zu konzentrieren. Heute, ein Jahr später, scheint Marks & Spencer auf dem Weg der Besserung zu sein: Die Ergebnisse erholen sich, und das Unternehmen hat einige der verlorenen Marktanteile zurückgewonnen. Aber der Preis für den einmal gemachten strategischen Fehler ist hoch und die Lektionen aus dem Fall Montgomery Ward erinnern daran, auf welch schwachen Füßen so ein Comeback stehen kann.

Über den Handel hinaus prägen der harte Wettbewerb und die dramatischen Verteidigungsversuche die Industrien in der Fokusphase. Es wäre ein Fehler zu glauben, dass allein Größe und Skaleneffekte ein Unternehmen gegen die Herausforderungen der Endgames-Kurve vollkommen schützen können. Im Gegenteil: Je größer sie werden, desto tiefer ist der Fall.

Fokusphase, Lektion 4: Die „Big Three"

> Erfolg ist vergänglich; wer sich nicht ständig neu erfindet, droht unterzugehen.

> Die Chancen, in der Fokusphase als großer Spieler zu überleben, sind deutlich besser geworden, dennoch lassen sich Gegenbeispiele finden, wie ehemals große, erfolgreiche Unternehmen ins Straucheln kamen.

Die Weichen neu stellen in der Fokusphase

Die Unternehmen in der Fokusphase haben einen raschen Akquisitionskurs hinter sich – nun erweist es sich, ob sie auf ihrem Weg dabei weiter gekommen oder ob sie vom Weg abgekommen sind und nun zurück zu ihrer Endgames-Strategie finden müssen. In dieser Phase stellen Unternehmen die Weichen für das dauerhafte Überleben in der Balancephase.

Behalte einen unbeirrbaren Fokus bei

Die besten Unternehmen in der Fokusphase tun genau das, was der Name vorgibt: Sie fokussieren sich darauf, durch Größe und Skaleneffekte, starke Marken, ihre fortschrittliche Organisation sowie umfassende Informationssysteme Vorteile aufzubauen und auszubauen. Sie konzentrieren sich darauf, bei ihrem sprichwörtlichen Leisten zu bleiben und das zu stärken, was sie in ihrer Industrie am besten beherrschen. Wenn sie stark wachsende, profitable Segmente ausschöpfen und sich aus Marktsegmenten mit geringen Wachstumsaussichten oder geringer Profitabilität zurückziehen, erreichen Unternehmen das Ziel der Fokusphase, nämlich Profitabilität, am ehesten.

In allen Industrien, die sich in der Fokusphase befinden, streben die führenden Unternehmen nach Weltklasse-Status und unangefochtener Marktführerschaft. Ein Beispiel ist Diageo. In London ansässig, verfügt Diageo über ein Spirituosen- und Lebensmittel-Portfolio. Es besitzt zum Beispiel United Destillers und Vintners, einen Lieferanten für Wein und alkoholische Getränke, außerdem die Biermarke Guiness und die Fast-Food-Kette Burger King. Im Jahr 2000 restrukturierte das Unternehmen und verlagerte seinen Fokus ausschließlich auf Bier und Spirituosen: Im Oktober 2001 verkaufte Diageo seine Lebensmittelsparte Pillsbury an General Mills, im Dezember 2001 erwarb er gemeinsam mit Pernod Ricard das Spirituosen- und Weingeschäft Seagram von Vivendi Universal. Außerdem startete Diageo ein umfangreiches Marketing-Programm für sein Spirituosengeschäft und verkaufte im Juli 2002 Burger King.

Unternehmen in kapitalintensiven Industrien pflegen häufig auch ihre globalen Produktionsstandorte in dieser Phase zu restrukturieren. Ein gutes „Kampfgewicht" in dieser Phase zu erzielen, bedeutet auch, die Ressourcen schlank und agil zu halten – zum Teil, indem weniger, aber bessere Mitarbeiter beschäftigt werden. Eine effiziente Organisationsstruktur, die die wichtigsten Talente fördert, ist dazu unabdingbar.

Wer einen großen Teil seiner Ressourcen einsetzt, um gegen ausgewählte Wettbewerber anzutreten, kann die Fokusphase erfolgreich überstehen, ohne einen Frontalzusammenstoß zu riskieren. Wenn ein Unternehmen in der Fokusphase neu in den Markt eintretende Wettbewerber schnell erkennt, kann es sich entscheiden, ob es sie zerreiben, kaufen oder sie einfach imitieren will. Klug eingesetzt, kann dies enorme Vorteile mit sich bringen.

Beachte technologische Diskontinuitäten

Eine der größten Gefahren in der Fokusetappe geht von technologischen Diskontinuitäten aus. Sie können die Dynamik und die ökonomische Situation in einer Industrie schnell und nachhaltig beeinflussen und resultieren oft in einer völligen Veränderung der Wettbewerbslandschaft. Nucor Steel und die Nachahmer seiner Mini-Fabriken haben die US-amerikanische Stahlindustrie revolutioniert. Sie haben neue Maßstäbe dafür gesetzt, was wettbewerbsfähige Kosten sind und damit mehrere Stahlwerke mit älterer Technologie verdrängt. Die Verlagshäuser stehen heute durch Web-Publishing und print-on-demand vor einer ähnlichen Diskontinuität.

Überlegene Unternehmen jedoch nutzen neu entstehende Technologien zu ihrem Vorteil. Glasproduzenten im klassischen Sinne wie Corning haben sich aus ihrem Kerngeschäft heraus, das sich in der Fokusphase befand, in die Welt der Glasfaser entwickelt – mit enormen neuen Marktchancen und neuer Wettbewerbsdynamik.

Unternehmen in der Fokusphase müssen ein besonders wachsames Auge auf ihre Wettbewerber haben, und zwar auf alle. Es ist leicht, aber riskant, einen Wettbewerber, der zum Beispiel in einem Niedrigpreissegment agiert oder sich in irgendeiner Weise unüblich verhält, zu übersehen. Wettbewerb entsteht häufig in den Bereichen, in denen er am wenigsten erwartet wird: Digital Equipment zum Beispiel hatte die Gefahr der aufkommenden Personal Computer für sein Geschäft mit Minicomputern nicht erkannt – bis es zu spät war. Um einen solchen Fehler nicht zu machen, müssen Unternehmen sowohl ihre wichtigsten Wettbewerber als Start-ups beobachten als auch die technologische Diskontinuitäten für neue Geschäftsideen nutzen.

Entwickle – und überprüfe – deine Wettbewerbsstrategie

Nachdem die Unternehmen dramatisch an Größe gewonnen hatten, sodass Akquisitionen und Übernahmen kaum noch wesentliche strategische Optionen sind, muss sich auch die Wettbewerbsstrategie ändern. „Blockieren und Attackieren" wird in der Fokusphase zur primären Wachstumstaktik. Die Unternehmen haben in dieser Phase die Rückwärtsintegration als Quelle von Wettbewerbsvorteilen häufig schon ausgiebig ausgeschöpft. Das ist sehr wirkungsvoll, wenn die Technologie in einer Industrie sich wenig oder gar nicht ändert, aber tödlich bei einem umfangreicheren technologischen Wandel.

In die Balancephase kommen Unternehmen nicht allein, indem sie sich bei den Wettbewerbern noch einige Prozentpunkte Marktanteil erkämpfen. Vielmehr geht es darum, in der Fokusphase die Effektivität von Mitarbeitern und Kapital zu maximieren, um eine Balance zwischen Marktmacht, Ressourcen und finanzieller Schlagkraft zu finden. Wenn diese Balance hergestellt wird, kann ein Unternehmen dauerhaft im Endgame überleben. Wichtige Elemente sind dabei die Marken- und Marketingaktivitäten. Besonders nach einem Mega-Merger können die Marketing-Message und die Markenidentität eines Unternehmens aus Sicht der Kunden diffus erscheinen. Die Fokusphase ist ein idealer Zeitpunkt, um die Marketingaussagen zu schärfen, die Vertriebsmannschaft zu konsolidieren und Cross-selling- und Cross-branding-Strategien zu implementieren.

Als Vorbereitung auf die Balancephase sollte ein Unternehmen seine Stärken ins Zentrum der Endgames-Strategie stellen und schwache Geschäftsfelder aufgeben oder ausgliedern. Außerdem müssen Unternehmen die wichtigsten Spieler ausmachen, die im Endgame eine Überlebenschance haben und entweder mit ihnen einen Waffenstillstand vereinbaren oder zumindest Frontalzusammenstöße vermeiden. Wettbewerber könnten an diesem Punkt zum Beispiel Produkte, Marken oder ganze Geschäftsfelder „tauschen" (Swap-Strategie). Wenn das zu fairen Bedingungen geschieht, geht kein Marktanteil verloren, und die Wettbewerbslandschaft wird übersichtlicher.

Auch hoch konsolidierte Branchen haben in der Fokusphase noch einige wenige Mega-Fusionen erlebt, die es in sich hatten. Für den neutralen Beobachter sind die Industrien überschaubar geworden und es wird gut verdient. Eigentlich genau die richtige Zeit, um sich zurückzulehnen und die Hände in den Schoß zu legen.

Doch Unternehmen, die das Ende der Fokusphase erreichen, haben die größten Herausforderungen im Endgame noch vor sich. In der Balancephase treten einige Industrien in ihre natürliche Saturierungsphase ein und schrumpfen, während andere einen zweiten Frühling erleben – in beiden Fällen geht es darum, möglichst lange dabei zu bleiben.

Kapitel 4: Balancephase – Das Geschäft neu erfinden

In den Industrien der Balancephase existieren nur noch sehr wenige, sehr große Unternehmen, die als die Gewinner aus den bisherigen Endgames-Phasen hervorgegangen sind. Sie sind die unbestrittenen Marktführer und können in dieser Position eine Zeit lang überleben – je nachdem, inwieweit sie weiterhin erfolgreich sind. Die letzte Phase des Endgames lässt keine Zeit zum Ausruhen und Untätigsein, sondern verlangt von den Unternehmen die Balance zwischen ständiger Erneuerung und dauerhaftem Verbleib in dieser Phase.

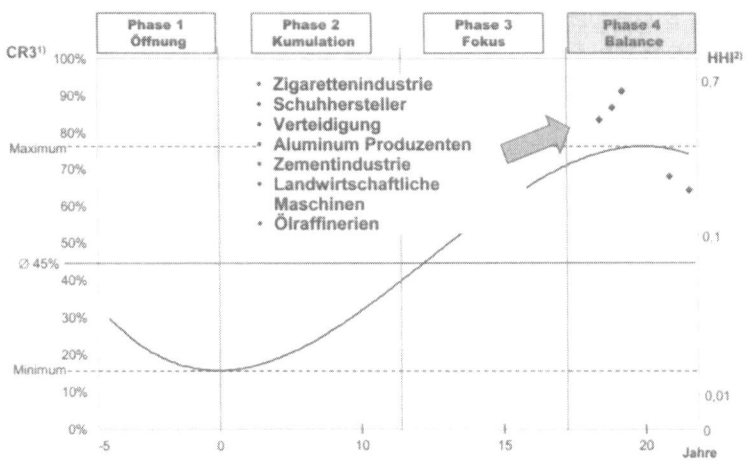

Abb. 13: In der Balancephase erreicht die Konzentration den Höhepunkt

107

Fusionen haben in der Balancephase keine nennenswerte Bedeutung mehr, weil die Industrie bereits in hohem Maße konzentriert ist. Meist verhindern kartellrechtliche Barrieren eine noch weitere Konsolidierung. Auch die Nischen werden konsolidiert, sodass alle Marktteilnehmer in dieser Balancephase global mitspielen. Mangels geeigneter Akquisitionskandidaten gewinnen Allianzen und Netzwerke auf allen Ebenen der Wertschöpfungskette an Bedeutung.

Üblicherweise besteht eine der größten Herausforderungen für die Unternehmen in der Balancephase darin zu wissen, wofür sie die Unmengen von Geld ausgeben, die sie verdienen. Manche entscheiden sich dafür, ihre Gewinne an die Shareholder auszuschütten und deren Dividenden zu erhöhen oder Aktienpakete zurückzukaufen. Andere desinvestieren große Unternehmensteile und definieren ihren Markt neu, um ihren Geschäften neue Wachstums- (und Endgames-) Strategien zu eröffnen. Wiederum andere ziehen es vor, in neue oder nicht verbundene Geschäftsfelder zu diversifizieren und so ebenfalls einen neuen Fusionsweg einzuschlagen. Und nicht zuletzt gibt es auch einige, die der Geisteshaltung des „business as usual" folgen, deshalb von neuen Technologien weggeblasen werden und einfach verschwinden. Das Geschäft mit Gletschereis um 1900 zum Beispiel wurde mit dem Aufkommen der elektrischen Kühlschränke obsolet. Ein Beispiel aus jüngerer Zeit liefert Polaroid, dessen fotografische Technologie von der digitalen Technologie abgelöst wurde. Mit anderen Worten: Der Sieg im Endgame ist in der Balancephase ebenso wenig sicher wie auf dem ganzen Weg bis dahin.

Das Ende ist ein ständig neuer Anfang

Steckbrief: Balancephase

> Der Konzentrationsgrad erreicht sein Maximum, deshalb nur noch geringer Anstieg der Konzentration bis zu 90 Pro-

zent, häufig verhindern kartellrechtliche Barrieren eine weitere Konsolidierung.

- Gegen Ende der Phase kann die Anzahl von Unternehmen erneut ansteigen.
- Die drei größten Marktteilnehmer unterscheiden sich kaum in ihren Marktanteilen.
- Die Nischen werden (wenn nicht schon in der Fokusphase geschehen) ebenfalls konsolidiert, sodass alle Marktteilnehmer global mitspielen.
- Nur noch geringe M&A-Aktivität, dafür gewinnen Allianzen und Netzwerke auf allen Ebenen der Wertschöpfungskette an Bedeutung.
- Die Profitabilität ist auf hohem Niveau stabil, bei einigen Industrien mit leichter Tendenz nach unten.
- Mengen- und Größenvorteile sind kaum noch zu steigern.

Selbst die besten Unternehmen der Welt – diejenigen, die es bis in die Balancephase geschafft haben – werden ihrer Position nie vollkommen sicher sein. Diese Titanen haben althergebrachte Unternehmensgrenzen neu definiert, neue Rekorde erzielt und globale Imperien geschaffen, aber es gibt nach wie vor Herausforderungen, die sie zu meistern haben und die sie erschüttern können; Gesetze und Gebote wie im Beispiel der Zigarettenindustrie oder kartellrechtliche Barrieren, die die Fusion von GE und Honeywell verhinderten.

So viel Geld wie möglich machen: Zigarettenindustrie

Mit ihrer 400-jährigen Geschichte ist die Zigarettenindustrie heute ein Exempel für die Balancephase und bietet wertvolle Lektionen für die, die diesen Weg noch gehen müssen. Vor etwa 25 Jahren war das absolute Modewort Diversifikation. Vor dem Hintergrund größerer Bedenken bezüglich der Gesundheitsgefährdung durch das Rauchen und einer zunehmenden Regulierung dieser Industrie gingen Analysten davon aus, dass die US-Zigarettenindustrie ihren Gewinnhöhepunkt erreicht hatte. Infolgedessen begannen die Tabakkonzerne in Nahrungsmittel, Handelsketten und Finanzdienstleister zu investieren, um zu diversifizieren und in zukünftigen Wachstumsmärkten präsent zu sein.

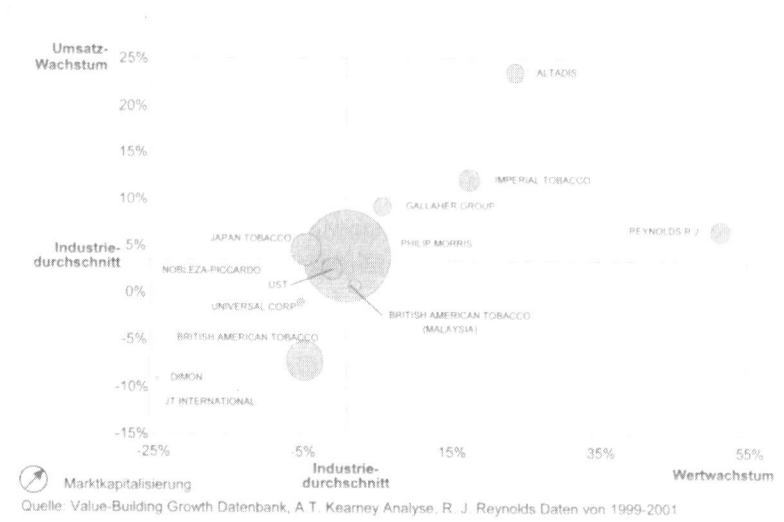

Abb. 14: Globale Zigarettenindustrie (Steigerung p.a. 1996-2001)

Allen anderslautenden Vorhersagen zum Trotz blieb der gesundheitsschädliche Tabak aber ein florierendes Geschäft. Deshalb begannen die Tabakfirmen, ihr Geschäft auf den eigentlichen Kern zu fokussieren und andere Geschäftsfelder abzustoßen. Obwohl einige Teile der Zigarettenindustrie immer noch fragmentiert sind mit kleineren, nationalen Firmen, die sich auch häufig im Staatsbesitz befinden, haben es einige geschafft, die globale Stufe zu erreichen.

Philip Morris und British American Tobacco (BAT) haben es mit zwei völlig unterschiedlichen Strategien an die Spitze dieses Quasi-

110

Oligopols geschafft. Philip Morris ist vor allem organisch gewachsen. Es setzte dabei auf seine Weltmarke Marlboro, insbesondere in den Ländern mit nicht so starken Gesundheitsbedenken und rechtlichen Beschränkungen. Nur punktuell wurden Übernahmen durchgeführt, etwa Cigtam in Mexiko und Tabaqueria in Portugal. Dem gegenüber steht die akquisitionsgetriebene Strategie von BAT.

1999 kam es zu einer dramatischen Konsolidierungswelle im globalen Tabakmarkt. Die Megadeals des Jahres waren u. a.: BATs Fusion mit Rothmans und der Kauf von Imasco; die Fusion vom japanischen Tabakgiganten JTI und R.J. Reynold International (RJRI); die Fusion der spanischen Tabacalera und der französischen Seita zum neuen Unternehmen Altadis; und jüngst die Akquisition der Austria Tabak AG durch die britische Gallaher Group. Durch diese Konsolidierungswelle wurde JTI zur Nummer zwei mit einem Jahresumsatz von 40 Milliarden US-Dollar, hinter Philip Morris mit einem Jahresumsatz von 80 Milliarden US-Dollar. BAT ist indessen mit einem Umsatz von 35 Milliarden US-Dollar auf den dritten Platz zurückgefallen. Diese Transaktionen zeigen deutlich, wie wichtig es für nationale Unternehmen ist, eine aktive Rolle in der Konsolidierung zu spielen, um nicht selbst Opfer einer Übernahme durch die plötzlich entstehenden Konzerne zu werden.

Während Skaleneffekte und weitere Privatisierungen der staatlichen Tabakmonopole immer noch Katalysatoren für globale Konsolidierung sind, konnte man in den vergangenen zwei Jahren ein Abflachen der Konsolidierungswelle beobachten. Zwar gibt es noch kleinere Nischen, die von einer Konsolidierung betroffen sein können, aber die große Welle ist zunächst vorbei.

Moderne Tabakkonzerne waren Geldmaschinen in der Wachstums- und Fokusphase. Aber mittlerweile wird in den USA und Kanada weniger geraucht, was unter anderem auf die intensiven Anti-Zigaretten-Kampagnen zurückzuführen ist. In vielen anderen Ländern Lateinamerikas, Afrikas und Asiens und einigen europäischen Staaten bleibt Rauchen jedoch nach wie vor populär.

Eine Reihe nicht enden wollender Hürden – zum Beispiel Werbeverbote, Warnhinweise auf Verpackungen, Gerichtsprozesse, Aktionen von Rauchgegnern sowie Aufklärungsprogramme – haben es den Tabakkonzernen auf dem sehr lukrativen US-Markt schwerer gemacht. Trotzdem haben es einige Tabakgiganten geschafft, sich erfolgreich durch die Fokusphase zu kämpfen und sich in der Balancephase festzusetzen.

Die Zigarettenindustrie hat gelernt, wie man sich seinen Weg durch implizite Regularien und Gesetze bahnt. Die Tabakkonzerne haben sich umstrukturiert, um die Auswirkungen der staatlichen Forderungen und privaten Schadensersatzforderungen eindämmen und absorbieren zu können. Mit Blick auf das Endgame sind dabei viele strategische Optionen verschwunden. Um die möglichen Auswirkungen von laufenden Prozessen zu minimieren, haben die Tabakkonzerne begonnen, tabakfremde Geschäftsfelder zu verselbständigen. Diversifikation ist derzeit keine Option. Ferner ist es kaum vorstellbar, dass aus dem recht einfachen Geschäftsmodell der Zigarettenindustrie irgendwelche neuen Industrien geschaffen werden könnten. Damit kann man die Industrie mit den Worten eines führenden Managers wie folgt beschreiben: „Die einzige Strategie, die noch bleibt, ist es, so viel Geld wie möglich zu machen und dieses an den Staat und die Aktionäre auszuzahlen."

Balancephase, Lektion 1: Zigarettenindustrie

- Ein großer Spieler ist ständig im Visier der Öffentlichkeit – und wird bei Fehlverhalten abgestraft.

- Im Kerngeschäft ist weiterhin profitables Wachstum möglich.

- Diversifikation in völlig fremde Bereiche ist keine gute Option.

> Kommt es zu einer Fusion in der Balancephase, geht es immer um einen Megadeal mit umfassenden Implikationen für die gesamte Branche.

> Große Endspieler müssen lernen, sich einen Weg durch neue Regulierungen zu bahnen.

Allianzen statt Fusionen: Verteidigungsindustrie

Die hoch konsolidierten Unternehmen der Luftfahrt- und Verteidigungsindustrie stehen einander wenig freundlich gegenüber – manchmal kommt es in dieser Balancephase auch dazu, dass Unternehmen mit ganzen Staaten konkurrieren. Als in Europa die Fusion von GE und Honeywell blockiert wurde, setzte dies ein Zeichen, dass die Konsolidierung in diesem Sektor weit genug gegangen ist – jedenfalls aus der Sicht der europäischen Regulierungsbehörden. Was einst ein Sammelsurium aus eher kleinen Unternehmen war, ist heute auf eine Handvoll von riesigen Lieferanten zusammengeschmolzen. Werden die großen Waffenlieferanten weiterhin Bündnisse eingehen, um gegenüber anderen Bündnissen auf dem Markt bestehen zu können?

Eine logische Folge der Wettbewerbssituation in der Balancephase ist, dass die überlebenden Teilnehmer im Markt sich Mitspieler aussuchen, fast so wie bei einem Fußballspiel. Bedeutet dies, dass diejenigen, die bei der Partnerwahl außen vor bleiben, gleichzeitig keine Überlebenschance mehr haben? Werden die Monopolkommissionen solche Allianzen überhaupt dulden, wo sie ja den Zusammenschluss von GE und Honeywell verhindert haben? Das wird sich zeigen. Da die Herstellung von Flugzeugen und Waffen mit der Zeit immer komplexer, teurer und langwieriger geworden ist, sind solche Allianzen eigentlich unabwendbar. Junge Unternehmen oder kleine Spieler haben auf diesem Markt keine Chance.

Aber das heißt nicht, dass die Zukunft vollständig vorhersehbar wäre. Manchmal kann ein unvorhergesehenes Ereignis eine Konsolidierungswelle verursachen. Mit den Anschlägen vom 11. September 2001 auf das World Trade Center wurde der jährliche Verteidigungsetat in den USA für die nächsten fünf Jahre von 60 Milliarden US-Dollar auf 90 Milliarden US-Dollar erhöht.

Northrop Grummans Akquisition von Litton Industries und Newport News Shipbuilding schoben das Unternehmen an die führende Stelle der Schiffbauer und an die dritte Stelle der weltgrößten Waffenlieferanten. Mit einem Umsatz von 14 Milliarden US-Dollar hat es das Unternehmen nunmehr auf TRW abgesehen. Nach einer Übernahme kämen weitere sieben Milliarden US-Dollar Umsatz hinzu. Den Geschäftsbereich Automobilbau, der zwar höhere Umsätze erwirtschaftet, aber eine niedrigere Profitabilität besitzt, würde Northrop Grumman wahrscheinlich abstoßen. Wenn diese Übernahme glücken würde, wäre Northrop gleichauf mit Lockheed Martin, die einen Umsatz von 24 Milliarden US-Dollar haben.

Auch wenn es TRW gelingen sollte, die Übernahme abzuwehren, wäre das Unternehmen wahrscheinlich dennoch zu einer Abspaltung des Automobilgeschäfts gezwungen, um die Aktionäre zufrieden zu stellen, denn der Verteidigungsarm des Unternehmens erwirtschaftet eine deutlich höhere Rendite und wird von den gestiegenen Staatsausgaben profitieren können. Durch die Abspaltung würde wiederum die Automobilzulieferindustrie einen eigenen Konsolidierungsschub erfahren.

Balancephase, Lektion 2: Verteidigungsindustrie

➤ Weitere Fusionen durchzuführen, wird zunehmend schwierig (Bedenken der jeweiligen Monopolkommissionen).

➤ Allianzen treten in den Vordergrund.

Wachsen in der Balancephase:
Softdrink-Hersteller

Der Weltmarkt für Softdrinks wächst nur langsam – um nicht zu sagen, er stagniert. Der Markt wird auch zunehmend von Herstellern niedrigprozentiger Alkoholika attackiert, die Mixgetränke auf den Markt bringen, die es dem Endkonsumenten ersparen, die Softdrinks der großen Hersteller selbst zu mischen. Bei anderen Getränken sehen die Wachstumsraten aber schon ein wenig besser aus. Ein Trend, den sich insbesondere Pepsi-Cola zu Nutze gemacht hat. Im Gegensatz zu Coca-Cola, die sehr stark auf die Kernkompetenz fokussiert ist, hat Pepsi-Cola begonnen, andere Geschäftsfelder zu betreten, zum Beispiel Snacks und Säfte. Pepsi hat Quaker Oats (Hersteller unter anderem der Marke Gatorade) erworben und hat starke Allianzen im Fast-Food-Markt und zum Beispiel mit Universal Studios.

Coca-Cola wurde sich dessen bewusst, dass die ausschließliche Konzentration auf den Softdrink-Markt ein Fehler war, weil man mit ihm die Wachstumschancen auf anderen Getränkemärkten völlig ignorierte. In dem Versuch, diese Strategie zu berichtigen, bemühte sich Coca-Cola um eine Allianz mit dem Konsumgüterhersteller Procter & Gamble, um sein Saftgeschäft mit dem von Procter & Gamble sowie deren Snackprodukten zu bündeln. Aus dem Geschäft wurde nichts und Coca-Cola steht da, wo es begonnen hat, und wird auf vielen Wachstumsmärkten von Pepsi dominiert. Die Übernahme von Quaker Oats wird diese Tendenz sicherlich verstärken. Obwohl Coca-Cola den Softdrink-Markt nach wie vor beherrscht, muss sich das Unternehmen etwas einfallen lassen, um Pepsi auf den Wachstumsmärkten die Stirn zu bieten.

Weitere Übernahmen sind jedoch schwierig und enden sowohl für Coca-Cola als auch für Pepsi in einem Spießrutenlauf mit den Behörden in den USA und anderswo auf der Welt. Zwar sind Akquisitionen die schnellste Möglichkeit zu wachsen, für Industrien in der Balancephase wird diese Option jedoch zunehmend aus Gründen der Größe problematisch.

Balancephase, Lektion 3: Softdrink-Hersteller

> Es ist wichtig, dem Unternehmen neue Wachstumsziele zu setzen.

> Eine interessante Möglichkeit ist, auf intelligente Weise die Industrie umfassender zu definieren. Dies zeigt dann Wege in verwandte Produkte und Dienstleistungen auf.

Überleben in der Balancephase

Diese Phase unterscheidet sich von den anderen deshalb, weil Unternehmen sie nicht durchlaufen, sondern in ihr bleiben. Während es also in den vorigen Kapiteln darum ging, wie man erfolgreich die Phase durchläuft, geht es hier darum, wie man in dieser Phase bleibt und wächst. Alle Unternehmen in der Balancephase kommen an ihre Grenzen. Was erfolgreiche Unternehmen in der Balancephase von weniger erfolgreichen unterscheidet, ist das Zurechtkommen mit fünf kritischen Herausforderungen:

Wachse in einem reifen Markt

Wenn Unternehmen sich der Balancephase nähern, müssen sie sich fragen, wie sie in ihrem Kerngeschäft noch wachsen können. In der Balancephase bewegen sich die Unternehmen in äußerst reifen Märkten und ihre Wachstumsmöglichkeiten sind sehr begrenzt. Aber Wachstum ist nach wie vor ein kritischer Erfolgsfaktor und Unternehmen mit starkem Wachstum werden von der Börse belohnt.

Die Unternehmen müssen also neue Wege finden, um in einem reifen Markt zu wachsen. Ein Beispiel dafür bildet wieder die Zigarettenindustrie. Angesichts immenser Kosten für juristische Auseinandersetzungen und regulatorische Einschränkungen in den USA haben sich die Unternehmen weniger entwickelten Ländern in Asien und Osteuropa zugewandt, um Akquisitionen zu tätigen, Allianzen einzugehen und zu wachsen. Neue Tabakunternehmen haben ausgefeilte Supply Chains und funktionierende organisatorische Infrastrukturen.

Man bedenke auch den Wachstumspfad des japanischen Unternehmens Canon. Den Kameras und anderen optischen Produkte dieses Unternehmens folgten die Fotokopierer, später Drucker und Scanner, und über die digitale Kamera führt das Canon zurück zur Fotografie. Hätte Canon seinen Kernmarkt strikt auf eins der Segmente beschränkt, hätte das Unternehmen sein Wachstum gebremst oder eingeschränkt. Canons Wettbewerber Kodak und Xerox haben diesen Fehler gemacht und kämpfen infolgedessen mit massiven Problemen. Canon indessen blieb flexibel und innovativ – und wächst und gedeiht.

Um zu wachsen, müssen Unternehmen eine „Wachstumsmentalität" annehmen und die Märkte, in denen sie agieren, immer wieder neu definieren. Ein Blick auf die benachbarten Märkte genügt: Erweitere die Definition Deines Kernmarktes, indem Du den Markt so lange erweiterst, bis Dein Marktanteil unter 25 Prozent und im besten Fall annähernd zehn Prozent beträgt. Schon eröffnen sich erhebliche Wachstumspotentiale.

Sei wachsam für Industrieveränderungen

Unternehmen in der Balancephase müssen aufmerksam beobachten, ob Regierungen, Konsumenten oder die öffentliche Meinung an oligopolistischem oder gar monopolistischem Verhalten der wichtigsten Spieler Anstoß nehmen oder neue Technologien die Industriestruktur verändern.

Die Industrien in der Balancephase sind so konzentriert, dass die erfolgreichsten Unternehmen die Aufmerksamkeit von Regulierungsbehörden und Öffentlichkeit auf sich ziehen. Zweitrangige Wettbewerber beklagen häufig unfaire Vorteile der Marktführer. Konsumenten sorgen sich um die Macht, die bestimmte Unternehmen in der Preis- und Servicepolitik ausüben. Lieferanten werden so stark unter Druck gesetzt, dass sie kaum noch akzeptable Ergebnisse erwirtschaften können.

Jede dieser Entwicklungen kann – ob sie nun auf Einbildung beruht oder Wirklichkeit reflektiert – den Unternehmen in der Balancephase große Probleme bereiten. Die Eingriffe von Regulierungsbehörden sind in allen Phasen des Endgames möglich, aber sie sind am wahrscheinlichsten in der Fokus- und der Balancephase.

Einige Beispiele:

> die starke Regulierung und die hohen Zahlungen der Zigarettenindustrie an die US-Regierung,

> die Vereitelung der Fusion zwischen GE und Honeywell durch die US-Kartellbehörde,

> die genaue Überprüfung oder gar Ablehnung von Mega-Fusionen, die Indikatoren für den Übergang einer Industrie von der Öffnungs- oder Kumulationsphase in die Fokus- oder Balancephase sein können (zum Beispiel die angekündigte, aber nicht vollzogene Fusion von WorldCom und Spring 1999),

> die intensive Überprüfung der Preispolitik durch die US-Gesundheitsbehörde sowie die Länge und Komplexität des Genehmigungsprozesses für neue Produkte in der Pharmazeutischen Industrie.

Das Wichtigste für Unternehmen in der Balancephase ist, die Position ihrer Industrie gegenüber der Regierung realistisch einzuschätzen. Dazu gehört auch, mögliche Maßnahmen der Regierung in bestimmten Bereichen zu antizipieren und entsprechende Vorkehrungen zu treffen.

Auch technologische Veränderungen müssen kontinuierlich beobachtet werden. Die Geschwindigkeit, mit der sich Technologien und Unternehmen in der Hightech-Industrie verändern, ist schwer zu überbieten. In etwa zwei Jahrzehnten wurden die großen Mainframe-Computer von IBM von den starken Minicomputern der Digital Equipment Corp. (DEC) überholt, die wiederum bald von Compaqs preiswerten, PC-basierten Servern abgelöst wurden (da Compaq DEC kaufte). Inzwischen hat Hewlett-Packard (HP) Compaq gekauft, aber das neue Unternehmen wird von Dells überragendem Geschäftsmodell besiegt, das sich durch eine besonders effiziente Supply Chain auszeichnet. Es ist nur eine Frage der Zeit, bis ein anderes Unternehmen – möglicherweise sogar aus einer anderen Industrie Dell in dieser Beziehung überholen wird.

Die Balancephase für Technologieunternehmen wird wie in anderen Branchen auch von massiven Akquisitionen und Desinvestitionen bestimmt. IBM, Intel, Microsoft und Cisco kauften buchstäblich Hunderte von kleinen Unternehmen auf, um Technologie, Talente und den Eintritt in neue Märkte zu erzielen.

Microsoft

Von allen Industrien der Balancephase ist das Marktsegment „Betriebssysteme" der Software-Industrie relativ anfällig gegenüber Herausforderungen durch neu gegründete Unternehmen. Das notwendige Kapital sowie die Eintrittsbarrieren sind relativ niedrig, und die Kosten des Wechsels zu einem neuen Produkt nehmen viele Anwender auf sich, wenn sie dadurch eine herausragende Softwareinnovation nutzen können. Was Unternehmen benötigen, ist Know-how und Kreativität. Momentan wird Microsofts Betriebssystem Windows von Linux attackiert, die ein kostenloses Betriebssystem anbieten.

Einige Softwareunternehmen können, insbesondere wenn sie über die notwendigen Mittel verfügen, ihre Dominanz aufrechterhalten, indem sie aufstrebende Unternehmen aufkaufen, bevor sie zu einer Gefahr werden. Microsofts legendärer Aufstieg an die Weltspitze ist nicht zuletzt der intelligenten Akquisitionsstrategie zu verdanken. Von 1994 bis 2002 wurden mehr als 50

119

Firmen übernommen. Mit wachsendem Marktanteil und höherer Positionierung in der Endgames-Kurve wurden aggressiv junge Unternehmen akquiriert, um die eigene Position zu verteidigen. Microsofts nachhaltige Wachstumsstrategie umfasst auch das Attackieren von neuen Geschäftsfeldern, zum Beispiel Videospiele mit der Xbox Konsole und Medien, wodurch das Joint Venture mit NBC aus dem MSNBC entstand.

Microsofts Übernahmetour wurde jedoch jäh gebremst, als sich das Unternehmen Anfang 2000 Monopolvorwürfen der US-Regierung ausgesetzt sah. Da es bisher aus den juristischen Kämpfen relativ unversehrt hervorgegangen ist, kann man davon ausgehen, dass der Gigant seine Akquisitionsmaschine wieder anwirft. Die Cash-Reserve von über 38 Milliarden US-Dollar positioniert Microsoft optimal für eine neue „Shoppingrunde", mit der es seine dominante Position verteidigen kann.

Ebenso rege, wie sie akquirierten, haben die Technologieunternehmen auch desinvestiert – zum Beispiel HP mit der Ausgliederung von Agilent Technologies 1999.

Schaffe neue Unternehmen durch Spin-off

In dieser letzten Konsolidierungsphase liegt Marktpotential in den nicht ausgeschöpften Nischen, durch die Unternehmen noch Mehrwert für ihr Geschäft erreichen können. Aus der Perspektive der Endgames-Strategie können Unternehmen in der Balancephase neues Wachstum erzeugen, indem sie Geschäftsfelder identifizieren und aufbauen, die sie aus ihrem Kerngeschäft ausgründen können und die neue Industrien entstehen lassen.

Die Dynamik eines Spin-offs ermöglicht es selbst den fest in ihrem Kerngeschäft verwurzelten Unternehmen in der Balancephase, neues Wachstum zu generieren. Pepsi ist dafür ein Beispiel: Als Unternehmen in der Balancephase zielen die Akquisitionen auf neu entstehende Märkte mit hohem Wachstumspotential, zum Beispiel isotonischen Getränken (Öffnungsphase) und Mineralwasser (Kumulationsphase).

Beispiele für eine sinnvolle Spin-off-Tätigkeit geben IBM und Oracle. In den späten 1990er Jahren spalteten beide Unternehmen Geschäftsbereiche ab, die zur wachsenden Industrie für unternehmensinterne Weiterbildung gehörten, die sich in der Kumulationsphase befand. Die jährlichen Ausgaben für unternehmensinterne Weiterbildung übersteigen in den USA acht Milliarden US-Dollar, davon werden etwa fünf Milliarden US-Dollar für IT-Training ausgegeben. Laut Lifelong Learning's Market Report war das zweitgrößte Unternehmen im Trainingsbereich Oracle Education mit 5,4 Prozent Marktanteil, der ganze 443 Millionen US-Dollar wert ist. Die Nummer eins am Markt war IBM Learning Services mit einem Marktanteil von 8,5 Prozent (entspricht fast 700 Millionen US-Dollar). Der Markt für Weiterbildung wächst stetig, obwohl er sensibel auf konjunkturelle Schwankungen reagiert. Beide Unternehmen in der Balancephase dachten innovativ und nutzten die Chance, sich an attraktiven Geschäftsbereichen mit hohem Wachstumspotential durch Spin-offs zu beteiligen.

Bekämpfe Trägheit

Stagnation ist eine große Gefahr für Unternehmen in der Balancephase, die sich in ihrer exponierten Situation zu wohl fühlen. Deshalb müssen die Unternehmen in der Balancephase den Kampf gegen interne Trägheit aufnehmen. Unternehmen mit zu viel Selbstzufriedenheit riskieren einen Angriff des Wettbewerbs.

Werfen wir erneut einen Blick auf den Kampf zwischen den Unternehmensriesen Coca-Cola und PepsiCo. Bis in die frühen 1990er Jahren war Coke mit seiner Produkt- und Marketing-Strategie recht erfolgreich und entsprechend zufrieden. Von Pepsis rasantem Zugewinn an Marktanteilen aufgeschreckt, veränderte Coke die Rezeptur seines zentralen Produktes und hatte daraufhin mit Marktanteilsverlusten zu kämpfen. Mitte der 1990er Jahre wendete sich das Blatt wieder. Coke überholte Pepsi in der Jagd nach internationaler Expansion und etablierte sich in mehreren strategischen Ländern in Asien und Osteuropa als dominierende Marke. In jüngster Zeit wuchs Pepsi wieder schneller als Coke, weil es in seinem neuen Segment nicht-colahaltiger Getränke wertvolle Marktanteile gewonnen hatte. Dieser nicht enden wollende Kampf illustriert die Konsequenzen, die es hat, wenn Unternehmen in der Balancephase die Zügel schleifen lassen.

Effektives Personalmanagement kann in dieser Phase strategische Bedeutung annehmen und dazu beitragen, die Risiken zu begrenzen. Belohnungs- und Vergütungssysteme, Beförderung und Nachfolgeregelung sowie Recruiting und Mitarbeiterführung sind kritische Prozesse, die Innovation und Risikobereitschaft stimulieren – und damit vermeiden, dass sich Trägheit einschleicht.

Geh mit gutem Beispiel voran

Die Unternehmen in der Balancephase stehen im Rampenlicht. Sie sind so groß, so global und so prominent, dass sie die Aufmerksamkeit von Medien, Konsumenten und Regierungen in hohem Maße auf sich ziehen. Wenn sie einen Fehler machen, können die Konsequenzen verheerend sein. Folglich müssen sie höhere ethische Maßstäbe anlegen als Unternehmen in anderen Phasen. Sie müssen eine Art unternehmensübergreifender Verantwortung für die globale Wirtschaft übernehmen, überragenden Kundenservice bieten, strenge Umweltschutzrichtlinien einführen und auch einhalten, die ökonomische Entwicklung vorantreiben und eine gute und einvernehmliche Zusammenarbeit mit den Regierungen pflegen.

Wer in die Balancephase gelangt ist, muss sich darüber im Klaren sein, dass es dem Unternehmen nur gut gehen kann, wenn es hohe ethische Grundsätze einhält. Shell musste das schmerzlich erfahren, als das Unternehmen die Bohrplattform Brent Spar versenken wollte.

122

Die Kosteneinsparungen waren die schlechte Presse und den verlorenen Ruf bei Medien und Konsumenten nicht wert. Jetzt versucht Shell durch eine „grüne" Unternehmenspolitik, wieder Boden gut zu machen.

Auch der Vorwurf gegen Nike, Kinderarbeit in seinen ausländischen Fabriken in Kauf zu nehmen und dafür US-amerikanische Produktionsstätten zu schließen, hat das Unternehmen deutlich darauf hingewiesen, dass der Markt Unternehmen auch an ethischen Maßstäben misst. Mit neuen Initiativen wie Recyclingprogrammen, dem freiwilligen Verzicht auf PVC in seinen Schuhen und der Verwendung ökologischer Baumwolle in seinen T-Shirts tut Nike einiges, was die Umweltverschmutzung durch Chemikalien verringert. So versucht sich das Unternehmen positiver in der öffentlichen Wahrnehmung zu positionieren. Mit offener Unternehmenskommunikation gelang es Nike außerdem, seine Bemühungen um Aufklärung über die erhobenen Vorwürfe ins öffentliche Bewusstsein zu rücken. Auf der Website des Unternehmens ist vorbehaltlose Selbstkritik über die Zustände in einigen seiner Fabriken zu lesen. Nike berichtet auch von einer Spende über fast acht Millionen US-Dollar an die International Youth Foundation, eine Organisation, die sich der Verbesserung der Lebensbedingungen von Kindern und Jugendlichen widmet.

Nike

Schuhhersteller, insbesondere im Sportschuhmarkt, mussten in den vergangenen Jahrzehnten ein schwieriges Umfeld überstehen. Nachdem praktisch die gesamte Produktion in primär asiatische Niedriglohnländer abgewandert ist, wurde der Kampf um Marktanteile mit den Mitteln des Marketings, Markenmanagements und Designs weitergefochten. Die Umsätze von kurzzeitigen „Top"-Marken wie L.A. Gear schossen praktisch über Nacht nach oben, um kurz darauf genauso schnell wieder einzubrechen. Der Sportschuhhersteller Fila hat Unsummen für Marketingkampagnen ausgegeben – mit wenig Erfolg. Reebok ist eine Zeit lang auf der Cross-Training- und Fitness-Welle geschwommen und am Ende dieser Modeerscheinung wieder abgetaucht.

Finanzieller Erfolg war für viele in dieser Branche kurzzeitig, aber Nike hat es geschafft, sich deutlich von der Konkurrenz abzusetzen. Ohne einen baldigen Strategiewechsel ist der zukünftige Erfolg aber zunehmend ungewiss. Nikes durchschlagende Erfolge durch die Superstars Michael Jordan und Tiger Woods haben die bescheidene Akquisitionsbilanz überdeckt. Das Wachstum eines Unternehmens nur auf einzelne Sportlerkarrieren zu bauen, kann aber von genauso kurzer Dauer sein wie die Karrieren eben dieser Sportstars.

Als Unternehmen an der Spitze der Endgames-Kurve wäre es die beste Strategie für Nike, in neue oder verwandte Geschäftsfelder zu investieren, zum Beispiel durch Akquisition von Unternehmen, die sich momentan noch in der Öffnungsphase befinden. In der Tat hat Nike bereits einige Schritte in diese Richtung unternommen, jedoch nur mit moderatem Erfolg. 1994 übernahm Nike Canstar, um in den Markt für Eis- und Inlineskating einzubrechen. 1998 wurde Cole-Haan gekauft, um am Markt für gehobene Freizeitschuhe und sonstige Modeartikel zu partizipieren. Aber das war auch schon alles. Die Liste der vergebenen Chancen ist indes ungleich länger und sollte gleichsam ein Warnsignal sein. So hat etwa Nikes ehemaliger Geschäftsführer der Sparte Outdoor, Gordon McFadden, versucht, das Unternehmen zu einer Übernahme des Herstellers von Outdoor-Kleidung North Face Inc. zu bewegen. McFadden war überzeugt, dass dies die Umsätze von Nike über Nacht verdoppelt hätte und Nike zum dominanten Spieler gemacht hätte. Der Vorstandsvorsitzende Phil Knight lehnte eine Übernahme jedoch ab, genauso wie er auch schon zuvor die Übernahme des Sportschuhherstellers Converse zurückgewiesen hatte.

Bei sinkenden Umsätzen und Marktanteilen wären Übernahmen das richtige Rezept, um Nike zu neuer Kraft zu verhelfen. Überlegene Manager beschränken sich in der Balancephase nicht nur auf diese letzte Phase, sondern verstehen es auch, strategische Optionen anderer Phasen zu nutzen.

Der Beispiele von Unternehmen aus der Balancephase, die versuchen, ihr Image aufzupolieren, gibt es viele. Philip Morris etwa hat mehrere zehn Millionen US-Dollar für Kultursponsoring und Raucherentwöhnungsprogramme ausgegeben, und Microsoft hat sich zu einem prominenten wohltätigen Spender entwickelt.

Unglücklicherweise dauert es lange, bis die Unternehmen Vertrauen aufgebaut haben, aber nur kurze Zeit, dieses zu verlieren. Nur durch konzertierte Maßnahmen können langfristige Ergebnisse erzielt werden. Unternehmen in der Balancephase müssen deshalb an ihren Public Relations arbeiten, die Aufmerksamkeit von Kunden für ihr Unternehmen erhöhen und als Spender für wohltätige Zwecke ins Bewusstsein treten. Sie müssen in der Lage sein, Lobbying bei Regierungen zu betreiben und Vereine und Verbände einzubeziehen, um Misstrauen und Ängsten zu begegnen.

Kapitel 5: Die Gewinner – Unternehmen erfolgreich aufstellen

Was muss ein Spieler können, um im Endgame zu überleben? Ein Unternehmen, das nicht vorzeitig ausscheiden, sondern langfristig im Spiel bleiben will, muss eine ganze Reihe von Voraussetzungen erfüllen. Sie reichen von der sinnvollen Festlegung der Rolle des CEOs und des Aufsichtsrats bis zur Integrationskompetenz, die von Topmanagement und Mitarbeitern gemeinsam entwickelt werden muss. Neben den Eigenschaften, die einen überlegenen Spieler auszeichnen, gilt es, in jeder Phase des Endgames die Erfolgsfaktoren zu beachten, die ein Unternehmen aus der Bewertung seiner eigenen Position und der Beobachtung des Wettbewerbs gelernt hat.

Vom Architekten zum Schachspieler: Die Rolle des CEO im Endgame

Jack Welch (GE) und Carly Fiorina (Hewlett-Packard) gehen in die Annalen ein – nicht zuletzt deshalb, weil sie Hunderten von Fusionen vorstanden und die Konsolidierung in ihren Industrien vorantrieben, wenngleich mit unterschiedlicher Erfolgsbilanz. Für einen CEO gibt es wenige Aufgaben, die – sowohl professionell als auch persönlich – so interessant sind wie das Durchführen einer Fusion, und wenige Wirtschaftsnachrichten finden an der Wall Street so positive Resonanz wie Ankündigungen von Fusionen. Was aber macht einen erfolgreichen CEO aus?

Die Eigenschaften, die von einem CEO im Endgame verlangt werden, hängen von der jeweiligen Position seines Unternehmens ab: In der Eröffnungs- und der Kumulationsphase müssen Unternehmen Marktanteile gewinnen, aggressiv wachsen und die Konsolidierung in ihrer Industrie vorantreiben. Führungsstärke und visionäre Kraft werden hier von einem CEO verlangt. In der Fokus- und der Balancephase verändert sich das Spiel und somit die erforderlichen Fähigkeiten des CEO. Die Fusionsmöglichkeiten nehmen an Quantität ab, aber an Größe und Komplexität zu, und CEOs werden zu Schachspielern, die umsichtig und planvoll vorgehen, die Strategien ihrer Wettbewerber abschätzen, ihr Portfolio erfolgreich managen und auch eine Mega-Fusion bewältigen können.

Die meisten CEOs sind entweder kreative Architekten oder kluge Schachspieler. Einer der wenigen, die beide Eigenschaften auf sich vereint, ist Jack Welch.

Jack Welch

Jack Welch hat während seiner Zeit als Vorstandsvorsitzender von General Electric (GE) viele herausragende Eigenschaften gezeigt, aber sein implizites Verständnis der Endgames-Dynamik war vielleicht seine größte Stärke:

- ➢ Das Voraussehen von Industriekonsolidierung und -dekonsolidierung,

- ➢ Den Aufbau einer starken Post-Merger-Integration-Kompetenz,

- ➢ Die Fokussierung auf GEs Kernaktivitäten, trotz hoher M&A-Aktivität,

- ➢ Die Strukturierung und Nutzung des gesamten Topmanagements als Sparringspartner für die Bestimmung der allgemeinen Endgames-Strategie.

Welch hat die Konsolidierung der Industrien, zum Beispiel Medizinische Systeme, Plastik und Triebwerke, deutlich vor der Konkurrenz antizipiert und GE zum Marktführer in jeder dieser Industrien gemacht. Er hat auch vorausgesehen, dass der Bergbau die Balancephase erreicht hatte und verkaufte hier Anteile, bevor die finanzielle Performance und die Marktbewertung abfielen – wiederum mit deutlichem Vorsprung vor der Konkurrenz. Schließlich hat Welch die Endgames-Strategie im Unternehmen verankert, indem er darauf bestand, dass jede GE-Geschäftseinheit die Nummer 1 oder 2 in ihrem jeweiligen Markt zu sein hat – oder verkauft wird. Dies führte häufig dazu, dass die profitable Konsolidierung zur Balancephase beschleunigt wurde.

Welch hat zudem seine gesamte Führungsriege mit der Kompetenz ausgestattet, neu akquirierte Unternehmen voll in das GE Geschäftsmodell zu integrieren. Damit waren akquirierte Unternehmen vom Tag eins an Teil von GE und auf den Erfolg von GEs Kernaktivitäten fokussiert. Das einzige Mal, dass sich Welch auf Zugeständnisse einließ, hat er dies im Nachhinein bereut. Nach der Akquisition der Investment Bank Kidder Peabody haben sich die Mitarbeiter gegen eine volle Integration in das Geschäftsmodell von GE Capital gesträubt. Was Welch besonders ärgerte, war der Anspruch der Investmentbanker auf großzügige Boni auch in Jahren schlechter Performance. Dennoch tolerierte Welch diese Verschiedenheiten, bis es 1994 zu einem Finanzskandal um den Leiter des Anleihehandels Joseph Jett kam. Im Anschluss daran wurden Schlüsselpositionen von Kidder Peabody mit Führungskräften von GE besetzt und das Unternehmen voll integriert.

Ideen und Rat hinsichtlich potentieller Akquisitionen erwartete Welch von seinem unmittelbaren Kreis von Topmanagern. In vielen Fällen nutzte Welch andere GE-Führungskräfte, um den Kontakt zu Akquisitionskandidaten herzustellen oder um mit ihnen als Sparringspartner Sinn und Zweck einer potentiellen

Übernahme zu diskutieren. Er wählte sogar neue Vorstandsmitglieder nach ihrer Fähigkeit aus, Akquisitionen aktiv voranzutreiben.

Das Endgame verlangt drei wesentliche Fähigkeiten von einem CEO:

➤ Eine Endgame-Vision entwickeln und die Märkte damit überzeugen,

➤ Mit aktivem Portfolio-Management das Unternehmen fortwährend umgestalten,

➤ Eng mit dem Aufsichtsrat zusammenarbeiten.

Eine Endgame-Vision entwickeln und die Märkte damit überzeugen

In vielen Industrien ist die Notwendigkeit zu konsolidieren offensichtlich. In der Stahl-, der Papier- und der chemischen Industrie sind die Skaleneffekte Grund für Fusionen. Damit werden wieder überdurchschnittliche Ergebnisse möglich. In anderen Industrien jedoch muss der CEO mehr Weitblick einbringen. Geeignete Partner für weitere strategische Schritte zu identifizieren und zu binden, verlangt nach visionärer Kraft und überzeugender Argumentation auf Seiten des CEO.

Ein CEO, dem das gelingt, gewinnt einen wichtigen Vorsprung vor der Konkurrenz (First-Mover-Vorteil). McColl mit der kleinen Bank NCNB ist dafür ein gutes Beispiel: Ihm gelang es, sowohl seine Vision in die Realität umzusetzen, als auch die Märkte von seiner Vision zu überzeugen.

NCNB

In den frühen 1980er Jahren, als McColl CEO von NCNB wurde, mussten Banken in den USA ihre Geschäftstätigkeit auf einen Staat beschränken. Die US-amerikanischen Banken befanden sich aufgrund dieser Regulierung eindeutig in der Öffnungsphase.

McColls Vision war der Aufbau einer nationalen Bank. 1982 begann NCNB, seine Geschäftstätigkeit über die Grenzen North Carolinas auszudehnen, indem er eine Gesetzeslücke nutzte und eine Bank in Florida akquirierte. Er betrieb Lobbying bei den Regulierungsbehörden, und 1985 schließlich wurden Holdings regionaler Banken zulässig. In der Zwischenzeit hatte McColl Banken in Florida, South Carolina und Georgia akquiriert und war dem Wettbewerb bereits eine Länge voraus.

1992 fusionierte NCNB mit CS/Sovran zur NationsBank, der viertgrößten Bank in den USA: McColl hatte mehr als 40 Unternehmen akquiriert und das Kapital seiner Bank auf 120 Milliarden US-Dollar verzwanzigfacht. Als 1996 das neue Gesetz für nationale Banken in Kraft trat, schaltete McColl noch einen Gang zu und schloss 1998 seinen größten Deal ab: die 60-Milliarden-US-Dollar-Fusion mit der BankAmerica zur Bank of America. Damit hatte sich die ursprüngliche NCNB zur größten Bank in den USA gemausert – mit 570 Milliarden US-Dollar Anlagevermögen, zehn Milliarden US-Dollar Gewinn und Niederlassungen in 22 Staaten – McColls Vision war Realität.

McColls herausragende Fähigkeiten als Unternehmenskäufer trieben den Aktienkurs der NationsBank in die Höhe – was dazu führte, dass die NationsBank immer schneller immer größere Deals abschließen musste, um die Spannung zu erhalten. Je größer und je schneller Unternehmen integriert werden mussten, desto mehr war die Integrationskompetenz des Unternehmens gefragt. Gleichzeitig stiegen die Preise für Neuerwerbungen ständig und verfünffachten sich fast zwischen der Übernahme von C&S/Sovran 1991 und dem Kauf der Barnett Banks 1998. Diese Entwicklung wurde von der Fusion mit der BankAmerica zur Bank of America auf die Spitze getrieben. Seitdem hat der

Aktienkurs nie mehr die Marke von 70 US-Dollar erreicht, auf die er bei Bekanntgabe dieser Fusion kletterte.

Rückblickend markierte die Fusion mit BankAmerica den Übergang zur dritten Phase des Endgames. Die Größe und der Umfang der Post-Merger-Integration überwältigten McColl und sein Topmanagement und verurteilten das Unternehmen zu einer längeren Übergangsphase, in der die Bank of America mehrere Reorganisationen und einen größeren Wechsel an der Führungsspitze durchlief, außerdem wechselte der CEO. Das Unternehmen musste seine Strategie und seine Ziele der neuen Endgames-Phase anpassen, während der konjunkturelle Einbruch 2001/ 2002 die Realisierung der Vorteile aus der Fusion verzögerte. Bis heute ist nicht klar, ob diese Fusion eine wesentliche Erhöhung des Shareholder Value erzielen konnte.

Auch bei einer starken Vision und mit einer hohen Integrationskompetenz wird nicht jede Fusion ein Erfolg sein. Umso wichtiger ist es für ein Unternehmen, die Finanzmärkte von seiner Endgames-Strategie zu überzeugen, damit die erforderliche Finanzierung für seine Endgames-Strategie möglich wird. Investoren sind wesentlich geduldiger, wenn sie erkennen können, dass das Topmanagement kompetent ist und der Integration nach der Fusion genügend Aufmerksamkeit widmet. Sowohl Kleinanleger als auch institutionelle Investoren honorieren wohl überlegte Akquisitionen und Übernahmen und bestrafen fehlgeleitete. Ohne eine positive Reaktion dieser beiden wichtigen Einflussfaktoren jedoch hat ein Unternehmen es schwer, die Ergebnisse zu erzielen, die den ganzen Aufwand am Ende wert sind.

Besonders kritisch wird es im Übergang von der Wachstums- zur Fokusphase, wenn die Zahl der jährlichen Akquisitionen und Übernahmen zurückgeht und nicht mehr die hohen Erwartungen an Fusionen den Aktienkurs bestimmen, sondern die Ergebnisse des Kerngeschäfts zählen.

Mit aktivem Portfolio-Management das Unternehmen fortwährend umgestalten

Warum bezahlte Pepsi einen Premium-Preis für das Gatorade-Geschäft von Quaker Oats? Welcher Logik folgte Philip Morris, als das Unternehmen die Lebensmittelsparte Kraft an die Börse brachte und erwog, Miller Beer zu verkaufen? Die Antworten können aus der Endgames-Kurve abgelesen werden. Spätestens in Phase drei und vier wandelt sich die Rolle des CEO zum Portfolio-Manager.

Johnson & Johnson – dem Kerngeschäft treu

Johnson & Johnson ist Marktführer in der Branche Pharmazie und Gesundheitswesen, der sich im Übergang zur Phase drei befindet. In den vergangenen zehn Jahren hat J&J mehr als 30 Unternehmen akquiriert oder übernommen, ist aber immer seinem Kerngeschäft treu geblieben: Pharmazeutika, medizinische Diagnosegeräte, Konsumartikel und Babyprodukte. Bekannt dafür, ein dezentral gesteuertes Unternehmen zu sein, stattet J&J den Geschäftsleiter jedes Unternehmensbereichs mit der Vollmacht aus, geeignete Unternehmen für eine Akquisition zu identifizieren und diese auch selbst durchzuführen.

Folglich hat J&J in seinem gesamten Portfolio Unternehmen akquiriert, zum Beispiel Neutrogena (Bereich Konsumartikel), Alza (Pharmazeutika), Centocor (Biotechnologie) und DePuy (Medizinische Geräte). Während J&J mehrere große Fusionen abgeschlossen hat, von denen Alza mit fast zwölf Milliarden US-Dollar die größte war, hielt sich das Unternehmen von Deals fern, deren Größe seine Kultur oder sein Geschäftsmodell gefährdet hätten.

Darüber hinaus hat J&J seine Akquisitionsstrategie während der Amtszeit mehrerer CEOs verfolgt, was nichts anderes bedeutet, als dass Akquisitionen und Übernahmen sowie Konsolidierung als integraler Bestandteil der Strategie tief im Unternehmen verwurzelt sind. Schließlich bewertet der Aufsichtsrat in regelmäßigen Meetings das Geschäftsportfolio, um zu entscheiden, ob J&J Geschäftsbereiche desinvestieren sollte, die an Umsatz- und Wertwachstum unterdurchschnittlich sind und ob J&J als Gesamtunternehmen einen größeren Wert für seine Shareholder hat als die Summe der einzelnen Unternehmen. Mit anderen Worten: Regelmäßige Aufsichtsratssitzungen bestätigen immer wieder die Endgames-Strategie von J&J.

Viele Unternehmen in der Balancephase verfolgen die Strategie, wachstumsträchtige Unternehmensbereiche aus dem Kerngeschäft auszugliedern. Typischerweise entwickeln sich aus diesen Spin-off-Geschäftsbereichen attraktive Segmente, die in früheren Stadien des Endgames wieder einsteigen und neue Möglichkeiten eröffnen.

Den Aufsichtsrat nutzen

Wie der CEO spielt auch der Aufsichtsrat für ein erfolgreiches Unternehmen im Endgame eine neue Rolle. Da letztlich beide, CEO und Aufsichtsrat, die Verantwortung für das erfolgreiche Bestehen des Endgames tragen, sollte der Aufsichtsrat eine Reihe von Aufgaben erfüllen:

➤ *Einbringen tief reichender Fachkenntnis und Kontakte zu Kunden- und Zuliefererindustrien sowie benachbarten Industrien.* Der Aufsichtsrat muss in der Lage sein, den CEO in der Bewertung der Endgames-Phasen zu unterstützen, insbesondere dann, wenn das Unternehmen den Übergang von einer Phase des Endgames zur nächsten durchläuft. Die Aufsichtsratsmitglieder sollten für den CEO eine Quelle für neue Akquisitionsideen und die geeigneten Kontakte sein und ihn darin unterstützen können, die Abschlüsse unter Dach und Fach zu bringen.

➤ *Bewertung der Stärken und Schwächen des CEO in jeder Endgames-Phase.* Der Aufsichtsrat muss dafür Sorge tragen, dass der CEO die erforderlichen Fähigkeiten besitzt und die Eigenschaften erfüllt, die erforderlich sind, um ein Unternehmen von einer Endgames-Phase in die nächste zu führen. Wenn erforderlich, sollte der Aufsichtsrat den richtigen Zeitpunkt ergreifen, um den CEO abzulösen.

> *Festsetzung einer angemessenen Vergütung des CEO in jeder Endgames-Phase.* Die Erfahrung zeigt, dass es nicht zielführend ist, wenn ein CEO für eine einmalige Fusion eine hohe Prämie erhält oder wenn sein Bonus von der Anzahl von Fusionen abhängt. Stattdessen sollten das Wohlergehen des Unternehmens und der Erfolg im Kerngeschäft stets im Fokus stehen.

Einige dieser Aufgaben verlangen eine Neuausrichtung der Ziele und der Mitglieder des Aufsichtsrats, damit das Unternehmen ein guter Spieler im Endgame werden kann.

Integrationskompetenz im Unternehmen aufbauen

Für Unternehmen, gleich, in welcher Phase des Endgames sich ihre Industrie befindet, ist die Erkenntnis entscheidend, dass am Ende nur noch wenige Marktteilnehmer im Spiel sein werden. Auch wenn eine Industrie in der letzten Phase durch neue Marktteilnehmer oder technologische Diskontinuitäten wieder leicht dekonsolidieren kann, ist die Herausforderung in diesem Spiel eindeutig: Bis zuletzt dabei bleiben – und dazu bedarf es massiven externen Wachstums, insbesondere in den ersten Phasen.

Die Integrationskompetenz ist eine Kernkompetenz für die Gewinner im Endgame. Heute misslingt noch immer etwa die Hälfte aller Fusionen. Dieser Umstand weist auf eine Reihe von Fehlern in der Planung und Durchführung von Fusionen hin, die erfolgreiche Spieler vermeiden sollten. Zwei Fähigkeiten gewinnen dabei entscheidende Bedeutung: geeignete Fusionskandidaten auszuwählen und übernommene Unternehmen schnell und erfolgreich zu integrieren.

Die Kunst der richtigen Wahl

Wenn die Realisierung der Skaleneffekte *nicht* gut überlegt und ausgeführt ist, wird das Ergebnis ein kurzfristiger Gewinnanstieg sein, gefolgt von einer langfristigen Flaute, während derer das Ergebnis oft sogar unter das Ergebnis vor der Fusion sinkt. Je vorsichtiger das kaufende Unternehmen schätzt, wo die potentiellen Synergien liegen und wie sie gehoben werden können, desto wahrscheinlicher ist, dass das erwartete finanzielle Ergebnis wirklich eintritt.

Aus der Paarung zweier Schnecken entsteht kein Rennpferd. Die Kunst besteht deshalb zunächst darin, die geeigneten Wettbewerber zu identifizieren, mit denen ein Unternehmen erfolgreicher im Endgame weiterspielen kann, als es ihm allein möglich ist. A.T. Kearneys Value-Building-Growth-Matrix ist hier ein geeignetes Tool, mit dem Unternehmen den Nutzen eines möglichen Zusammenschlusses analysieren können. Unternehmensleiter müssen sich fragen, was genau der einzigartige Wettbewerbsvorteil des fusionierten Unternehmens ist, der zukünftiges Wachstum und nachhaltige Profitabilität erzeugen kann, wie sie ihn erzielen können und wie sie Investoren und Kunden von der zugrunde liegenden Logik der Fusion überzeugen können.

Als wir den Zusammenhang zwischen der Position einer Industrie auf der Endgames-Kurve und der Erfolgsrate von Fusionen analysierten, stellten wir auffällige Unterschiede zwischen den ersten beiden Phasen und Phase drei und vier fest. In den ersten beiden Phasen des Endgames sind die Synergien und Skaleneffekte bei jeder Fusion hoch, zudem werden bei niedriger Profitabilität des Akquisitionsziels keine Preis-Premiums gezahlt. Entsprechend hoch ist die Erfolgswahrscheinlichkeit einer Fusion – und die Überzeugungskraft gegenüber Kunden und Finanzmärkten. In der dritten und vierten Phase wird es schwieriger, die Investoren von einer Fusion zu überzeugen, erhöht sich doch die Profitabilität des Unternehmens – vor allem in der vierten Phase – und damit sein Preis. Erneut: Die steigende Misserfolgswahrscheinlichkeit in allen Phasen nach der ersten sollte

Unternehmen nicht davon abschrecken, durch Akquisitionen und Übernahmen extern zu wachsen, sondern erhöht lediglich die Bedeutung der richtigen Strategie und einer hohen Integrationskompetenz.

Deshalb sollten Unternehmen bei jeder Auswahl eines geeigneten Fusionskandidaten zunächst einen „Sicherheitscheck" durchführen, um das Misserfolgsrisiko zu verringern – dafür bieten sich A.T. Kearneys Value-Building-Growth-Matrix ebenso wie die Endgames-Kurve an. A.T. Kearneys Value-Building-Growth-Matrix eignet sich gewissermaßen als Lakmus-Test für das Zusammenpassen zweier Unternehmen. Schließlich sollte aus jeder Akquisition oder Übernahme ein neues Unternehmen hervorgehen, das sein Unternehmen an die Spitze seiner Industrie setzt und das seine Industrie im Endgame voranbringt.

A.T. Kearneys Value-Building-Growth-Matrix weist klar aus, welche Unternehmen den Industrie-Durchschnitt übertreffen und welche entweder im Umsatzwachstum oder im Wertwachstum oder in beidem zurückliegen.

Die erfolgreiche Post-Merger-Integration

Die Fähigkeit, die erworbenen Unternehmen zu integrieren, ist von der Eröffnungs- bis zur Fokusphase – vor allem aber natürlich in der Kumulationsphase – ein entscheidendes Kriterium, das von CEO, Aufsichtsrat und Mitarbeitern gemeinsam erfüllt werden muss.

Die Wahl des richtigen Akquisitionsziels ist nur die halbe Miete. Viele Fusionen scheinbar sehr gut zusammenpassender Unternehmen misslingen wegen Fehlern, die schon gemacht werden, wenn die Tinte unter dem Fusionsvertrag noch nicht ganz getrocknet ist. Die notwendige Due Dilingence muss intensiv und unter Einbeziehung strategischer Aspekte durchgeführt werden. Für Unternehmen, die langfristig erfolgreich sein wollen, führt kein Weg daran vorbei. Obwohl jede Akquisition ein Einzelfall ist, liegt der Schlüssel zum Integrationserfolg in dem gezielten strategischen Vorgehen in den folgenden Integrationskriterien:

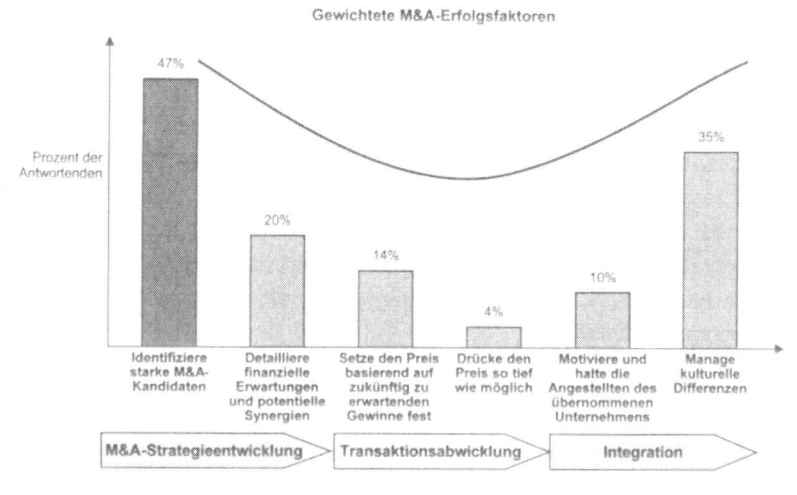

Quelle: A.T. Kearney Analyse

Abb. 15: Entscheidende Fähigkeiten für den M&A-Erfolg

Preis

Bezahle einen fairen Preis und kalkuliere ein, dass gewisse Teile des übernommenen Unternehmens wertlos sein können. Bei der Ermittlung des Preises ist ein konservatives Vorgehen vorteilhaft.

Prozesse

Lerne die Prozesse beider Unternehmen kennen und führe ein Reengineering durch, das die jeweils überlegenen Prozesse aus beiden Unternehmen identifiziert, nicht Passendes eliminiert und somit einen neuen effizienten Prozessablauf garantiert.

Integration

Kümmere Dich so früh wie möglich um die Integration der wichtigsten Funktionen/Systeme, insbesondere der IT-Systeme.

Die Integration der IT-Systeme zum Beispiel ist ein erfolgskritischer – und komplizierter – Schritt. Die Ansätze von Newell (bekannt als „Newellization") und Tyco International waren am erfolgreichsten. Dabei versucht der erfolgreiche Käufer, innerhalb kurzer Zeit (in der Regel zwei Jahre) das Übernahmeobjekt auf ein gleich hohes Effizienzniveau zu heben.

Ein kritisches, ja unerlässliches Kriterium für Erfolg in der Kumulationsphase ist, dass das kaufende Unternehmen eine IT-Plattform bzw. IT-Systeme hat, die in der Lage sind, beide Unternehmen zu bedienen. Inseln unterschiedlicher, inkompatibler Systeme dürfen nicht aufrecht erhalten werden. In Abhängigkeit von der jeweiligen Industrie muss die IT-Plattform wenigstens ein ERP-(Enterprise Resource Planning)-System besitzen, mit dem alle Kernprozesse ablaufen können. Unternehmen wie SAP, Oracle, Computer Associates, J.D. Edwards und andere bieten solche Systeme an. Die unmittelbare Anpassung des gekauften Unternehmens an das ERP-System ist ein zentraler Schritt erfolgreicher Integrationen und verfolgt drei Ziele:

> Kernsysteme in ein System zusammenführen, das Buchhaltung und Rechnungswesen unterstützt und Controlling ermöglicht, sodass alle wichtigen Informationen an einem Ort sind,

> Inkompatible Prozesse identifizieren und beheben,

> Verantwortlichkeiten festlegen und klarstellen, welchem Vorgehen das zusammengeschlossene Unternehmen folgen wird.

Danach müssen die IT-Systeme, je nach Art der Geschäftstätigkeit, nach der Devise „das Beste aus beiden Welten" in einem Unternehmen zusammengeführt werden. In Produktionsbetrieben ist die Supply-Chain-Software sehr wichtig. Für fast jedes Unternehmen sind Data-Warehouse- und Knowledge-Management-Systeme sehr wertvoll. In Dienstleistungsbetrieben sind Kommunikation, Zahlungsabwicklung und Systeme, die die Interaktion mit dem Kunden sicherstellen, von entscheidender Bedeutung. Die IT ist ein so kritischer Faktor, weil sie erst die Entscheidungsfindung ermöglicht – eine der wichtigsten Management-Aufgaben.

Wer die Bedeutung des physischen Integrationsprozesses – Mitarbeiter, Prozesse, Standorte – oder den Aufwand für die parallele Integration von Informationsflüssen und Systemen unterschätzt, begeht einen Fehler. Das Zusammenführen von zwei Unternehmen ist schwierig genug. Wer in Kauf nimmt, dass zwei verschiedene Sprachen gesprochen werden, muss scheitern.

Darüber hinaus müssen Unternehmen in jeder Industrie ihre eigenen zentralen Systeme kennen – Beschaffung und Logistik im Handel zum Beispiel – und sicherstellen, dass sie mit höchster Priorität integriert werden. Dabei gibt es durchaus unterschiedliche Integrationswege, die sich als erfolgreich herausgestellt haben: Hugh McColl verkörpert einen davon. Er verfolgte den Kurs, akquirierte Unternehmen aggressiv in sein Kerngeschäftsmodell zu integrieren.

McColl entwickelte Integrationsvorlagen für jede Kernfunktion und jeden Geschäftsprozess und schickte seine Integrationsexperten gleich am ersten Tag nach der Akquisition in die neuen Unternehmen. Diese eigens auf Akquisitionen und Übernahmen spezialisierten Mitarbeiter integrierten sämtliche Bereiche des neuen Unternehmens, von der IT bis zum Kreditgeschäft. „McColl gab uns zwei Dinge: ein Flugticket und ein rotes Buch mit dem Schlachtplan", sagte ein NCNB-Topmanager, nachdem NCNB die First RepublicBank Corp. 1988 gekauft hatte.

In einigen Akquisitionen ging NCNB das Risiko ein, 20 bis 30 Prozent des Kundenstamms sowie einen Teil der Führungskräfte zu verlieren, erachtete dies aber als notwendiges Übel, um die Unternehmensziele zu erreichen. Er bewertete die Tatsache, 70 Prozent der Kunden und Mitarbeiter eines akquirierten Unternehmens zu halten, nicht als schlechtes Ergebnis.

Nicht alle Unternehmen integrieren so radikal wie NCNB oder auch Cisco und nehmen dabei den Verlust von Kunden und Mitarbeitern schon vor Beginn der Integration in Kauf. Viele Konzerne behalten die Führungsspitze des erworbenen Unternehmens bei, delegieren an diese die Integration des Unternehmens und riskieren damit, keine vollständige Integration zu erzielen.

In jedem Fall müssen Unternehmen danach streben, die beste Integrationskompetenz ihrer Industrie aufzubauen und dabei sowohl interne als auch externe Ressourcen nutzen. Die Idee ist, ein Integrationsmodell für Fusionen zu entwerfen, das auf einer bewährten Methode basiert, damit die operative Kontrolle über die wesentlichen Funktionen eines gekauften Unternehmens in weniger als drei Monaten ausgeübt werden kann. Es sollte außerdem eine kritische Masse fusionserfahrener Mitarbeiter vorhanden sein, die zusätzlich zu den hinzu kommenden neuen Mitarbeitern die kritischen Aufgaben erfolgreich erledigen.

Mitarbeiter und Kultur

Halte wichtige Mitarbeiter und ihr Know-how im Unternehmen. Dazu ist es wichtig, eine offene Kultur zu pflegen, in der sich die Mitarbeiter des neu gekauften Unternehmens schnell „zu Hause" fühlen können. Wenn die Mitarbeiter sich mit den neuen Herren im Haus nicht wohlfühlen, werden sie das Unternehmen verlassen und damit einen wesentlichen Teil des Akquisitionswertes vernichten. Natürlich spielen darüber hinaus auch Patente, Prozesse und Goodwill bei der Bewertung eines Unternehmens eine Rolle.

Für die wichtigsten Mitarbeiter gilt es, Positionen zu schaffen, die sie motivieren und davon abhalten, das „Schiff" zu verlassen. Die wichtigsten Maßnahmen dafür sind:

> *Entscheide dich für die richtige Struktur.* Eine dezentrale Organisationsstruktur – in der die richtigen Mitarbeiter an der richtigen

Stelle sitzen und die Entscheidungen nach unten weitertragen – ist oft hilfreich, wenn sich eine neue Organisation anpassen muss.

- *Verstehe und vereinfache die Prozesse.* Es ist schon schwer genug, zwei Unternehmen zusammenzuführen, die dasselbe auf ähnliche Weise machen oder zumindest flexibel sind – aber es ist nahezu unmöglich, wenn die beiden Unternehmen an ihren alten Prozessen hängen.

- *Wähle die Kultur, um die herum das neue Unternehmen gebaut wird.* Sieh dir die Kultur des Zielunternehmens an. Ist sie homogen? Ist sie offen? Mit anderen Worten, ist es ein Unternehmen, in dem Führungspositionen im Wesentlichen innerhalb des Unternehmens besetzt werden, wie Wal-Mart und Procter & Gamble, oder ist das Topmanagement „multi-kulturell" zusammengesetzt? Das Verständnis der Organisationskultur eines Unternehmens hilft Führungskräften, die notwendigen Schritte zu unternehmen, um ihre eigene Organisation entsprechend anzupassen.

- *Pflege eine offene Unternehmenskultur und kommuniziere proaktiv.* Ein First Mover verdankt seine Vorteile vor allem seinen Mitarbeitern. Nur eine starke und wettbewerbsfähige Mitarbeiterschaft kann langfristig die besten Produkte und Dienstleistungen anbieten. Eine Unternehmenskultur, die die Mitarbeiter an das Unternehmen bindet, muss sowohl Herausforderung und Weiterentwicklung als auch Befriedigung bieten. Seine Nachahmer werden alles daran setzen, die besten Mitarbeiter des First Movers abzuwerben. Schließlich kennen sie die Kernprozesse der führenden Marktteilnehmer wie Beschaffung, Logistik und Distribution. Deshalb ist die Bindung guter Mitarbeiter an das Unternehmen ebenso wichtig wie der Aufbau von Markteintrittsbarrieren. Ein wichtiger Baustein, um Mitarbeiter wirklich an das Unternehmen zu binden, ist der Aufbau einer unternehmensspezifischen Kultur.

Für fusionierende Unternehmen sind Stabilität und Offenheit unter den Mitarbeitern beider Organisationen besonders wichtig. Unternehmen mit einer geschlossenen und homogenen Kultur haben oft Schwierigkeiten mit der Integration von Unternehmen oder auch nur neuen Mitarbeitern. Obwohl eine starke Unternehmenskultur selbst eine Stärke sein kann, bringt sie auch Probleme mit sich, wenn sich ein Unternehmen auf einen schnellen Wachstumskurs begeben will. Wal-Mart und Aldi sind darin Experten.

In der Kumulationsphase verlieren die Unternehmen leicht den Bezug zu ihrer eigentlichen Kultur, weil viele neue Akquisitionen „verdaut" werden müssen. Umso mehr müssen sie ihr Augenmerk darauf richten, eine starke Unternehmenskultur aufzubauen, die gekaufte Unternehmen schnell eingliedern kann und dennoch deren ursprüngliche Stärken und Charakteristika bewahrt. Dies ist nicht zuletzt deshalb wichtig, weil die Kern-Mitarbeiter häufig die wertvollsten Besitztümer eines neu gekauften Unternehmens sind und es entscheidend ist, diese Mitarbeiter an das Unternehmen zu binden. Wenn ein Unternehmen auf seine innere Stärke und Stabilität vertrauen kann, wird es sich besser im Endgame positionieren können.

Wesentlich für eine erfolgreiche kulturelle Integration ist ein starkes Managementteam, das auf den gemeinsamen Eigenschaften beider Unternehmen aufbauen kann und die Unterschiede nivellieren kann. Industriegiganten wie GE, Cisco Systems, Newell Rubbermaid und Medtronic haben das Spiel der strategischen Akquisitionen angeführt. Diese Unternehmen haben die Latte hoch gelegt, nicht nur hinsichtlich der Zahl von Akquisitionen, sondern viel wichtiger noch, in der erfolgreichen Integration der gekauften Unternehmen.

Die sieben Schritte erfolgreicher Unternehmensintegration

> Das Unternehmen muss eine **Vision** haben. Wer nicht weiß, welche Märkte er in den nächsten Jahren mit welchen Produkten bedienen möchte und welchen Erfolg er zugrunde legt, der kann eine Situation mit hohen Anforderungen an das Durchhaltevermögen eines großen Teams nicht durch-

stehen. Bei einer Fusion kommen zwei bisher meistens nicht befreundete Unternehmen zusammen, die plötzlich an einem Strang ziehen sollen. Nur eine glaubhafte und begeisternde Vision lässt beide Gruppen zunächst einmal gedanklich zu einer werden.

➤ **Führung** muss groß geschrieben werden. Eine Fusion erfordert zahlreiche Aktivitäten, die nicht zum Tagesgeschäft gehören. Mitarbeiter brauchen ein „Gerüst", das es ihnen auf der Basis von Motivation und klaren Ansagen ermöglicht, mit der Mehrbelastung produktiv umzugehen. Auf Seiten des Managements kommt es darauf an, schnell das gelegentlich entstehende Machtvakuum auszufüllen und das neue Geschäft von vornherein konsequent und straff zu führen, sodass der bei vielen Fusionen ehemaliger Konkurrenten zu beobachtende Umsatzeinbruch ausbleibt.

➤ **Wachstum** und nicht Stagnation sollte der Grund für die Fusion sein. Mindestens so wichtig wie kurzfristige Kostenreduktionen und Synergieeffekte sind die langfristigen Wachstumsaussichten. Wer Marktanteile kauft, schafft es oft nicht sofort, mehr zu erreichen als nur „eins plus eins gleich zwei". Eine sinnvolle Fusion, die Synergien am Markt und im Kostenbereich eröffnet, sollte mit der Gleichung „eins plus eins gleich 2,5" auf der Umsatzseite und „eins plus eins gleich 1,5" auf der Kostenseite enden.

➤ Durch **Quick Wins** gewinnt jedes Projekt an Zustimmung bei der Belegschaft und dem mittleren Management. Solche motivierenden ersten Effekte einer Neuordnung des Unternehmens müssen nicht unbedingt in barer Münze vorliegen, auch das offensichtliche Funktionieren eines neu eingerichteten Teams oder eine positive Kundenreaktion können in einer Situation nach einer Fusion im Unternehmen die Stimmung verbessern. Stellenabbau und Werksschließungen sind ganz sicher keine ersten Erfolge, sondern können sich für ein Unternehmen schnell als erste Verluste erweisen, die den Integrationsprozess mit ihrer schlechten Stimmung behindern.

> In dem Zusammenhang müssen auch **kulturelle Differenzen** zwischen den zwei Gruppen, die in einem neu zusammengefügten Unternehmen zwangsläufig existieren, überbrückt werden. Die falsche Kultur zu übernehmen und weiterzutragen, kann fatal für die weitere Entwicklung des Unternehmens sein. Es ist kein Muss, dass die Kultur des Stärkeren sich durchsetzen muss. Hier ist die Führung gefragt, beide Kulturen zu verstehen und die Teile, die zum neuen Unternehmen passen, zu fördern, während den weniger günstigen Aspekten einer Kultur zunehmend weniger Beachtung zukommen sollte.

> Das alles ist schwer durchführbar ohne **Kommunikation**. Es gibt in einem neu fusionierten Unternehmen zahlreiche Zielgruppen, die alle spezifisch angesprochen werden müssen. Über die Zeit muss offene Kommunikation dazu führen, dass die Zielgruppen wieder homogener werden und das Unternehmen so als Ganzes effektiv zusammenwächst.

> Ohne **Risikomanagement** sollten Unternehmen sich nicht in riskante Situationen begeben. Eine Integrationsphase birgt zahlreiche Risiken, sodass es sich lohnt, diese offen anzugehen, sie zu kategorisieren und zu priorisieren. Allein durch die Kenntnis der Risiken geht das Unternehmen anders mit ihnen um. Wenn dann noch Pläne für den Fall des Falles entwickelt werden, sind auch kritische Risiken in den Griff zu bekommen.

Kapitel 6: Die Endgames-Vision 2010

Was bringt die Zukunft? Welche Trends über die Entwicklung der Aktienkurse und der Industriekonsolidierung sind erkennbar? Welche Industrien und welche Regionen werden die Gewinner und Verlierer sein? Wenn wir den Blick auf die Welt am Ende des Jahrzehnts richten, müssen wir die wissenschaftliche Genauigkeit aufgeben, der wir in den anderen Kapiteln dieses Buches treu geblieben sind, und unserer Intuition und unserer Erfahrung vertrauen, die wir in unserer langjährigen Beratertätigkeit gewonnen haben.

Der neue Merger-Boom

Als Charles Dow 1885 zum ersten Mal einen täglichen Durchschnitt von zwölf Aktien (von denen damals noch zehn aus dem Sektor Eisenbahnen kamen) veröffentlichte, konnte er nicht ahnen, dass der Dow Jones Industrial Average (DJIA) einer der bekanntesten Aktienindizes der Welt werden würde.

Die Zusammensetzung des Dow hat sich seitdem sehr verändert. Er wird regelmäßig der aktuellen wirtschaftlichen Konstellation angepasst. Im letzten Jahrzehnt ist der Dow Jones dramatisch gestiegen, bevor es in den vergangenen beiden Jahren zu einem Rückschlag an den Aktienmärkten gekommen ist. Andere Indizes haben auch an Bedeutung gewonnen, zum Beispiel der NASDAQ, der Nikkei, der S&P 500, der FTSE 100, der Hang Seng, der DJ Euro Stoxx und nicht zu vergessen der Deutsche Aktienindex DAX. Aber der Dow gilt nach wie vor als der führende Index, obwohl er nur aus 30 US-amerikanischen Unternehmen zusammengesetzt ist.

Die Konsolidierungswelle wird neue Höhepunkte erreichen

Heute hat der DJIA eine Marktkapitalisierung von circa drei Billionen US-Dollar aus allen relevanten Industrien. Dieser Umstand und die Tatsache, dass sich der Dow aus den größten öffentlich gelisteten Unternehmen der USA zusammensetzt, machen ihn zu einem idealen Indikator für das Endgames-Szenario. Jedes der Unternehmen im Dow Jones besitzt eine führende Position in seiner Industrie und befindet sich damit in einer guten Ausgangsposition, um ein Gewinner des Endgames zu sein. Angesichts der periodischen Anpassung des Dow an die wirtschaftliche Entwicklung sind wir zuversichtlich, dass der Dow von dem Anstieg der Konsolidierung überproportional profitieren kann.

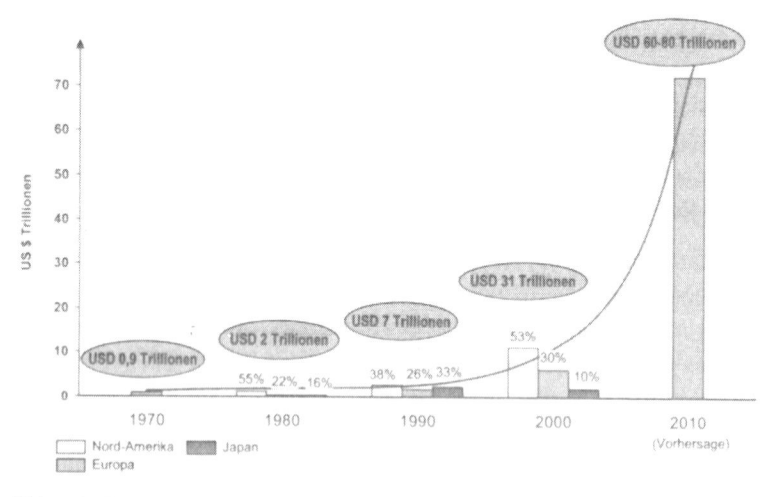

Abb. 16: Der Wert der weltweiten Kapitalmärkte verdreifacht sich ungefähr alle zehn Jahre

Während dieses Buch geschrieben wurde, stand der Dow bei 10.000 Punkten. Bis zum Jahr 2010 prognostizieren wir – trotz der schwierigen Börsenjahre, die hinter uns liegen – eine Verdreifachung. Dies bedeutet eine Steigerung von 20 Prozent p.a. bis 2010.

Seit seinen Anfängen ist der Dow um etwa 5 Prozent pro Jahr gestiegen. Dabei sind die großen Wert zerstörenden Phasen – die beiden Weltkriege und die Weltwirtschaftskrise – bereits berücksichtigt. Seit den 1950er Jahren ist der Dow sogar um jährlich 8 Prozent gestiegen, in den vergangenen zehn Jahren (ebenfalls unter Berücksichtigung der jüngsten Rückschläge) sogar um 12 Prozent p.a. Angesichts dieser Entwicklung erscheint unsere Prognose von 20 Prozent bis zum Ende dieses Jahrzehnts nicht unwahrscheinlich.

Mit dieser optimistischen Sicht sind wir nicht allein. David Elias geht in seinem Buch *Dow 40,000*[3] von einer jährlichen Steigerung von 9 Prozent aus, die den Dow Jones 2012 den Wert von 40.000 Punkten erreichen lässt. James K. Glassmann und Kevin A. Hassett sind in *Dow 36,000*[4] noch optimistischer. Sie gehen davon aus, dass es zu einer völligen Neubewertung von Aktien kommen wird und sehen den Dow Jones schon bald bei 36.000 Zählern. Hier und in seinem 2002 erschienenen Buch *The Secret Code of the Superior Investor* vertritt Glassman die These, dass Aktien langfristig gesehen keineswegs riskanter als Anleihen oder Festgeld seien, da sie diese Anlagen in der Vergangenheit auch unter Berücksichtigung der schlimmsten Aktiencrashs in jeder beliebigen 20-jährigen Periode geschlagen haben. Unter der Berücksichtigung dieser Tatsache rechnet Glassmann vor, dass Aktien ein ungeheueres Aufwärtspotential besitzen.

Natürlich ist die Aufnahme in den Dow für ein Unternehmen keine Garantie für eine Position auf dem Siegertreppchen des Endgames. Ebenso wenig werden alle Unternehmen, die heute im Dow sind, dort

---

3 David Elias, *Dow 40,000*, McGraw-Hill, 1999

4 James K. Glassmann und Kevin A. Hassett, *Dow 36,000*, Three Rivers Press, 2000

auf Dauer verbleiben. Chevron, ein Unternehmen des Dow bis 1997, wurde nach der Übernahme von Texaco aus dem Index ausgeschlossen – obwohl es sich nach wie vor um ein sehr gesundes Unternehmen handelt. GE hat es aufgrund des Widerstands der europäischen Wettbewerbsbehörden nicht geschafft, Honeywell, ein anderes Unternehmen im Dow Jones, zu übernehmen. Die Beispiele verdeutlichen, dass es also durchaus sein kann, dass in der nahen Zukunft ein oder zwei weitere Unternehmen aus dem Dow Jones verschwinden werden.

Es besteht eine hohe Korrelation zwischen Aktienindizes und Fusionsaktivitäten

Der Wert der M&A-Transaktionen ist in den vergangenen Jahren dramatisch angestiegen. Eine Ausnahme bildet das Jahr 2001, in dem sowohl die Zahl als auch der Wert der Transaktionen kurzfristig zurückgingen. Der langfristige Trend wird sich schon bald wieder durchsetzen und zu einem weiter exponentiellen Wachstum führen.

Wenn wir in der Geschichte zurückblicken, stellen wir fest, dass ein Anstieg des Aktienmarktes und eine verstärkte Fusionsaktivität Hand in Hand gehen. Eine detaillierte Analyse der Anzahl der Fusionen in Nord-Amerika und des Dow Jones Index zeigt einen deutlichen Zusammenhang. Zwischen 1989 und 2001 gibt es eine Korrelation von 93 Prozent zwischen der Zahl der Fusionen und dem Dow Jones Industrial Average R^2. Dieser Zusammenhang legt nahe, dass zumindest zu einem gewissen Grad steigende Aktienkurse eine Währung für Akquisitionen und Übernahmen sind und infolgedessen ein Haupttreiber für Fusionen und Industriekonsolidierung.

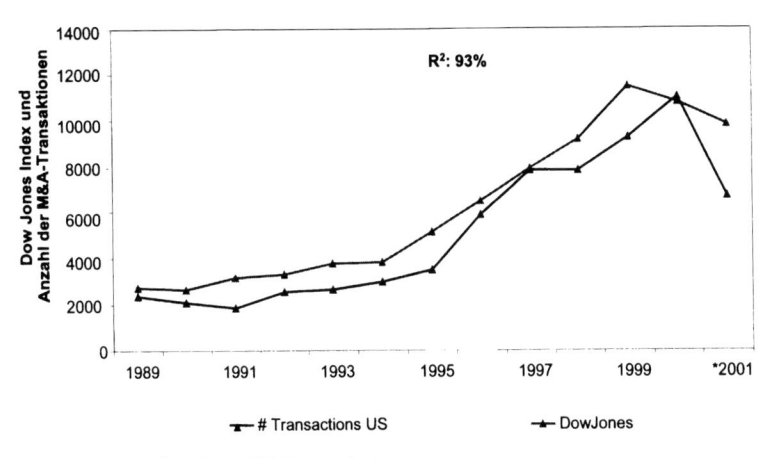

Abb. 17: Die Korrelation zwischen dem Dow Jones Index und der Anzahl der M&A-Transaktionen in den USA (1989-2001)

Wie viele Fusionen hätten in den 1990er Jahren nicht stattgefunden ohne die überbewerteten Aktienkurse, mit denen die Käufer ihre Transaktionen bezahlten? Nicht zu vergessen die Fusionen, die durch Aktientausch zu Stande kamen. Selbstverständlich spielt auch hier der richtige Zeitpunkt eine entscheidende Rolle bei den Akquisitionsstrategien. Ein höher Aktienkurs allein bedeutet noch gar nichts. Es war zum Beispiel mutig von Tyco International, CIT Financial zu kaufen, um in den Markt der Finanzdienstleistungen einzusteigen. Als die Bilanzen von sehr schuldenbelasteten Unternehmen nach dem Enron-Skandal auf finanzielle Unregelmäßigkeiten überprüft wurden, versuchte Tyco, CIT Financial – mit einem Verlust – wieder loszuwerden. Steigende Aktienkurse und hohe Fusionstätigkeit garantieren eben nicht den Erfolg einer Akquisitionsstrategie.

Wenn wir den Blick etwas erweitern, stellen wir fest, dass dasselbe auch für den europäischen Markt gilt. Der EuroStoxx und die Zahl der Fusionen korrelieren zu 80 Prozent.

151

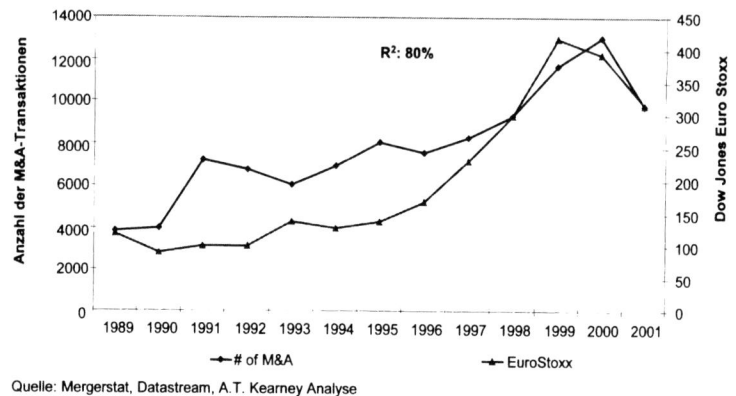

Quelle: Mergerstat, Datastream, A.T. Kearney Analyse

Abb. 18: Die Korrelation zwischen dem Dow Jones Euro Stoxx und der Anzahl der M&A-Transaktionen in Europa (1989-2001)

Nur in Japan ergibt sich ein anderes Bild. Die Fusionstätigkeit war relativ gering, während der Nikkei Index Anfang bis Mitte der 1990er Jahre abstürzte. Inmitten der Wirtschaftskrise 1998 schoss die Fusionsrate in die Höhe.

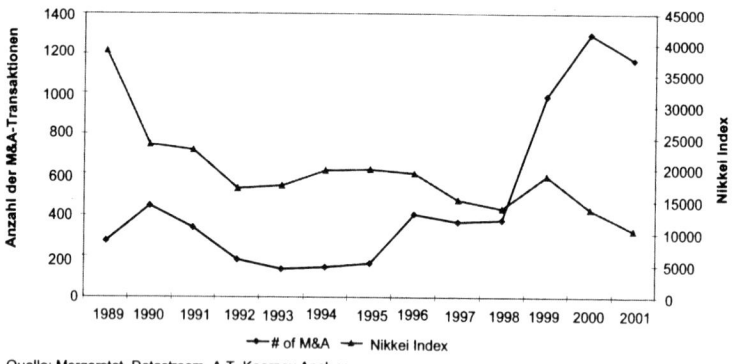

Quelle: Mergerstat, Datastream, A.T. Kearney Analyse

Abb. 19: Die Korrelation zwischen dem Nikkei Index und der Anzahl der M&A-Transaktionen in Japan (1989-2001)

Diese Diskrepanz kann ebenfalls auf eine Reihe von Faktoren zurückgeführt werden, die ihre Ursache in der Endgames-Logik haben:

➤ Die japanischen Finanzdienstleistungs-, Automobilunternehmen und Industrien mit Immobilienbesitz waren so sehr im Wert gefallen, dass Investoren sie als Schnäppchen betrachteten. Diese Unternehmen befanden sich alle bereits in der Kumulationsphase und lockten ausländische Unternehmen an, deren Markteintritt im Rahmen ihrer globalen Endgames-Strategie mit einer Reihe von Akquisitionen verbunden war.

➤ Die japanische Regierung unterstützte die Fusionen einiger in Schwierigkeiten geratener Finanzdienstleistungsunternehmen, indem sie damit begann, diese riesige Industrie zu deregulieren und zu reformieren.

➤ Obwohl nur wenige japanische Unternehmen von ausländischen Firmen gekauft wurden, konnte die japanische Regierung nach der Wirtschaftskrise die nationalen Unternehmen nicht länger von ausländischen Käufern abschirmen. Der Markt begann sich zu öffnen und zu globalisieren, vor allem in den japanischen Industrien, die sich in der Kumulations- oder der Fokusphase befanden.

Obwohl also die Fusionstätigkeit in Japan nicht so stark mit der Entwicklung der Börsenkurse zusammenhängt, wie dies in den USA oder in Europa der Fall ist, stellen wir auch in Japan einen Zusammenhang zwischen der Endgames-Logik und der Fusionstätigkeit fest.

Wenn wir die Daten über Nord-Amerika, Europa und Japan miteinander kombinieren, ist deutlich zu erkennen, dass der enge Zusammenhang zwischen Aktienentwicklung und Fusionsrate auch global gültig ist. Wenn dieser langfristige Trend beibehalten wird, könnte die globale Marktkapitalisierung im Jahr 2010 zwischen 60 und 80 Billionen US-Dollar betragen. Diese hohe Summe legt es nahe, dass hier noch mehr Spielraum für Mega-Merger ist – und für die Beschleunigung der Fusionstätigkeit im Allgemeinen – als es die Endgames-Theorie ohnehin schon voraussagt. Es ist also nur noch eine Frage der Zeit, bis die 1-Billion-US-Dollar-Fusion Wirklichkeit wird.

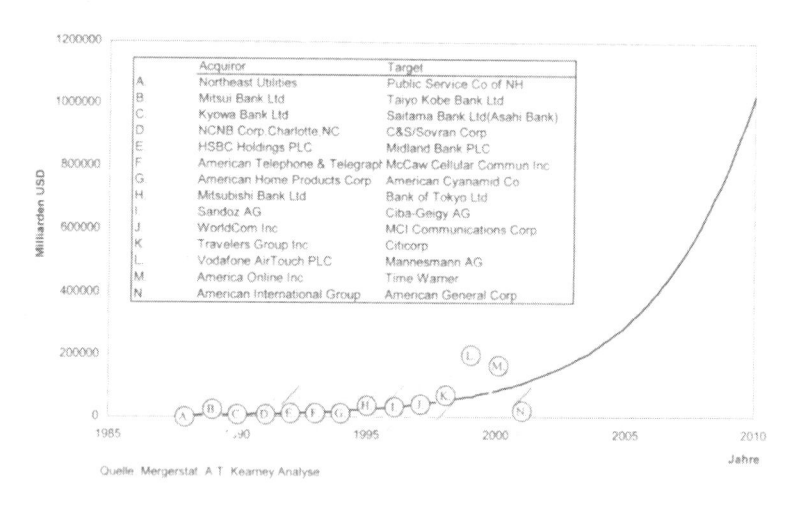

Abb. 20: Die größten Übernahmen der vergangenen 14 Jahre

Der Fokus verschiebt sich auf die späten Endgames-Phasen

In den vergangenen Jahrzehnten hat sich das allgemeine Interesse auf die erste Endgames-Phase konzentriert. In den 1990ern hat der Internetboom eine Flut von neuen Industrien und Segmenten ausgelöst. Fusionen und Konsolidierungen von fragmentierten Industrien in der Öffnungsphase waren in aller Munde. Zu Beginn des neuen Jahrtausends verebbte diese Flut, die Verlierer des Internetbooms wurden aufgekauft oder gingen in den Konkurs. Die Überlebenden änderten ihre Strategie und begannen, mehr auf Skaleneffekte und Wachstum zu achten, um wettbewerbsfähiger zu werden. Die Aufmerksamkeit hat sich somit von der Öffnungs- zur Kumulationsphase verschoben.

Im kommenden Jahrzehnt sehen wir die Fokus- und die Balancephase im Mittelpunkt der Aufmerksamkeit. Die wichtigen Industrien, die sich heute noch kurz vor, kurz nach oder in der Phase zwei befinden, werden allmählich in die höheren Phasen wandern. Dazu gehören

Fluglinien, Telekommunikationsindustrie, Automobilhersteller, Konsumgüterindustrie, Banken und die Pharmaindustrie. Die Größe der Fusionen wird enorm zunehmen, wenn die großen Spieler in diesen Industrien versuchen, ihre Wettbewerber zu übernehmen, um die Industrie zu dominieren. Infolgedessen werden auch Desinvestitionen rapide zunehmen, wenn die Hauptspieler ihr Portfolio an Geschäftsbereichen gewinnbringend ausrichten.

Der exponentielle Anstieg der Aktienkurse wird direkte Auswirkungen auf die gesamte Wirtschaft haben. Konsolidierungen, Fusionen, aber auch Desinvestitionen und Unternehmenszusammenbrüche werden sich in einer noch nie da gewesenen Geschwindigkeit ereignen. Die Innovationen in der Informationstechnologie und im Wissensmanagement werden zu einer Explosion von neuen Dienstleistungen, Produkten, Industrien und Märkten führen. Die Konvergenz verschiedener Technologien und die Rationalisierung der Wertschöpfungsketten werden die Landschaft in schwindelerregender Geschwindigkeit verändern.

Es ist damit zu rechnen, dass diese Entwicklung den Zeitraum verkürzt, den eine Industrie braucht, um die vier Phasen der Endgames-Kurve zu durchlaufen. Wozu eine Industrie heute noch 20 bis 25 Jahre benötigt, wird sie in naher Zukunft nur 17 oder 16 Jahre brauchen, möglich ist auch eine Verkürzung auf unter zehn Jahre.

Diese Dynamik sollte Vorstände nicht unvorbereitet treffen, vielmehr gilt es, sie in vernünftige Bahnen zu lenken, sodass Unternehmen und Anteilseigner von ihr profitieren können. Wissens- und Informationsmanagement zählen zu den vordringlichsten Aufgaben in einer sich rasant verändernden Industrie.

Globale Titanen entstehen

Bis zum Jahr 2005 wird es sicher mehr als ein Dutzend Unternehmen mit einer Marktkapitalisierung von über einer Billion US-Dollar geben. Zum Vergleich: Das größte heute existierende Unternehmen,

GE, besitzt eine Marktkapitalisierung von 332 Milliarden US-Dollar. Noch vor zehn Jahren wäre ein Unternehmen mit mehr als einer halben Million Mitarbeitern und einem Umsatz von 80 Milliarden US-Dollar undenkbar gewesen.

Dank fortschrittlicher Informationstechnologie können solche Giganten heute online kontrolliert und gesteuert werden. Mit wachsender Größe und der Notwendigkeit von Komplexitätsmanagement schreitet auch die Entwicklung der IT voran, und die Wertschöpfungsketten werden schlanker. Die Angebotskette, also der rein physische Fluss der Güter, wurde bereits in mehreren Schritten optimiert – aber bei der gesamten Wertschöpfungskette geht es um mehr – hier wird auch der Informationsfluss optimiert, und der Kunde tritt in den Mittelpunkt.

Nehmen wir die World Wide Retail Exchange (WWRE). Mit Hauptsitz in den USA handelt es sich bei der WWRE um ein wahrhaft internationales Netzwerk von mehr als 60 Handelsunternehmen, das zusammengenommen zweimal so groß ist wie der weltweit größte Händler Wal-Mart. Bei WWRE wurden Handelsnetzwerke revolutioniert, um einen offenen Austausch und eine kompatible Transaktionsarchitektur zu ermöglichen. Dies hat folgende Vorteile:

➢ Offene Architektur und Austausch erlaubt es allen Mitgliedern, kurz- oder langfristige Verbindungen einzugehen.

➢ Elektronische Schnittstellen verringern die Transaktionskosten für Käufer und Verkäufer drastisch.

➢ Transparenz im Marktplatz verhindert „böse Überraschungen" durch kurzfristige Marktungleichgewichte und reduziert die Kosten, sich gegen diese abzusichern.

➢ Neue E-Business-Modelle lassen sich leicht entwickeln oder an den vorhandenen Marktplatz anbinden. Die Implementierung von neuen Technologien wird so zunehmend einfacher.

➢ Transaktionen werden über die gesamte Wertschöpfungskette abgewickelt.

> Marktteilnehmer können Produkte und Dienstleistungen gewinnbringend austauschen; Skaleneffekte verlieren hier an Bedeutung.

Was bedeutet dies für kleinere Unternehmen? Auch sie haben in diesen starken Netzwerken, die jedem offen stehen, eine Chance. Sie können sich zum Beispiel einem oder mehreren Netzwerken anschließen, die Netzwerke beliebig wechseln und weltweit zu sehr günstigen Konditionen Güter und Dienstleistungen über das öffentliche Netzwerk beschaffen. Gleichzeitig können sie regional spezifisch auf den Kunden eingehen, was vor allem dann von Bedeutung ist, wenn Service und Kundenbeziehung wichtiger sind als geringe Transaktionskosten allein.

Eine Analyse von 150 Unternehmen entlang der Endgames-Kurve hat ergeben, dass infolge der zunehmenden Konsolidierung die Arbeitsteilung zwischen Unternehmen weiter zunehmen wird. Wenn Unternehmen in Volumen und Reichweite wachsen, definieren sie die eigentlichen Kernaktivitäten enger. Je mehr die Unternehmen sich spezialisieren, desto attraktiver wird Outsourcing / Fremdvergabe, nicht nur bei klassischen Dienstleistungen wie Instandhaltung, sondern auch bei komplexeren Tätigkeitsbereichen, etwa der Lohn- und Gehaltsabrechnung. Außerdem sind das Facility Management (Gebäudemanagement), die Personalabteilung, der Fuhrpark und viele weitere Bereiche, die nicht sehr unternehmensspezifisch sind, Outsourcing-Kandidaten – teilweise gehört auch die Produktion dazu.

Welche Fähigkeiten müssen die Industrietitanen beherrschen, um die Herausforderungen in der Balancephase zu meistern?

Den Erfolg aufrecht erhalten

Im Jahr 2010 wird es nicht mehr 50 oder 60 Industrietitanen geben, sondern Hunderte. Unternehmen in dieser Größenklasse werden viele M&A-Transaktionen abschließen – vielleicht 100 oder mehr im Jahr. Dies bedeutet sowohl unternehmensintern als auch -extern eine nicht zu unterschätzende kulturelle Herausforderung.

Neben der Aufgabe der Integration erhält der Kampf gegen Selbstgefälligkeit neue Aktualität. Unternehmen, die unangefochten an der Spitze stehen, neigen dazu, sich ihrer Marktposition zu sicher zu fühlen. Nur wenigen gelingt es, schlank, schlagkräftig und „hungrig" zu bleiben, wenn die Unternehmenskassen prall gefüllt sind.

Heute sind es vor allem die US-amerikanischen und europäischen Unternehmen, die in vielen Bereichen dominante Positionen inne haben, während die japanischen Unternehmen mit ihren veralteten Geschäftsmodellen vielfach zurückgefallen sind. Ein herber Rückschlag bedeutete für Japan die Neubewertung des Länderrisikos von der Ratingagentur Moddy's Investor Service. Aufgrund seines Schuldenbergs, deflatorischer Tendenzen und einer maroden Bankenlandschaft ist das Kreditrisiko von Japan seither vergleichbar dem von Botswana, Zypern und Israel. Moody's begründete die Herabstufung von Japans Kreditwürdigkeit um zwei Punkte damit, dass die Verschuldung des Staates noch nie da gewesene Dimensionen angenommen habe und Japan damit unbekanntes Territorium betrete.[5]

Ein weiterer Faktor der Erhaltung der Führungsposition ist ein herausragendes Kundenverständnis. Im Informationszeitalter rücken Management und Mitarbeiter enger zusammen – und die Mitarbeiter besitzen das meiste Wissen über die Kunden. Unternehmen, die durch Intranet und bessere Informationsinfrastrukturen ihre Mitarbeiter so untereinander und mit dem Kunden vernetzen, dass sie das Wissen über die Kunden im Unternehmen intelligent nutzen können, haben einen nicht zu unterschätzenden Vorteil. Aber auch hier gilt: Man darf sich nicht auf den Lorbeeren ausruhen.

Selbst mächtige Unternehmen, die schon seit Jahrzehnten dominant sind, dürfen die Hände nicht in den Schoß legen. GE muss sich jetzt, nachdem seine herausragende Führungspersönlichkeit Jack Welch in den Ruhestand gegangen ist, neu finden. Es muss sich erst zeigen, ob

---

5 Ken Belson, „Debt Load in Japan Brings a Downgrade," in: *The International Herald Tribune*, 31 Mai 2002

sein Nachfolger es schafft, den riesigen Tanker in der gleichen Dynamik zusammenzuhalten oder ob das Schiff auseinander bricht, wenngleich daraus neue agile Unternehmen entstehen können.

Eine globale Kultur aufbauen

Eine globale Kultur ist eine notwendige Voraussetzung, wenn man zu einem weltweit dominierenden Unternehmen werden will. Die Meister des Endgames werden es verstehen, eine globale Kultur zu schaffen, die verschiedene Nationen, Ethnien und Fähigkeiten in einem Unternehmen integrieren kann und die unterschiedlichen Gruppen zu einem Maximum an Leistung befähigt.

Globale Unternehmen müssen es auch verstehen, kulturelle Probleme zu lösen. Das Endgame wird nicht mit Synergieeffekten gewonnen. Häufig sind kulturelle Probleme und schlechte Kommunikation verheerender als eine schlecht durchgeführte Unternehmensbewertung (Due Diligence).

Es gibt verschiedene kulturelle Modelle, die bei internationalen Fusionen sehr Erfolg versprechend sind. Der erste Ansatz besteht darin, eine globale Plattform zu bilden, die jedoch das lokale Geschäft weitgehend unangetastet lässt.

Diese Methode wendet Masayoshi Son an, der japanische Weltenbummler und Unternehmer, der Softbank gegründet hat. Son kaufte Ziff Davis 1995 und ließ dessen schon bestehende Kultur völlig unangetastet. Im gleichen Jahr investierte er 100 Millionen US-Dollar für einen Anteil von 15 Prozent an Yahoo!. Zunächst befürchteten die Yahoo!-Angestellten, dass er dem Unternehmen eine japanische Kultur aufzwingen würde. Aber Son ließ die Kultur, wie sie war. Son hat selbst in den USA studiert und mehrere Jahre dort gelebt. Er versteht die amerikanische Kultur gut genug, um mit Vertrauen in amerikanische Unternehmen investieren zu können, ohne deren Unternehmenskultur verändern zu müssen.

Ein weiterer erfolgreicher Weg ist der Zusammenschluss zweier internationaler Unternehmen, die jedes für sich schon vorher eine internationale Kultur geschaffen haben. Dies ist zum Beispiel der Fall bei der BP-Amoco-Fusion. Beide Unternehmen hatten Erfahrung darin, internationale Unternehmen zu integrieren, bevor sie selbst fusionierten. BP hatte Standard Oil aus Ohio integriert, während Amoco wertvolle Erfahrung beim Kauf des kanadischen Unternehmens Dome Petroleum gewonnen hatte.

Eine weitere Möglichkeit besteht im Aufbau einer völlig neuen Kultur, wie es Daimler-Benz nach der Übernahme des amerikanischen Autobauers Chrysler versucht hat. Daimler hatte seine Hausaufgaben gemacht, so waren vorher eine Reihe von internationalen Fusionen und Joint Ventures genau untersucht worden, um von deren Fehlern zu lernen. Damals ist den Unternehmenslenkern bereits die Bedeutung kultureller Konflikten bewusst geworden. Konsequenterweise versuchte das Management von DaimlerChrysler, eine Integrationsstrategie zunächst bei den Hauptaufgaben aufzubauen, um so eine kulturelle Implosion zu verhindern. Aber trotz aller sorgfältigen Vorbereitungen gibt es nach wie vor Schwierigkeiten bei der Integration, nicht zuletzt deshalb, weil sich die deutsche Kultur von Daimler häufig als zu dominant erweist.

Unserer Vision von der Zukunft des Endgames zufolge ist die Integration von neutralen, offenen Unternehmenskulturen am leichtesten, zum Beispiel der schweizerischen, niederländischen oder norwegischen. Beobachten Sie nur die gewinnende Art und Weise, wie Nestlé, mit Hauptsitz in Vevey, Schweiz, kauft und integriert. Man könnte es schon fast einen „Vereinte Nationen"-Ansatz nennen. So ist zum Beispiel die Zusammensetzung des Aufsichtsrates wahrhaft international und sogar ohne schweizerische Beteiligung.

Nestlé kauft praktisch jede Woche ein Unternehmen und hat keine Probleme, diese zu integrieren. ABB ist ein weiteres Vorzeigeunternehmen, dem es gelungen ist, die schwedischen und schweizerischen Anteile zu einer globalen Kultur zu formen, die auf Management- und Mitarbeiterebene unterschiedliche Nationen integriert.

Neue Spieler im Endgame 2010

Mit der nie da gewesenen Größe, Komplexität und dem Volumen der globalen Unternehmen im Jahr 2010 wird Realität, was einst undenkbar war. Allein um das tägliche Geschäft dieser Unternehmen abzuwickeln, bedarf es ganzer Industriesegmente, die sich hauptsächlich damit beschäftigen, die vitalen Funktionen der globalen Titanen aufrechtzuerhalten. Professionelle Dienstleister werden sich aber auf diese neue Art von Kunden zunächst einstellen müssen. Die Rolle des Vorstandsvorsitzenden und des Aufsichtsrates wird sich ebenfalls verändern müssen. Welchen Einfluss wird dieser Trend auf die Welt im Jahre 2010 ausüben? Wir wollen dazu einige neue Spieler und einige Spieler mit veränderten Rollen betrachten:

Outsourcer: Als Sara Lee vor einigen Jahren verkündete, dass das Unternehmen die Produktion vieler Produkte fremdvergeben wollte, reagierte die gesamte Industrie mit Erstaunen. Im Jahre 2010 wird dies Normalität sein, jedenfalls für die Spieler in den Phasen drei und vier. Dabei können völlig neue Industrien entstehen, vom Produktionsdienstleister, der für andere Hersteller fremdproduziert, fremdem Vertrieb über Gewährleistungsdienstleister usw. Praktische alle Prozesse können davon betroffen sein. Die globalen Titanen werden sich unterdessen auf ihre eigentlichen Kernprozesse konzentrieren.

Wie eine andere Gruppe von A.T. Kearney-Autoren in ihrem Buch *Rebuilding the Corporate Genome*[6] beschreibt, werden führende Unternehmen sich selbst in kleine Teilbereiche zergliedern und dabei neue innovative Möglichkeiten finden, das meiste aus ihren Anlagen zu machen. Die Autoren ziehen für diesen Prozess den Vergleich mit dem menschlichen Genom heran, weil die Teilbereiche eines Unternehmens – Produktion, Marketing oder Einkauf – den menschlichen Genen gleichkommen.

---

6 Johan C. Aurik, Gillis J. Jonk, Robert E. Willen, *Rebuilding the Corporate Genome: Unlocking the Real Value of Your Business*, 2002

Geht man noch einen Schritt weiter, könnten Unternehmen sogar ganze Linienfunktionen oder Hierarchie-Ebenen an darauf spezialisierte Beratungsunternehmen ausgliedern. Damit würden sie die Komplexität besser beherrschen, die Ressourcen schnell verlagern und Kapazitäten zeitnah anpassen können, um kontinuierlich innovationsfähig zu bleiben. Ebenso leicht wäre ein Ausgliedern der Post-Merger-Integration denkbar. Zum Beispiel könnten Unternehmen Investmentbanker an dem Risiko und der Herausforderung einer erfolgreichen Fusion beteiligen und diesen wichtigen Prozess fremdvergeben, statt das Risiko selbst auf sich zu nehmen.

Neue Finanzanalysten und Auditoren: Wenn Fusionen immer vorhersagbarer und alltäglicher werden, könnte sich auch die Rolle von Wirtschaftsprüfern, Revisoren und Compensation Consultants verändern. Im Extremfall wäre sogar ein Jahresbericht mit einer speziellen Sektion zur Position des Unternehmens und der Industrie auf der Endgames-Kurve denkbar – inklusive Fünf-Jahres-Vorschau auf die Fusionen und die Konsolidierung in der Industrie sowie die wichtigsten strategischen Imperative, derer das Topmanagement sich annehmen soll. Auch die Rolle von so genannten Compensation Consultants, die Unternehmen über eine marktgerechte und leistungssteigernde Gehaltsfestsetzung beraten, könnte sich verändern. Ein Vergleich ist nicht nur innerhalb einer Industrie interessant, sondern auch zwischen Industrien derselben Phase. Da die Rolle der Industriekonsolidierung und der Mega-Fusionen deutlich an Bedeutung gewinnen, würde dieser Aspekt dann auch ein deutlicher Hebel der Managementgehälter werden.

Erweiterte Rolle des CEO (Vorstandsvorsitzender): Schließlich wird sich auch die Rolle des CEO mit einem dramatischen Anwachsen der Unternehmensgröße und -komplexität verändern. Die weltgrößten Unternehmen im Jahr 2010 können mehr als eine Million Mitarbeiter haben und eine Marktkapitalisierung besitzen, die größer ist als das Bruttosozialprodukt von mittelgroßen Staaten. Schon heute weisen GE sowie ein halbes Dutzend weiterer US-Firmen eine Marktkapitalisierung auf, die nur noch vom Bruttosozialprodukt der 20 größten Länder der Erde übertroffen wird.

Strategie wird eine neue Bedeutung auf der Vorstandsetage gewinnen. CEOs werden sich darauf fokussieren, die Geschäftseinheiten ihres Unternehmens auf der Endgames-Kurve zu beurteilen und die strategischen Implikationen ihrer Position zu bestimmen. Fusionen und Desinvestitionen werden zur Routine. Dabei dürfen Innovation, Kreativität und organische Wachstumsstrategien in allen Bereichen natürlich nicht vernachlässigt werden.

Aus organisatorischer Sicht werden CEOs verstärkt die Rolle eines Coaches einnehmen und allein auf Grund der schieren Größe und Komplexität Verantwortung deligieren, damit die Vielzahl an wichtigen Aufgaben bewältigt werden kann und alle Mitarbeiter ausreichend in den Kommunikationsprozess einbezogen werden. Ein weiterer wichtiger Punkt sind innovative Technologien, auf die man immer eine Antwort finden muss, damit das Unternehmen auch in einer veränderten Welt seine Daseinsberechtigung behält.

Die globale Perspektive – Die Wettbewerbsfähigkeit von Ländern verändert sich

In den vergangenen zehn Jahren gab es dramatische Veränderungen in der Wettbewerbsfähigkeit einzelner Nationen. Die USA haben dabei eine nach wie vor dominante Position inne, gefolgt von den starken Kanadiern. Kanada hat in der Tat die jüngste Rezession gut verkraftet und schaffte den Sprung vom schlechtesten Quadranten in die Gruppe der größten Wachstumsnationen. Demgegenüber steht der Rückfall der Japaner. Die ehemals starken Performer sind stark und offenkundig zurückgefallen. Finnland, das auch jüngst in der Pisa-Studie sehr erfolgreich abgeschnitten hat, ist von einer durchschnittlichen Position zu der eines Hightech-Landes katapultiert worden, vor allem durch seinen starken Telekommunikationsbereich. Nokia, der finnische Hersteller von Mobiltelefonen, macht mittlerweile 50 Prozent der finnischen Marktkapitalisierung aus. Aber die Abhängigkeit von einem einzigen Unternehmen ist gefährlich: Kein Unternehmen ist immun gegen den Druck und die Gefahren des Endgames.

Auch in Europa gab es massive Verschiebungen, so ist zum Beispiel Deutschland stark im Wachstum zurückgefallen – mittlerweile sogar Schlusslicht in Europa. Demgegenüber steht Italien, welches einst immer geschwächelt hat, und nunmehr zu einer leistungsstarken Nation herangewachsen ist.

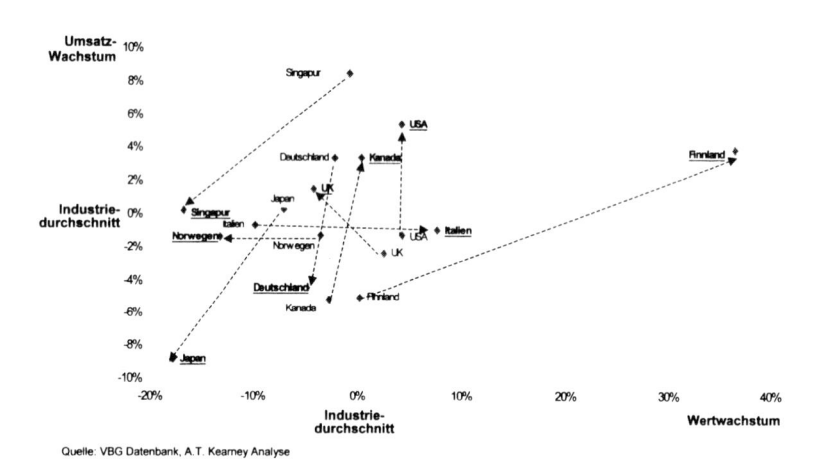

Quelle: VBG Datenbank, A.T. Kearney Analyse

Abb. 21: Das dynamische Wachstumsportfolio für Länder (1989-1995/1995-2001)

Wie wirkt sich das Endgame der Industrien auf verschiedene Nationen aus? Um dies genauer zu betrachten, haben wir die Verteilung der Weltindustrien in die verschiedenen Phasen eingeteilt und somit einen internationalen Vergleichsmaßstab definiert. Dieser sieht einer Normalverteilung ähnlich mit je 15 Prozent der Unternehmen in der Öffnungs- und der Balancephase und ca. je 35 Prozent der Unternehmen in der Kumulations- und der Fokusphase. Wenn man nun die Industriestruktur eines Landes gegen diese Kurve abträgt, wird deutlich, wo die spezifischen Herausforderungen und Chancen für die verschiede-

nen Staaten liegen. Gibt es vor allem viele junge noch zu konsolidie-
rende Industrien mit starkem Wachstumspotenzial, oder liegt ein
Schwerpunkt eher auf den Industrien in der Balancephase?

Deutschland und Japan zum Beispiel sind sehr stark in den letzten
beiden Phasen vertreten, haben aber eine Lücke bei den Industrien in
der Öffnungsphase. Die USA haben ein sehr ausgeglichenes Indust-
rie-Portfolio, während Singapur und andere Märkte ein Schwer-
gewicht auf den ersten Phasen haben. China ist schwach in Phase 1,
hat dafür aber ein größeres Gewicht auf der Kumulationsphase.

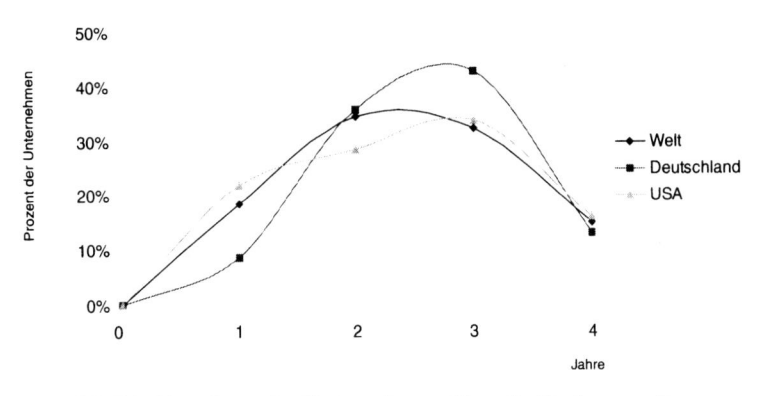

Abb. 22: Die Verteilung der Unternehmen über die Endgames-Kurve

Wer wird zukünftig zu den Gewinnern, wer zu den Verlierern gehören? Offensichtlich sind die USA für die Zukunft gut gerüstet und
werden ihre führende Position und ihre Dominanz der Weltwirtschaft
wahrscheinlich weiter stärken können. Ähnliches gilt für Indien, ein
Land, in dem viele aussichtsreichen Wachstumsindustrien, die die
Konsolidierung noch vor sich haben, stark vertreten sind. Allerdings
garantiert dies allein noch nicht den Erfolg, da diese Unternehmen
nicht zwangsläufig als Gewinner aus der Konsolidierung hervorgehen.

Politische Führer müssen ein positives Umfeld und eine Infrastruktur
für jüngere Industrien schaffen, damit das Land als solches auch in

Zukunft Wachstumsimpulse erfährt. Ein wichtiger Teilaspekt ist, dass der Hauptsitz der Unternehmen im eigenen Land verbleibt. Dadurch kommt es zu ganzen Unternehmensclustern und Industrielandschaften, die sich um diese Unternehmen ansiedeln und neue Arbeitsplätze schaffen, so geschehen zum Beispiel in der Automobil- und Automobilzuliefererindustrie in Süddeutschland, in Turin und in Detroit. Weitere prominente Beispiele sind in der Hightech-Industrie das Silicon Valley (Kalifornien), Silicon Alley (New York) und Boston. Für die Biotech-Industrie ist es Bayern, Berlin, Hongkong und Singapur. Malaysia hat mit seinem Multi-Media Super Corridor gezeigt, wie man durch geschickte Wirtschaftsförderung junge Industrien ansiedeln kann.

Die Autoren haben eine Botschaft für unsere politischen Führungspersönlichkeiten: Industriepolitik ist noch immer besonders aktuell. Es ist kein Überbleibsel der 1970er Jahre. Hier erweist sich, wie die Führungspersonen punkten – gleich ob auf Staats-, Landes- oder Stadtebene. Die politische Führung kann eine aktive Rolle spielen, wenn es darum geht, das regulative Umfeld richtig zu gestalten und entsprechende Steueranreize zu setzen.

Unsere Empfehlungen für weitsichtige Politiker sind sehr klar und eindeutig:

1. Schaffen Sie ein Umfeld, das Wachstum und Unternehmensneugründungen fördert.

2. Investieren Sie in die entsprechende Infrastruktur, die Voraussetzung für eine gesunde lokale Wirtschaft und die Ansiedlung von neuen Unternehmen ist.

3. Kreieren Sie ein Bildungssystem, das höchsten Anforderungen gerecht wird und Individuen ermöglicht, ihre eigenes Wachstumspotential voll auszunützen. Ein starkes Bildungssystem wird zur Entstehung von jungen Industrien und somit zur Schaffung neuer Arbeitsplätze entscheidend beitragen.

4. Entwickeln Sie ein Verständnis für die Größe von Unternehmen, die auf den Weltmärkten eine Chance haben, und fördern Sie die Entwicklung solcher starken, wettbewerbsfähigen Spieler, auch wenn die Größe auf den ersten Blick einschüchtert und klassischen Monopolrichtlinien widerspricht. Es ist die Voraussetzung dafür, als Land im Endgame zu bleiben und über eine gesunde lokale und nationale Wirtschaft zu verfügen.

5. Fördern Sie ein Bankensystem, das risikobereit ist und der Anschubfinanzierung von Neugründungen positiv gegenübersteht.

6. Unterstützen Sie einen Arbeitsmarkt, der hoch flexibel ist und die Schwankungen von Neugründungen abfedern hilft.

7. Entwerfen Sie ein Insolvenzrecht, das Misserfolge nicht stigmatisiert und „zweiten Versuchen" positiv gegenübersteht.

8. Sorgen Sie für ein regulatorisches System, das zu Neugründungen ermutigt.

Die Endgames-Agenda

Nachdem wir nun weltweit Märkte, Management und Wirtschaftspolitik betrachtet, neue Spieler kennen gelernt und den Politikern Ratschläge erteilt haben, kommen wir jetzt zurück zum Thema Konsolidierung. Unternehmenslenkern, die das Spiel der Fusionen mit ganzer Kraft spielen wollen, geben wir hier noch eine Agenda der wichtigsten Dinge mit auf den Weg, von denen wir glauben, dass Sie sie im Handgepäck haben sollten, wenn Sie ein erfolgreicher Spieler sein wollen. Die folgenden zehn Vorschläge sollen Ihnen dabei helfen, die Leistung Ihres Unternehmens zu verbessern, während Sie das Unternehmen durch das Endgame steuern. Wir sind der Ansicht, dass diese Punkte in keiner Unternehmensstrategie fehlen sollten. Für Ihren Weg durch das Endgame weisen wir Ihnen den Weg mit einer

„Roadmap", die die wichtigsten Handlungsempfehlungen für die einzelnen Phasen zusammenfasst.

10 Punkte für den Endgames-Erfolg

1. Bewerten Sie die Position Ihrer Industrie auf der Endgames-Kurve und die kurz- und langfristigen operativen und strategischen Imperative dieser Position.

2. Vergleichen Sie die Leistung Ihres Unternehmens mit der seiner Wettbewerber im Endgame, und identifizieren Sie die zukünftigen Gewinner und Verlierer auf lange Sicht.

3. Richten Sie Ihre Strategie neu aus, indem Sie die Latte noch etwas höher legen, um in Bezug auf Wachstum an die Spitze Ihrer Industrie zu kommen – oder dort zu bleiben.

4. Bewerten Sie mögliche Akquisitionsziele nach deren potentiellem Wert und den Synergien in der kurz- und langfristigen Wettbewerbskonstellation des Endgames.

5. Entwerfen Sie eine geeignete Strategie, um Ihre Industrie „aufzurollen" und der dominierende und letzte Konsolidierer Ihrer Industrie zu werden.

6. Bewerten Sie Ihr gegenwärtiges Topmanagement-Team danach, ob es geeignet, bereit und befähigt ist, um in Ihrer besonderen Endgames-Position erfolgreich zu sein. Bewerten Sie auch Ihre Organisationsstruktur danach, ob sie den Anforderungen des Endgames genügt, ob sie ausreichend Wertwachstum fördert und ein Potential zu Fremdvergabe besitzt, das Ihrer spezifischen Endgames-Phase angemessen ist.

7. Optimieren Sie Ihr Portfolio, indem Sie die Endgames-Position jedes einzelnen Geschäftsbereichs in seiner jeweiligen Industrie bewerten.

8. Überprüfen Sie alle in Frage kommenden bahnbrechenden Technologien in Ihrem Unternehmen darauf, ob Sie sich für ein Spinoff eignen, aus dem neue Industrien entstehen können – und investieren Sie in deren Wachstum.

9. Überprüfen Sie bestehende IT-Systeme, -Strukturen und -Prozesse darauf, ob sie sich für einen weiteren Wachstumspfad und die Integration gekaufter Unternehmen eignen.

10. Bewerten Sie die bestehende Kultur nach ihren organischen Stärken, ihrer Offenheit und Vielfältigkeit und nehmen Sie gegebenenfalls Kurskorrekuren vor. Die Unternehmenskultur sollte eine feste, gleichwohl flexible Basis für die zukünftigen globalen Marktführer sein, die zukünftige Fusionen integrieren und den gekauften Unternehmen dabei helfen, ein neues Zuhause zu finden.

Roadmap für die Endgames-Phasen

Roadmap 1: Öffnungsphase

➤ Stecken Sie das Territorium in Ihrer Industrie ab und gewinnen Sie aggressiv Marktanteile.

➤ Schaffen Sie die Voraussetzungen für künftiges Wachstum durch eine starke, globale Kultur.

➤ Sorgen Sie für ein kompetentes Führungsteam, das Ihr Unternehmen auf dem Wachstumskurs voranbringt.

➤ Integrieren Sie akquirierte oder übernommene Unternehmen so schnell wie möglich und ohne Störung des Geschäftsbetriebs, um von den Synergien maximal zu profitieren.

Roadmap 2: Kumulationsphase

> Wachsen Sie schnell, nehmen Sie sich die wichtigsten Spieler in Ihrer Industrie vor, kaufen und integrieren Sie sie, und setzen Sie sich an die Spitze in Ihrer Industrie.

> Entwickeln Sie eine globale Mentalität und stärken Sie eine globale Kultur durch den ständigen Vergleich mit den wichtigsten Spielern in Ihrer Industrie.

> Stärken Sie Ihr Führungsteam und denken Sie daran, dass die einzelnen Phasen unterschiedliche Fähigkeiten des Topmanagements erfordern.

> Versetzen Sie Ihre Organisation in die Lage, künftiges Wachstum zu fördern und passen Sie die IT-Systeme, Prozesse und Strukturen an, um ein hervorragendes Wissensmanagement-System aufzubauen.

Roadmap 3: Fokusphase

> Bereiten Sie sich auf die letzte Konsolidierungsschlacht vor und optimieren Sie Ihr Portfolio mit offensiven („The winner takes it all") und defensiven Strategien (im richtigen Moment gezielter Rückzug aus einer Industrie).

> Bauen Sie die Kultur zur Weltkultur aus, und schalten Sie im Zusammenspiel mit Ihren Konkurrenten zunehmend auf Kooperation um.

> Passen Sie die Kostenstruktur an, um die wettbewerbsfähigste Wertschöpfungskette zu erzielen, und gewinnen Sie Flexibilität durch Fremdvergabe von nicht-Kernbereichen.

> Bauen Sie eine globale Präsenz auf, entwickeln Sie ein globales Netzwerk und globale Informationssysteme, um global die Industrie zu dominieren.

Roadmap 4: Balancephase

> Beobachten Sie ständig den Wettbewerb und neu aufkommende Technologien, um für eventuelle Bedrohungen Ihres Geschäftsmodells gerüstet zu sein.

> Bekämpfen Sie Trägheit und halten Sie den Kampfgeist wach, um auch weiterhin Marktführer zu bleiben, und erfinden Sie Ihr Geschäft alle zwei bis drei Jahre neu.

> Verhalten Sie sich einem globalen Marktführer angemessen: Pflegen Sie ihre politischen und kulturellen Beziehungen und bauen Sie ein Image als „good global citizen" auf.

> Identifizieren Sie potentielle Spin-off-Bereiche in Ihrem Portfolio.

Die Zukunft der Endgames: Was kommt danach?

Manchmal lohnt es sich, einen Umweg zu machen. Es ist vier Jahre her, seit wir begannen, die Daten für unsere Value-Building-Growth-Studie zusammenzutragen. Wir wollten damals nicht nur herausfinden, wie Unternehmen wachsen. Wir sollten auch wissen, auf welche spezifische Weise Unternehmen wachsen, um den Shareholder Value zu erhöhen. Bald darauf erweiterten wir unsere Recherche und widmeten uns der Integrationskompetenz nach einer Fusion, dem Amalgam von Funktionen und Abteilungen unterschiedlicher Unternehmen und Kulturen. Dies wiederum leitete uns zu der Frage von Akquisitionen und Übernahmen sowie der Konsolidierungsaktivität in Industrien. Es war ein weiter Weg, aber die Aussichten und die Einsichten auf diesem Weg waren die Mühe wert!

Unser Weg ist noch nicht zu Ende. Die Daten und Erkenntnisse in diesem Buch zeigen uns eine neue Ära von Industrietitanen und sorgfältig zusammengestellten Konzernen. Wir glauben, dass diese Unternehmen eine Art globale Weltbürger werden, die mit Regierungen und Welthandelsorganisationen zusammenarbeiten, um das Leben auf diesem Planeten und für die Menschheit zu verbessern. Wir freuen uns darauf, dies zu erleben – und das nächste Kapitel dieser Geschichte zu schreiben.

Wir möchten unsere Leser einladen, uns auf dieser Reise zu begleiten. Ob Sie unserer Ansicht über die Endgames in dieser Dekade zustimmen oder sie ablehnen oder ob Sie persönlich Erfahrungen in konsolidierenden Industrien gemacht haben – wir freuen uns auf Ihre Anregungen und Kommentare. Bitte schreiben Sie uns an endgames@atkearney.com.

Danksagung

Als Fritz Kröger im Januar 2001 bei einem Meeting der globalen Strategie-Practice von A.T. Kearney seine Endgames-Kurve vorstellte, wurde es schlagartig still im Raum. Die erfahrenen Berater erkannten sofort die Kraft und die Tragweite von Krögers Analyse. Einige Augenblicke später sprudelten die Fragen und Gedanken nur so hervor, die Bedeutung dieser Erkenntnis war uns sofort bewusst. In den darauffolgenden zwölf Monaten verfeinerten wir die Analyse und diskutierten die Theorie mit Klienten und Wissenschaftlern. Wir freuen uns, die Ergebnisse in diesem Buch einem breiteren Publikum vorstellen zu können.

Wir stützen unsere Überlegungen auf eine umfangreiche, weltweite Datenbasis, die 98 Prozent der weltweiten Marktkapitalisierung umfasst. (Leser, die daran näher interessiert sind, finden die größten Fusionen der vergangenen zwölf Jahre im Anhang.)

Einige Worte zum Inhalt und zu Fragen der Definition. Wir verwenden das Wort „Fusionen" durchgängig als Synonym für Fusionen und Akquisitionen, eingedenk der Tatsache, dass es sich in den seltensten Fällen um reine Fusionen handelt. In der Mehrzahl der Fälle kauft ein Unternehmen das andere.

Bei dieser Gelegenheit möchten wir außerdem darauf aufmerksam machen, dass nichts, was in diesem Buch steht, als professionelle Handlungsempfehlung für oder gegen eine bestimmte Investition zu verstehen ist. Leser, die professionellen Rat bei ihren Investitionsentscheidungen suchen, mögen sich an die entsprechenden Stellen wenden. Wir weisen außerdem darauf hin, dass die Ansichten in diesem Buch die persönlichen Ansichten der Autoren widerspiegeln, nicht die unseres Arbeitgebers, A.T. Kearney, oder dessen Muttergesellschaft, EDS.

Bei dem gesamten Projekt war die Fachkenntnis und Unterstützung der A.T. Kearney-Experten und vieler anderer Personen für uns sehr hilfreich. Wir sind unseren Kollegen und den Experten für Mergers & Acquisitions und Merger Integration sehr dankbar, besonders Art Bert, Joseph Crepaldi, Andrew Green, Tim MacDonald, Jim McDonnell und Rajesh Shah.

Ein Team von Researchern hielt uns über die ständig sich verändernde Welt der Fusionen und Unternehmensdaten ständig auf dem Laufenden. Wir bedanken uns für exzellente Beiträge von Micah Chamberlain, Dirk Pfannenschmidt, Nancy Shepherd, Marc Tiemeyer und Ulli Dannath, die ungezählte Stunden mit dem Finden und Überprüfen von Daten verbrachten.

Das A.T. Kearney-Team Marketing & Communication widmete sich mit viel Zeit und ausgezeichneter Sachkenntnis diesem Projekt. Wir danken Lee Anne Petry, die mit Hingabe unseren Stil perfektioniert hat und einige kreative Ideen beitrug. Wir bedanken uns bei Tony Vlamis, Bethany Crawford und Paul Solans, dafür, dass sie unserem Manuskript den Feinschliff verliehen haben. Nancy. S. Bishop, unsere Projektmanagerin, behielt die strategischen Details und den Kalender ständig im Blick. Bezüglich der deutschen Fassung bedanken wir uns bei Dr. Julia Kormann für eine kompetente und einfühlsame Übertragung.

Alles, was an diesem Buch gelungen ist, verdanken wir unseren Teamkollegen. Für alle Auslassungen und Irrtümer übernehmen wir die Verantwortung.

Anhang

1 A.T. Kearneys Endgames-Studie

Welche Datenbasis liegt der Endgames-Studie zugrunde?

Wir stützten unsere Forschung auf eine umfangreiche Datenbasis. Aus der SDC Datenbank (Thomson Financial's SDC Platinum Worldwide M&A), die mehr als 135.000 Akquisitionen und Übernahmen enthält, wählten wir die mit einem Transaktionsvolumen über 500 Millionen US-Dollar aus. Ein geringeres Transaktionsvolumen wäre in globalem Kontext nicht aussagekräftig gewesen. Darüber hinaus beschränkten wir uns auf börsennotierte Unternehmen und berücksichtigten nur diejenigen Transaktionen, in denen der Käufer nach der Akquisition mindestens 51 Prozent der Anteile hielt. Schließlich lagen uns Daten über 1.345 Akquisitionen und Übernahmen von 945 kaufenden Unternehmen vor.

Diese Datenbasis verglichen wir mit den Datenbasen aus früheren Studien, die wir fortlaufend aktualisierten: Aus der Value-Building-Growth-Studie (erschienen 2000 unter dem Titel: „Der entschlüsselte Wachstumscode") entstand eine Datenbank von inzwischen mehr als 25.000 Unternehmen. Diese Datenbasis hatte uns geholfen zu verstehen, weshalb manche Unternehmen ihre Industrie sowohl in Umsatz- als auch in Wertwachstum übertreffen und damit so genannte „Value Grower" sind. Aus der Studie über erfolgreiche Post-Merger-Integration (erschienen 1999 unter dem Titel: Wi(e)der das Fusionsfieber) besitzen wir Daten über Akquisitionen und Übernahmen zwischen 1990 und 1999 und sind damit in jeder Hinsicht auf dem neuesten Stand, denn erst nach einem Zeitraum von drei Jahren nach der Fusion kann beurteilt werden, ob diese erfolgreich war.

Nach einer Kombination der Datenbanken der Value-Building-Growth- und der Post-Merger-Integration-Studien mit den Daten aus der SDC-Datenbank konnten wir uns auf eine Datenbasis stützen, die in ihrem Umfang bisher einzigartig ist: Über einen Zeitraum von mehr als zehn Jahren umfasst sie 98 Prozent der Marktkapitalisierung, und dies global und alle Industrien abdeckend. Dies ist das erste Mal, dass eine so umfassende Studie über die globale Wirtschaft in einem Buch veröffentlicht wird. Sie ermöglichte es uns, den Konzentrationsprozess in Industrien im Zeitverlauf zu analysieren.

Wie ermitteln wir den Konzentrationsgrad von Industrien?

Wir messen den Konzentrationsgrad von Industrien mithilfe zweier Indizes: CR3 ist ein Indikator für die relative Größe der drei größten Unternehmen einer Industrie im Vergleich zur gesamten Industrie. CR3 errechnet sich aus der Summe der Marktanteile der drei größten Unternehmen in einer Industrie. Der zweite Index, den wir verwenden, ist der Hirschman-Herfindahl-Index (HHI), der auch vom U.S. Department of Justice und der Federal Trade Commission verwendet wird, um Monopolstellungen in einem Markt zu verhindern. Der Hirschman-Herfindahl-Index berücksichtigt die relative Größe und Verteilung der Unternehmen in einer Industrie. Um ihn zu berechnen, summiert man die quadrierten Marktanteile der einzelnen Unternehmen in einer Industrie.

Der HHI nähert sich dem Nullwert, wenn ein Markt aus sehr vielen Unternehmen von relativ ähnlicher Größe besteht, und steigt an, wenn sowohl die Anzahl der Firmen in einem Markt abnimmt als auch die Größenunterschiede zwischen ihnen zunehmen. In einem Markt mit 20 Unternehmen, die jeweils einen Marktanteil von 5 Prozent besitzen, beträgt der HHI zum Beispiel 0,05. Märkte, in denen der HHI unter 0,1 liegt, werden als verhältnismäßig wenig konzentriert angesehen. Märkte, in denen der HHI zwischen 0,1 und 0,18 liegt, gelten als mäßig konzentriert, während Märkte mit einem HHI über 0,18 konzentriert sind. Der maximale Wert des HHI liegt bei 1,0. Die Abbildungen eins und zwei geben einen Überblick über die in der Endgame-Studie nach ihrem CR3 und HHI Index zwischen 1995 und 1999 wichtigsten Industrien.

Ebenso wie andere Konzentrationskennzahlen korrelieren CR3 und HHI eng miteinander. Wir haben die Konzentration einer Industrie aufgrund der Umsatzzahlen der Unternehmen berechnet. Umsatzzahlen von Unternehmen, die nicht in US-Dollar bilanzieren, haben wir mit dem jeweiligen Wechselkurs am Jahresende in US-Dollar umgerechnet.

Zur Abgrenzung von Industrien haben wir uns an den offiziellen Industriekodes SIC (Standard Industry Classification) orientiert, die jedem Unternehmen gemäß seiner Aktivitäten in mehreren Märkten zugeteilt werden. Für individuelle Analysen bleibt es, vor allem in der letzten Phase, eine Herausforderung für Unternehmen, ihren Kernmarkt neu zu definieren, um sich neue Wachstumspotentiale zu eröffnen. Deshalb sollten Unternehmen sich auch nicht allein an den Zuordnungen der jeweiligen Industrien zu den Phasen der Endgames-Kurve orientieren, die wir aus pragmatischen Gründen mit Hilfe der SIC-Codes vorgenommen haben. Vielmehr sollten Unternehmenslenker selbst anhand der hier vorgestellten Berechnungsmethoden und im Vergleich mit typischen Industrien der einzelnen Phasen ihre Position in der Endgames-Kurve ermitteln.

Die wichtigsten Industrien nach dem CR3-Index 1995 – 1999

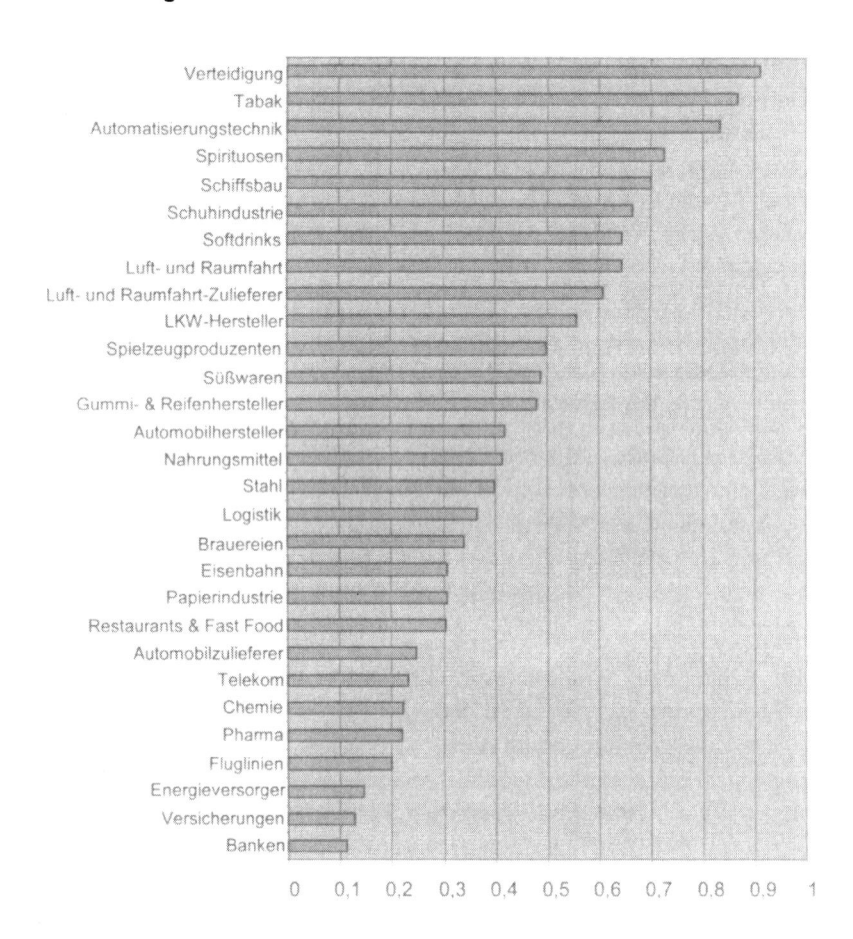

178

Die wichtigsten Industrien nach dem Hirschman-Herfindahl-Index 1995 – 1999

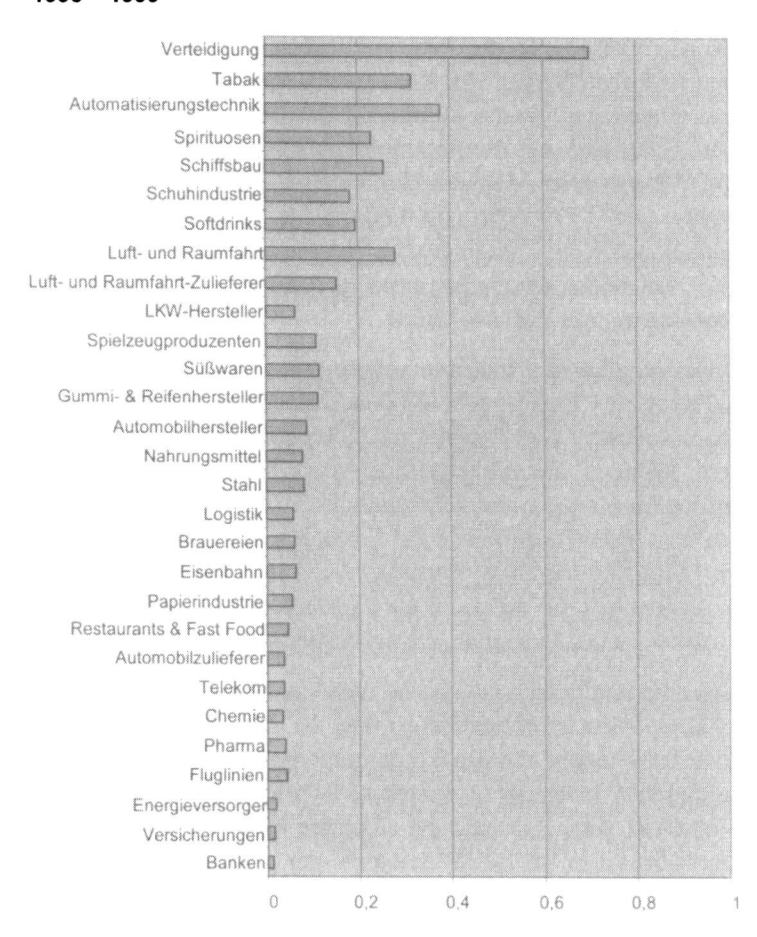

Wie berechnen wir die Endgames-Kurve?

Den Konzentrationsgrad der Industrien haben wir auf der y-Achse und den zeitlichen Verlauf der Konzentration auf der x-Achse eines Graphen eingetragen. Zu den Werten, die den Grad der Konzentration angeben, benötigten wir also noch Informationen über den zeitlichen Verlauf. Wir teilten den Zeitraum der Studie in die beiden Abschnitte 1990-1994 und 1995-1999 und bestimmten in den beiden Zeitabschnitten den Konsolidierungsgrad jeder Industrie. Die Differenz zwischen den beiden Werten gab einen Hinweis darauf, ob die Industrie konsolidierte oder dekonsolidierte.

Nun ist es möglich, die Industrie aufgrund ihres Konzentrationsgrades und des Entwicklungstrends auf dem Graphen einzuzeichnen. Die Eisenbahn-Industrie zum Beispiel ist mäßig konzentriert und dekonsolidiert, während die nächstgeringer konsolidierte Industrie, die ebenfalls dekonsolidiert, die Telekomindustrie ist. Dann können wir uns den konsolidierenden Industrien zuwenden, etwa der Pharmazeutischen Industrie, den LKW-Herstellern und der Verteidigungselektronik. Schließlich ist der Konzentrationsgrad sehr hoch, und wir gehen zurück zu den Industrien, die dekonsolidieren.

Das Ergebnis wird jetzt deutlich: das Verlaufsmuster der Endgames-Kurve. Dieses Muster ermöglicht es uns, die Zeit abzuschätzen, die eine Industrie benötigt, um den Konzentrationsgrad der auf der Kurve nächstgelegenen Industrie zu erreichen. Es widerstrebt dem Kenner einer Industrie, deren Entwicklung auf Jahre hinweg vorherzusagen. Was aber abzusehen ist, ist der Zeitraum, den eine Industrie bei der derzeitigen Konsolidierungsgeschwindigkeit benötigt, um den Konzentrationsgrad zu erreichen, den die nächsthöher konzentrierte Industrie hat – im Beispiel der Luftfahrtindustrie ist dies die Pharmazeutische Industrie. Die Entwicklung der Pharmazeutischen Industrie wiederum ist bis zu dem Stadium vorhersehbar, in dem sie denselben Konzentrationsgrad wie die nächsthöher konsolidierte Industrie hat, nämlich die diversifizierte chemische Industrie – und so weiter.

Die Rangfolge entsteht durch die Konsolidierungsrichtung, verknüpft mit der Konzentration

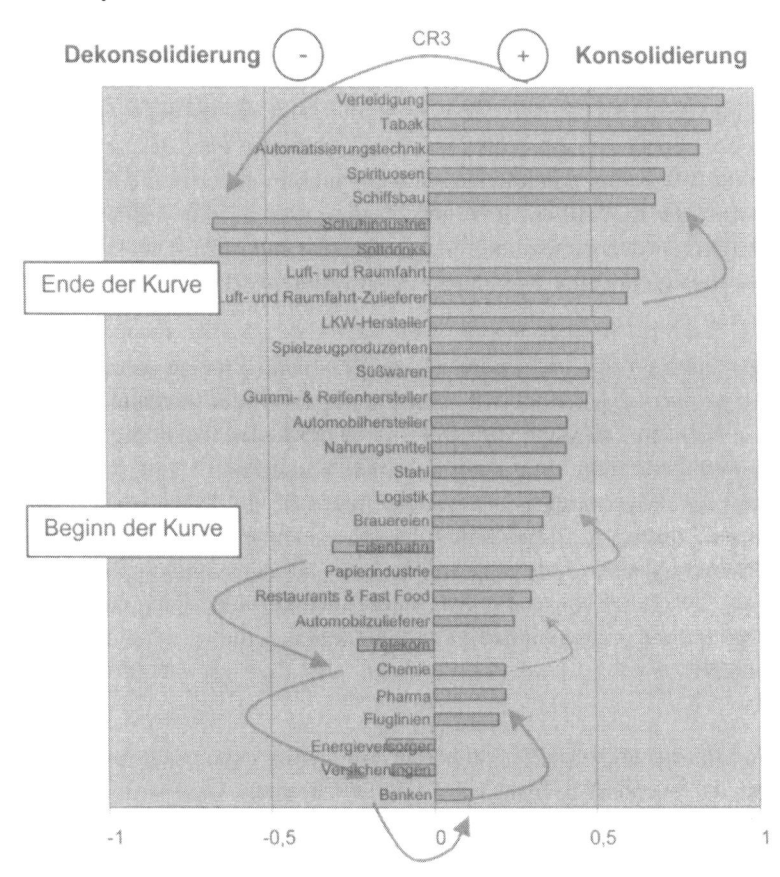

Wenn man die Entwicklung von einer Industrie zur nächsten weiter-projiziert – wobei die unterschiedlichen Industrien verschiedenen möglichen Positionen in der Konsolidierungswelle entsprechen – gewinnt man eine s-Kurve, die einen Zeitraum von 20 Jahren abdeckt, obwohl man historische Unternehmensdaten nur aus zehn Jahren genutzt hat. Dabei projiziert man die Entwicklung von einer Industrie zur nächsten um nur durchschnittlich weniger als elf Monate in die

181

Zukunft – die längste Zeitspanne betrifft die von der Eisenbahn- zur Telekommunikationsindustrie mit knapp zwei Jahren.

Wie definieren wir eine erfolgreiche Fusion?

Wenn wir Unternehmen Handlungsempfehlungen für erfolgreiche Akquisitionen und Übernahmen in den verschiedenen Phasen der Endgames-Kurve geben wollen, müssen wir zunächst einmal wissen, was wir unter einer erfolgreichen Akquisition überhaupt verstehen.

A.T. Kearney-Studien zeigen, dass 49,5 Prozent aller Fusionen den Shareholder Value nicht erhöhen, während 50,5 Prozent dieses angestrebte Ziel auch tatsächlich erreichen. Diese Prozentangabe bezieht sich auf den Zeitraum von drei Jahren nach der Ankündigung der Fusion. Der Erfolg einer Fusion wird also gemessen an der Entwicklung des Börsenkurses eines Unternehmens im Vergleich zu der durchschnittlichen Entwicklung der Börsenkurse der anderen Unternehmen derselben Industrie, wobei diese Industrie immer dem SIC-Code, der einem Unternehmen zugeordnet ist, entspricht. Wenn der Börsenkurs des fusionierten Unternehmens den Industriedurchschnitt übertrifft, wird der Unternehmszusammenschluss als Erfolg betrachtet.

Als wir die wichtigsten Industrien nach ihrem Konzentrationsgrad und der Konsolidierungsgeschwindigkeit in einen Graphen eingetragen und die Punkte verbunden hatten, erkannten wir die Gesetzmäßigkeit der Konsolidierungswelle, nach der Branchen konsolidieren: die Endgames-Kurve.

2 Die wichtigsten Akquisitionen und Übernahmen

Transaktions-volumen (in Mio. USD)	Käufer	Übernommenes Unternehmen	Industriesegment des fusionierten Unternehmens	Bekannt-gabe der Fusion
Advertising Services				
4979	WPP Group PLC	Young & Rubicam Inc	Advertising Services	12.05.2000
2765	Havas Advertising SA	Snyder Communications Inc	Business Services	21.02.2000
2133	Interpublic Group of Cos Inc	True North Communications Inc	Advertising Services	19.03.2001
1721	Publicis SA	Saatchi & Saatchi PLC	Advertising Services	20.06.2000
1000	Outdoor Systems Inc	National Advertising Co	Advertising Services	01.05.1997
690	Outdoor Systems Inc	Mediacom Inc(Gannett Co Inc)	Advertising Services	09.07.1996
674	Interpublic Group of Cos Inc	NFO Worldwide Inc	Business Services	20.12.1999
Aerospace and Aircraft				
13359	Boeing Co	McDonnell Douglas Corp	Aerospace and Aircraft	17.12.1996
8762	Lockheed Martin Corp	Loral Corp	Measuring, Medical, Photo Equipment; Clocks	08.01.1996
5204	Martin Marietta Corp	Lockheed Corp	Aerospace and Aircraft	30.08.1994
5158	Northrop Grumman Corp	Litton Industries Inc	Measuring, Medical, Photo Equipment; Clocks	21.12.2000
3600	Northrop Grumman Corp	Westinghouse Electric-Defense	Measuring, Medical, Photo Equipment; Clocks	03.01.1996
3086	Boeing Co	Rockwell Intl Corp-Aerospace	Aerospace and Aircraft	01.08.1996
3057	Northrop Grumman Corp	Newport News Shipbuilding Inc	Transportation Equipment	08.05.2001
3050	Martin Marietta Corp	General Electric-Aerospace	Aerospace and Aircraft	23.11.1992
2668	Lockheed Martin Corp	COMSAT Corp	Telecommunications	20.09.1998
2174	Thomson-CSF	Racal Electronics PLC	Computer and Office Equipment	13.01.2000
2104	Northrop Corp	Grumman Corp	Aerospace and Aircraft	10.03.1994
1559	Rockwell International Corp	Reliance Electric Co	Electronic and Electrical Equipment	20.10.1994
1525	Lockheed Corp	General Dynamics-Ft Worth Div	Aerospace and Aircraft	09.12.1992
1270	BF Goodrich Co	Rohr Inc	Aerospace and Aircraft	22.09.1997
1028	Northrop Grumman Corp	Logicon Inc	Business Services	05.05.1997
724	United Technologies Corp	Specialty Equipment Companies	Machinery	16.10.2000
600	Textron Inc	Cessna Aircraft Co	Aerospace and Aircraft	20.01.1992
598	Saab AB	Celsius AB	Measuring, Medical, Photo Equipment; Clocks	16.11.1999
517	General Dynamics Corp	Primex Technologies Inc	Measuring, Medical, Photo Equipment; Clocks	09.11.2000
Agriculture, Forestry, and Fishing				
1588	Willamette Industries Inc	Cavenham Forest Industries	Real Estate; Mortgage Bankers and Brokers	12.03.1996
740	Sime Darby Bhd	Consolidated Plantations Bhd	Agriculture, Forestry, and Fishing	12.11.1993
552	Plum Creek Timber Co Inc	Riverwood Intl-US Timberlands	Agriculture, Forestry, and Fishing	07.08.1996
513	Sime Darby Bhd	United Malayan Banking Corp	Commercial Banks, Bank Holding Companies	24.02.1995
Air Transportation and Shipping				
2471	FDX Corp	Caliber Systems Inc	Transportation and Shipping (except air)	06.10.1997
1921	Delta Air Lines Inc	Comair Holdings Inc	Air Transportation and Shipping	18.10.1999
742	American Airlines Inc(AMR)	Trans World Airlines Inc	Air Transportation and Shipping	10.01.2001
693	Malaysian Helicopter Service	RZ Equities(Malaysian Helicop)	Investment & Commodity Firms,Dealers,Exchanges	10.06.1994
675	BAA PLC	Duty Free International Inc	Retail Trade-General Merchandise and Apparel	03.07.1997

Transaktions-volumen (in Mio. USD)	Käufer	Übernommenes Unternehmen	Industriesegment des fusionierten Unternehmens	Bekanntgabe der Fusion
Amusement and Recreation Services				
18837	Walt Disney Co	Capital Cities/ABC Inc	Radio and Television Broadcasting Stations	31.07.1995
1855	Premier Parks Inc	Six Flags Entertainment Corp	Amusement and Recreation Services	09.02.1998
1148	Harrah's Entertainment Inc	Showboat Inc	Hotels and Casinos	19.12.1997
Business Services				
21101	VeriSign Inc	Network Solutions Inc	Prepackaged Software	07.03.2000
8090	Granada Group PLC	Compass Group PLC	Retail Trade-Eating and Drinking Places	17.05.2000
7047	Phone.com Inc	Software.com Inc	Prepackaged Software	09.08.2000
6336	Sanmina Corp	SCI Systems Inc	Computer and Office Equipment	16.07.2001
6188	Terra Networks(Telefonica SA)	Lycos Inc	Business Services	16.05.2000
5946	First Data Corp	First Financial Management	Business Services	13.06.1995
5447	Granada Group PLC	Forte PLC	Hotels and Casinos	22.11.1995
4338	Sema Group PLC	LHS Group Inc	Business Services	15.03.2000
3072	Rentokil Group PLC(Sophus)	BET PLC	Personal Services	15.02.1996
2440	OpenTV Corp	Spyglass Inc	Prepackaged Software	27.03.2000
2395	Akamai Technologies Inc	InterVU Inc	Business Services	07.02.2000
2342	MindSpring Enterprises Inc	EarthLink Network Inc	Business Services	23.09.1999
2306	Wanadoo(France Telecom SA)	Freeserve PLC(Dixons Group)	Business Services	18.12.2000
2212	Adia SA	ECCO	Business Services	08.05.1996
2155	CMG PLC	Admiral PLC	Business Services	03.04.2000
2103	Williams Holdings PLC	Chubb Security PLC	Communications Equipment	14.02.1997
1948	Lucas Industries PLC	Varity Corp	Machinery	07.05.1996
1835	PSINet Inc	Metamor Worldwide Inc	Business Services	22.03.2000
1786	CMGI Inc	FlyCast Communications	Business Services	30.09.1999
1622	Computer Sciences Corp	Continuum Co Inc	Prepackaged Software	29.04.1996
1478	Commerce One Inc	AppNet Inc	Business Services	20.06.2000
1475	Adecco SA	Olsten Corp	Business Services	18.08.1999
1331	webMethods Inc	Active Software Inc	Prepackaged Software	22.05.2000
1267	NOVA Corp	PMT Services Inc	Business Services	18.06.1998
1257	VeriSign Inc	Illuminet Holdings Inc	Telecommunications	24.09.2001
1203	WebVan Group Inc	HomeGrocer.com	Business Services	26.06.2000
1159	First Financial Management	Western Union Finl Svcs Inc	Other Financial	29.08.1994
1118	HBO & Co	Access Health Inc	Health Services	28.09.1998
1052	Granada Group PLC	LWT Holdings PLC	Radio and Television Broadcasting Stations	06.12.1993
1046	United Rentals Inc	US Rentals Inc	Business Services	16.06.1998
1017	UEM Bhd	Projek Lebuhraya Utara-Selatan	Construction Firms	20.09.1994
1010	AccuStaff Inc	Career Horizons Inc	Business Services	26.08.1996
1004	Sanmina Corp	Hadco Corp	Electronic and Electrical Equipment	17.04.2000
984	Electronic Data Systems Corp	Structural Dynamics Research	Prepackaged Software	23.05.2001
981	Sabre Holding Corp	Getthere.Com Inc	Business Services	25.08.2000
962	Thorn EMI PLC	Virgin Music Group	Electronic and Electrical Equipment	18.11.1991
944	Pure Software Inc	Atria Software Inc	Prepackaged Software	06.06.1996
926	Infoseek Corp	Starwave Corp	Business Services	18.11.1998
914	Celltech Chiroscience PLC	Medeva PLC	Business Services	11.11.1999
900	Renters Choice Inc	THORN Americas Inc(Thorn PLC)	Business Services	17.06.1998
888	TRW Inc	BDM International Inc	Business Services	21.11.1997
878	DST Systems Inc	USCS International Inc	Business Services	02.09.1998
859	Williams Holdings PLC	Yale & Valor(Williams Hldgs)	Metal and Metal Products	30.01.1991
850	Randstad Holding NV	Strategix Solutions Inc	Business Services	27.08.1998
845	Ceridian Corp	Comdata Holdings Corp	Business Services	24.08.1995
837	Arbor Software Corp	Hyperion Software Corp	Prepackaged Software	26.05.1998
798	Quintiles Transnational Corp	Innovex Holdings Ltd	Advertising Services	07.10.1996

184

Transaktions-volumen (in Mio. USD)	Käufer	Übernommenes Unternehmen	Industriesegment des fusionierten Unternehmens	Bekannt-gabe der Fusion
793	Granada Group PLC	Yorkshire-Tyne Tees Television	Motion Picture Production and Distribution	13.06.1997
752	Anglo American Corp of SA Ltd	Anglo American Coal Corp	Mining	15.10.1998
750	Homedco Group Inc	Abbey Healthcare Group Inc	Health Services	02.03.1995
698	Equifax Inc	Telecredit Inc	Business Services	21.06.1990
670	Mandator AB	Cell Network AB	Business Services	08.02.2000
623	PerkinElmer Inc	Packard BioScience Co	Measuring, Medical, Photo Equipment; Clocks	16.07.2001
607	Olsten Corp	Lifetime Corp	Health Services	10.05.1993
596	First Data Corp	Card Establishment Services	Business Services	02.11.1994
576	Sanmina Corp	Segerstrom & Svensson AB	Metal and Metal Products	26.01.2001
570	Computer Sciences Corp	Policy Management Systems Corp	Prepackaged Software	20.06.2000
553	Interim Services Inc	Michael Page Group PLC	Business Services	03.03.1997
537	Tiphook PLC	Sea Containers-Cargo Container	Metal and Metal Products	15.01.1990
534	Granada Group PLC	Sutcliffe Catering,Spring	Retail Trade-Eating and Drinking Places	23.03.1993
523	CMGI Inc	Yesmail.com Inc	Advertising Services	15.12.1999
523	ServiceMaster LP	ServiceMaster Consumer Svcs LP	Agriculture, Forestry, and Fishing	21.11.1995
502	Acxiom Corp	May & Speh Inc	Business Services	27.05.1998

Chemicals and Allied Products

30090	Sandoz AG	Ciba-Geigy AG	Drugs	07.03.1996
26486	Monsanto Co	Pharmacia & Upjohn Inc	Business Services	20.12.1999
11692	Dow Chemical Co	Union Carbide Corp	Chemicals and Allied Products	04.08.1999
8000	ICI PLC	Quest International,3 Others	Chemicals and Allied Products	07.05.1997
7265	Hoechst AG	Marion Merrell Dow Inc	Drugs	28.02.1995
4832	Rhone-Poulenc SA	Rhone-Poulenc Rorer Inc	Drugs	26.06.1997
3686	Sandoz AG	Gerber Products Co	Food and Kindred Products	23.05.1994
3474	Hoechst AG	Roussel-Uclaf SA	Drugs	10.12.1996
3448	Clariant AG	Hoechst AG-Specialty Chemicals	Chemicals and Allied Products	10.12.1996
3217	Mitsui Petrochemical Inds	Mitsui Toatsu Chemicals Inc	Chemicals and Allied Products	20.04.1992
3090	Hercules Inc	BetzDearborn Inc	Chemicals and Allied Products	30.07.1998
3083	Akzo Nobel NV	Courtaulds PLC	Chemicals and Allied Products	17.04.1998
3038	Akzo NV	Nobel Industrier Sweden AB	Chemicals and Allied Products	08.11.1993
2600	El du Pont de Nemours and Co	Du Pont Merck Pharmaceutical	Drugs	19.05.1998
2306	Ciba Specialty Chemicals Hldgs	Allied Colloids Group PLC	Chemicals and Allied Products	21.01.1998
2263	Monsanto Co	DeKalb Genetics Corp	Business Services	11.05.1998
2259	El du Pont de Nemours and Co	Imperial Chem Ind-White Pigmen	Chemicals and Allied Products	11.07.1997
2149	Praxair Inc	CBI Industries Inc	Chemicals and Allied Products	27.10.1995
1739	Clariant AG	BTP PLC	Chemicals and Allied Products	24.01.2000
1584	BASF AG	Boots Co PLC-Pharmaceutical Op	Drugs	14.11.1994
1500	El du Pont de Nemours and Co	Protein Technologies Intl	Chemicals and Allied Products	21.08.1997
1463	Crompton & Knowles Corp	Uniroyal Chemical Co	Chemicals and Allied Products	01.05.1996
1400	IMC Global Inc	Harris Chemical Group	Chemicals and Allied Products	12.12.1997
1400	Monsanto Co	Cargill-International Seed Ope	Wholesale Trade-Nondurable Goods	29.06.1998
1380	Degussa-Huels AG	SKW Trostberg AG(E.ON AG)	Chemicals and Allied Products	23.08.2000
1337	DSM NV	Koninklijke Gist-Brocades NV	Chemicals and Allied Products	23.02.1998
1219	IMC Global Inc	Vigoro Corp	Chemicals and Allied Products	13.11.1995
1210	Georgia Gulf Corp	Georgia Gulf Corp	Chemicals and Allied Products	21.11.1989
1200	Dow Chemical Co	DowElanco(Dow Chem,Eli Lilly)	Chemicals and Allied Products	15.05.1997
1081	SKW Trostberg AG(VIAG AG)	Master Builders Technologies	Chemicals and Allied Products	26.08.1996
1075	Monsanto Co	Kelco Biopolymers	Chemicals and Allied Products	20.12.1994
1065	Amersham International PLC	Nycomed ASA	Drugs	01.07.1997
986	Agrium Inc	Viridian Inc	Chemicals and Allied Products	18.10.1996
982	Laporte PLC	Inspec Group PLC	Chemicals and Allied Products	05.08.1998

185

Transaktions-volumen (in Mio. USD)	Käufer	Übernommenes Unternehmen	Industriesegment des fusionierten Unternehmens	Bekannt-gabe der Fusion
964	International Flavors	Bush Boake Allen(Union Camp)	Food and Kindred Products	25.09.2000
955	Valspar Corp	Lilly Industries Inc	Chemicals and Allied Products	26.06.2000
945	Monsanto Co	Holden's Foundation Seeds	Agriculture, Forestry, and Fishing	06.01.1997
934	Methanex Corp	Fletcher Challenge Methanol	Chemicals and Allied Products	03.02.1993
832	SKW Trostberg AG(VIAG AG)	Elf Sanofi SA-Bioactivities &	Soaps, Cosmetics, and Personal-Care Products	11.10.1994
830	Sherwin-Williams Co	Thompson Miniwax Holding Corp	Chemicals and Allied Products	22.11.1996
824	SKW Trostberg AG(VIAG AG)	Sanofi Bio-Industries,Soprorga	Food and Kindred Products	30.12.1994
791	IMC Global Inc	Freeport-McMoRan Inc	Chemicals and Allied Products	28.07.1997
778	BASF AG	Sandoz AG-US and Canada Corn	Chemicals and Allied Products	27.09.1996
762	Witco Corp	OSi Specialties Inc	Chemicals and Allied Products	11.09.1995
639	Montedison SpA	HIMONT Inc(Montedison SpA)	Chemicals and Allied Products	31.07.1989
637	NOVA Corp of Alberta Ltd	Huntsman-US & Euro Styrenics	Chemicals and Allied Products	21.07.1998
632	BetzDearborn Inc	WR Grace & Co-Dearborn Water	Chemicals and Allied Products	11.03.1996
600	BASF AG	Daesung Corp-Lysine Unit	Chemicals and Allied Products	18.03.1998
590	ICI PLC	Williams PLC-European Home	Wood Products, Furniture, and Fixtures	26.03.1998
565	ARCO Chemical Co(ARCO)	Olin Corp-Isocyanates Business	Chemicals and Allied Products	10.10.1996
560	ICI PLC	Acheson Industries Inc	Chemicals and Allied Products	30.03.1998
541	Kalon Group PLC	Euridep	Chemicals and Allied Products	07.03.1995
523	Monsanto Co	Plant Breeding Intl Cambridge	Agriculture, Forestry, and Fishing	15.07.1998
510	Rhodia SA	ChiRex Inc	Chemicals and Allied Products	24.07.2000
Commercial Banks, Bank Holding Companies				
61633	NationsBank Corp,Charlotte,NC	BankAmerica Corp	Commercial Banks, Bank Holding Companies	13.04.1998
45494	Sumitomo Bank Ltd	Sakura Bank Ltd	Commercial Banks, Bank Holding Companies	13.10.1999
40097	Fuji Bank Ltd	Dai-Ichi Kangyo Bank Ltd	Commercial Banks, Bank Holding Companies	20.08.1999
38525	Royal Bank of Scotland Group	National Westminster Bank PLC	Commercial Banks, Bank Holding Companies	29.11.1999
34353	Norwest Corp,Minneapolis,MN	Wells Fargo Capital C	Commercial Banks, Bank Holding Companies	08.06.1998
33788	Mitsubishi Bank Ltd	Bank of Tokyo Ltd	Commercial Banks, Bank Holding Companies	27.03.1995
33555	Chase Manhattan Corp,NY	JP Morgan & Co Inc	Commercial Banks, Bank Holding Companies	13.09.2000
30760	Fuji Bank Ltd	Industrial Bank of Japan Ltd	Commercial Banks, Bank Holding Companies	20.08.1999
29616	BANC ONE Corp,Columbus,Ohio	First Chicago NBD Corp	Commercial Banks, Bank Holding Companies	13.04.1998
23017	Mitsui Bank Ltd	Taiyo Kobe Bank Ltd	Commercial Banks, Bank Holding Companies	28.08.1989
23009	Union Bank of Switzerland	Schweizerischer Bankverein	Commercial Banks, Bank Holding Companies	08.12.1997
21085	Firstar Corp,Milwaukee,WI	US Bancorp,Minneapolis,MN	Commercial Banks, Bank Holding Companies	04.10.2000
17122	First Union Corp,Charlotte,NC	CoreStates Financial Corp,PA	Commercial Banks, Bank Holding Companies	18.11.1997
16543	UBS AG	PaineWebber Group Inc	Investment & Commodity Firms,Dealers,Exchanges	12.07.2000
15316	TSB Group PLC	Lloyds Bank PLC	Commercial Banks, Bank Holding Companies	09.10.1995
14984	Sanwa Bank Ltd	Tokai Bank Ltd	Commercial Banks, Bank Holding Companies	14.03.2000
14822	NationsBank Corp,Charlotte,NC	Barnett Banks,Jacksonville,FL	Commercial Banks, Bank Holding Companies	29.08.1997
13132	First Union Corp,Charlotte,NC	Wachovia Corp,Winston-Salem,NC	Commercial Banks, Bank Holding Companies	16.04.2001
11377	Banco Bilbao Vizcaya SA	Argentaria Caja Postal y Banco	Commercial Banks, Bank Holding Companies	19.10.1999

Transaktions-volumen (in Mio. USD)	Käufer	Übernommenes Unternehmen	Industriesegment des fusionierten Unternehmns	Bekanntgabe der Fusion
11100	HSBC Holdings PLC	Credit Commercial de France	Commercial Banks, Bank Holding Companies	01.04.2000
10959	Credito Italiano SpA	Unicredito SpA	Commercial Banks, Bank Holding Companies	15.04.1998
10440	Chemical Banking Corp,New York	Chase Manhattan Corp	Commercial Banks, Bank Holding Companies	28.08.1995
10373	Bank of Tokyo-Mitsubishi Ltd	Mitsubishi Trust & Banking	Commercial Banks, Bank Holding Companies	18.04.2000
9667	NationsBank Corp,Charlotte,NC	Boatmen's Bancshares,St Louis	Commercial Banks, Bank Holding Companies	30.08.1996
9662	Credit Suisse Group	Winterthur Schweizerische	Insurance	11.08.1997
9603	SunTrust Banks Inc,Atlanta,GA	Crestar Finl Corp,Richmond,VA	Commercial Banks, Bank Holding Companies	20.07.1998
9492	Istituto Bancario San Paolo di	Istituto Mobiliare Italiano	Commercial Banks, Bank Holding Companies	27.04.1998
8929	First Bank Sys,Minneapolis,MN	US Bancorp,Portland,Oregon	Commercial Banks, Bank Holding Companies	20.03.1997
8093	Kyowa Bank Ltd	Saitama Bank Ltd(Asahi Bank)	Commercial Banks, Bank Holding Companies	13.11.1990
7963	Barclays PLC	Woolwich PLC	Real Estate; Mortgage Bankers and Brokers	11.08.2000
7655	Kredietbank NV	Almanij-Banking and Insurance	Commercial Banks, Bank Holding Companies	17.03.1998
7317	HypoVereinsbank AG	Bank Austria AG	Commercial Banks, Bank Holding Companies	22.07.2000
7304	BANC ONE Corp,Columbus,Ohio	First USA Inc	Credit Institutions	20.01.1997
7218	Star Banc Corp,Cincinnati,OH	Firstar Corp,Milwaukee,WI	Commercial Banks, Bank Holding Companies	01.07.1998
7053	National City,Cleveland,Ohio	First of Amer Bk,Kalamazoo,MI	Commercial Banks, Bank Holding Companies	01.12.1997
7012	FleetBoston Financial Corp,MA	Summit Bancorp,Princeton,NJ	Commercial Banks, Bank Holding Companies	02.10.2000
7001	Bayerische Vereinsbank AG	Bayerische Hypotheken	Commercial Banks, Bank Holding Companies	21.07.1997
5906	Commonwealth Bank of Australia	Colonial Ltd	Commercial Banks, Bank Holding Companies	09.03.2000
5708	HSBC Holdings PLC	Midland Bank PLC	Commercial Banks, Bank Holding Companies	17.03.1992
5680	DBS Group Holdings Ltd	Dao Heng Bank Group(Guoco)	Commercial Banks, Bank Holding Companies	11.04.2001
5438	First Union Corp,Charlotte,NC	First Fidelity Bancorporation	Commercial Banks, Bank Holding Companies	19.06.1995
5415	NBD Bancorp,Detroit,Michigan	First Chicago Corp,Illinois	Commercial Banks, Bank Holding Companies	12.07.1995
5048	Almanij NV	CERA	Commercial Banks, Bank Holding Companies	30.01.1998
4954	Fifth Third Bancorp,Cincinnati	Old Kent Finl Corp,Michigan	Commercial Banks, Bank Holding Companies	20.11.2000
4571	Citicorp	AT&T Universal Card Services	Credit Institutions	18.12.1997
4372	Sanwa Bank Ltd	Toyo Trust & Banking Co Ltd	Commercial Banks, Bank Holding Companies	05.07.2000
4259	NCNB Corp,Charlotte,NC	C&S/Sovran Corp	Commercial Banks, Bank Holding Companies	25.06.1991
4213	BankAmerica Corp	Security Pacific,Los Angeles	Commercial Banks, Bank Holding Companies	12.08.1991
3924	Society Corp	KeyCorp,Albany,NY(Key Corp,OH)	Commercial Banks, Bank Holding Companies	01.10.1993
3920	Banco Ambrosiano Veneto SpA	Cassa di Risparmio delle Provi	Commercial Banks, Bank Holding Companies	20.05.1997
3865	Fleet Financial Group Inc,MA	Shawmut National Corp	Commercial Banks, Bank Holding Companies	21.02.1995
3850	Banco de Santander SA	Banesto	Commercial Banks, Bank Holding Companies	19.02.1998

Transaktions-volumen (in Mio. USD)	Käufer	Übernommenes Unternehmen	Industriesegment des fusionierten Unternehmens	Bekannt-gabe der Fusion
3754	Oversea-Chinese Banking Corp	Keppel Capital Holdings Ltd	Commercial Banks, Bank Holding Companies	12.06.2001
3427	CoreStates Financial Corp,PA	Meridian Bancorp Inc	Commercial Banks, Bank Holding Companies	10.10.1995
3344	Svenska Handelsbanken AB	Stadshypotek	Real Estate; Mortgage Bankers and Brokers	12.12.1996
3320	First Union Corp,Charlotte,NC	Signet Bkg Corp,Richmond,VA	Commercial Banks, Bank Holding Companies	21.07.1997
3260	Fleet Financial Group Inc,MA	National Westminster Bancorp	Commercial Banks, Bank Holding Companies	19.12.1995
3169	BANC ONE Corp,Columbus,Ohio	First Commerce,New Orleans,LA	Commercial Banks, Bank Holding Companies	20.10.1997
3159	Schweizerischer Bankverein	SG Warburg Grp PLC-Inv Bkg Arm	Investment & Commodity Firms,Dealers,Exchanges	02.05.1995
3144	Banca Intesa SpA	Banca Commerciale Italiana SpA	Commercial Banks, Bank Holding Companies	11.10.2000
3080	Danske Bank A/S	RealDanmark A/S	Commercial Banks, Bank Holding Companies	02.10.2000
2872	Lloyds Bank PLC	Cheltenham & Gloucester Bldg	Real Estate; Mortgage Bankers and Brokers	21.04.1994
2872	PNC Bank Corp,Pittsburgh,PA	Midlantic Corp	Commercial Banks, Bank Holding Companies	10.07.1995
2810	Wells Fargo & Co,California	First Security Corp,Utah	Commercial Banks, Bank Holding Companies	10.04.2000
2791	Grupo Financiero Bancomer SA	Bancomer SNC(Mexico)	Commercial Banks, Bank Holding Companies	04.04.1991
2647	First American Corp,Tennessee	Deposit Guaranty,Jackson,MS	Commercial Banks, Bank Holding Companies	08.12.1997
2589	Lloyds TSB Group PLC	Lloyds Abbey Life PLC	Insurance	23.09.1996
2549	Dexia Belgium	Finl Security Assurance Hldgs	Insurance	14.03.2000
2489	Regions Financial Corp	First Commercial Corp,Arkansas	Commercial Banks, Bank Holding Companies	28.01.1998
2480	BNP Paribas SA	BancWest Corp,Honolulu,HI	Commercial Banks, Bank Holding Companies	07.05.2001
2448	Cie Financiere de Paribas SA	Cie Bancaire SA	Investment & Commodity Firms,Dealers,Exchanges	25.11.1997
2414	AMRO	ABN NV	Commercial Banks, Bank Holding Companies	26.03.1990
2354	Credito Italiano SpA	Gruppo Bancario Credito Romagn	Commercial Banks, Bank Holding Companies	26.10.1994
2320	Royal Bank of Canada	Centura Banks Inc,NC	Commercial Banks, Bank Holding Companies	26.01.2001
2303	Wachovia Corp,Winston-Salem,NC	Central Fidelity Banks Inc,VA	Commercial Banks, Bank Holding Companies	24.06.1997
2287	Banco de Santander SA	Banesto	Commercial Banks, Bank Holding Companies	28.01.1994
2224	St George Bank Ltd	Advance Bank Australia Ltd	Commercial Banks, Bank Holding Companies	14.10.1996
2216	Almanij NV	ABB Verzekeringen NV	Commercial Banks, Bank Holding Companies	30.01.1998
2215	First Union Corp,Charlotte,NC	Money Store Inc	Real Estate; Mortgage Bankers and Brokers	23.02.1998
2204	Skandinaviska Enskilda Banken	Trygg-Hansa AB	Insurance	02.10.1997
2200	NationsBank Corp,Charlotte,NC	Chrysler First Inc(Chrysler)	Credit Institutions	17.11.1992
2173	Kookmin Bank	H&CB	Commercial Banks, Bank Holding Companies	22.12.2000
2162	BankAmerica Corp	Continental Bank Corp NA	Commercial Banks, Bank Holding Companies	28.01.1994
2152	Daiwa Bank Holdings Inc	Asahi Bank Ltd	Commercial Banks, Bank Holding Companies	07.09.2001
2151	Abbey National PLC	Natl & Provincial Bldg Society	Commercial Banks, Bank Holding Companies	21.04.1995
2151	Union Planters Corp,Memphis,TN	Magna Group Inc,St. Louis,MO	Commercial Banks, Bank Holding Companies	23.02.1998

Transaktions-volumen (in Mio. USD)	Käufer	Übernommenes Unternehmen	Industriesegment des fusionierten Unternehmens	Bekanntgabe der Fusion
2098	National City,Cleveland,Ohio	Integra Financial Corp	Commercial Banks, Bank Holding Companies	28.08.1995
2077	Bankers Trust New York Corp	Alex Brown Inc	Investment & Commodity Firms,Dealers,Exchanges	07.04.1997
2062	US Bancorp,Minneapolis,MN	NOVA Corp	Business Services	07.05.2001
2059	Bank of Boston Corp,Boston,MA	BayBanks,Boston,Massachusetts	Commercial Banks, Bank Holding Companies	12.12.1995
2054	Sovran Financial,Norfolk,VA	Citizens & Southern Georgia	Commercial Banks, Bank Holding Companies	26.09.1989
2044	Chemical Banking Corp	Manufacturers Hanover Corp	Commercial Banks, Bank Holding Companies	15.07.1991
2000	Mitsubishi Bank Ltd	Nippon Trust Bank	Commercial Banks, Bank Holding Companies	11.10.1994
1971	ABN-AMRO Holding NV	Standard Fed Bancorp,Troy,MI	Commercial Banks, Bank Holding Companies	22.11.1996
1961	National Commerce Bancorp	CCB Financial Corp,Durham,NC	Commercial Banks, Bank Holding Companies	20.03.2000
1945	Chuo Trust & Banking Co Ltd	Mitsui Trust & Banking Co Ltd	Commercial Banks, Bank Holding Companies	20.01.1999
1898	Cie Financiere de Paribas SA	Cetelem SA	Credit Institutions	25.11.1997
1848	Mellon Bank Corp,Pittsburgh,PA	Dreyfus Corp	Commercial Banks, Bank Holding Companies	06.12.1993
1731	Credito Agrario Bresciano SpA	Banca San Paolo di Brescia	Commercial Banks, Bank Holding Companies	23.09.1998
1713	National Australia Bank Ltd	Michigan National Corp	Commercial Banks, Bank Holding Companies	03.02.1995
1619	NationsBank Corp,Charlotte,NC	Bank South Corp,Atlanta,GA	Commercial Banks, Bank Holding Companies	05.09.1995
1605	National Australia Bank Ltd	Yorkshire Bank PLC	Commercial Banks, Bank Holding Companies	17.01.1990
1600	Daiwa Bank Ltd	Lloyds Bank-US Coml Banking	Commercial Banks, Bank Holding Companies	18.09.1989
1596	EFG Eurobank SA	Ergobank SA	Commercial Banks, Bank Holding Companies	21.01.2000
1554	Dresdner Bank AG	Kleinwort Benson Group PLC	Commercial Banks, Bank Holding Companies	26.06.1995
1537	Bank Austria AG	Creditanstalt-Bankverein AG	Commercial Banks, Bank Holding Companies	14.01.1997
1525	Fleet Financial Group Inc,MA	Quick & Reilly Group Inc	Investment & Commodity Firms,Dealers,Exchanges	16.09.1997
1482	Deutsche Bank AG	Morgan Grenfell Group PLC	Commercial Banks, Bank Holding Companies	27.11.1989
1476	US Bancorp,Portland,Oregon	West One Bancorp,Boise,Idaho	Investment & Commodity Firms,Dealers,Exchanges	08.05.1995
1453	Mellon Bank Corp,Pittsburgh,PA	Boston Co	Investment & Commodity Firms,Dealers,Exchanges	14.09.1992
1400	Norwest Corp,Minneapolis,MN	Island Finance(ITT Corp)	Credit Institutions	27.12.1994
1397	BNP Paribas SA	Cie Benelux Paribas SA	Credit Institutions	13.06.2000
1387	Comerica Inc,Detroit,Michigan	Imperial Bancorp,Inglewood,CA	Commercial Banks, Bank Holding Companies	01.11.2000
1354	Royal Bank of Canada	Dain Rauscher Corp	Investment & Commodity Firms,Dealers,Exchanges	28.09.2000
1348	BB&T Financial Corp	Southern Natl,Winston-Salem,NC	Commercial Banks, Bank Holding Companies	01.08.1994
1348	Sparbanken Sverige AB	Foreningsbanken	Commercial Banks, Bank Holding Companies	18.02.1997
1333	NationsBank Corp,Charlotte,NC	MNC Financial Inc	Commercial Banks, Bank Holding Companies	17.07.1992
1328	Royal Bank of Canada	Gentra Inc-Canadian,Intl Asset	Commercial Banks, Bank Holding Companies	25.02.1993
1305	Abbey National PLC	CIBC Mortgages PLC	Real Estate; Mortgage Bankers and Brokers	04.02.1994
1300	ABN-AMRO Holding NV	Bouwfonds Nederlandse	Real Estate; Mortgage Bankers and Brokers	26.08.1999

Transaktions-volumen (in Mio. USD)	Käufer	Übernommenes Unternehmen	Industriesegment des fusionierten Unternehmens	Bekannt-gabe der Fusion
1235	Fleet Financial Group Inc,MA	ADVANTA Corp-Credit Card	Business Services	27.10.1997
1230	National Australia Bank Ltd	HomeSide Inc	Real Estate; Mortgage Bankers and Brokers	27.10.1997
1229	Unicredito Italiano	Pioneer Group Inc	Investment & Commodity Firms,Dealers,Exchanges	15.05.2000
1216	Bank of Philippine Islands	Far East Bank & Trust Co	Commercial Banks, Bank Holding Companies	21.10.1999
1208	Den Danske Bank AS	Danica(Baltica Holding A/S)	Insurance	23.05.1995
1200	NationsBank Corp,Charlotte,NC	Montgomery Securities,CA	Investment & Commodity Firms,Dealers,Exchanges	30.06.1997
1190	BB&T Corp,Winston-Salem,NC	One Valley Bancorp Inc,WV	Commercial Banks, Bank Holding Companies	07.02.2000
1187	Mercantile Bancorp,St Louis,MO	Roosevelt Finl Group,Missouri	Savings and Loans, Mutual Savings Banks	23.12.1996
1186	Society Corp	AmeriTrust Corp,Cleveland,OH	Commercial Banks, Bank Holding Companies	15.05.1991
1186	BANC ONE Corp,Columbus,Ohio	Valley National Corp,Phoenix	Commercial Banks, Bank Holding Companies	14.04.1992
1182	Cie Financiere de Paribas SA	Cie de Navigation Mixte	Investment & Commodity Firms,Dealers,Exchanges	28.02.1996
1180	Boatmen's Bancshares,St Louis	Fourth Financial Corp	Commercial Banks, Bank Holding Companies	25.08.1995
1162	Banco Santander Central Hispan	Banco do Estado de Sao Paulo	Commercial Banks, Bank Holding Companies	29.12.2000
1143	UJB Financial Corp	Summit Bancorporation	Commercial Banks, Bank Holding Companies	11.09.1995
1131	Huntington Bancshares Inc,OH	First Michigan Bank Corp,MI	Commercial Banks, Bank Holding Companies	05.05.1997
1130	Westpac Banking Corp	Bank of Melbourne Ltd	Commercial Banks, Bank Holding Companies	02.04.1997
1127	Daiwa Bank Ltd	Kinki Osaka Bank Ltd	Commercial Banks, Bank Holding Companies	01.08.2001
1116	Marshall & Ilsley,Milwaukee,WI	Security Capital,Milwaukee,WI	Commercial Banks, Bank Holding Companies	14.03.1997
1098	Metway Bank Ltd	Queensland Inds Dvlp,Suncorp I	Construction Firms	27.05.1996
1087	Comerica Inc,Detroit,Michigan	Manufacturers National Corp	Commercial Banks, Bank Holding Companies	28.10.1991
1075	Associated Banc,Green Bay,WI	First Finl,Stevens Point,WI	Savings and Loans, Mutual Savings Banks	15.05.1997
1050	Bipop-Carire	Entrium Direct Bankers AG	Business Services	26.06.2000
1050	Wells Fargo & Co,California	Natl Bancorp Of Alaska Inc	Commercial Banks, Bank Holding Companies	21.12.1999
1040	Uniao de Bancos Brasileiros SA	Banco Nacional SA	Commercial Banks, Bank Holding Companies	17.11.1995
1028	M&T Bank Corp,Buffalo,New York	Keystone Finl,Harrisburg,PA	Commercial Banks, Bank Holding Companies	17.05.2000
1009	BB&T Corp,Winston-Salem,NC	F&M National,Winchester,VA	Commercial Banks, Bank Holding Companies	24.01.2001
977	Southern Natl,Winston-Salem,NC	United Carolina Bancshares	Commercial Banks, Bank Holding Companies	04.11.1996
973	Banco Santiago	Banco O'Higgins	Commercial Banks, Bank Holding Companies	19.09.1995
952	First Hawaiian Inc,Honolulu,HI	BancWest Corp,San Francisco,CA	Commercial Banks, Bank Holding Companies	28.05.1998
934	First Union Corp,Charlotte,NC	Dominion Bankshares,Roanoke,VA	Commercial Banks, Bank Holding Companies	21.09.1992
933	DBS Bank	Post Office Savings Bank	Commercial Banks, Bank Holding Companies	24.07.1998
916	Summit Bancorp,Princeton,NJ	Collective Bancorp Inc,NJ	Savings and Loans, Mutual Savings Banks	27.02.1997
909	Bank of Philippine Islands	CityTrust Banking Corp	Commercial Banks, Bank Holding Companies	20.06.1996
905	Bank of Ireland	Bristol & West Bldg Society	Real Estate; Mortgage Bankers and Brokers	15.04.1996

Transaktions-volumen (in Mio. USD)	Käufer	Übernommenes Unternehmen	Industriesegment des fusionierten Unternehmens	Bekannt-gabe der Fusion
899	Deutsche Bank AG	National Discount Brokers	Investment & Commodity Firms,Dealers,Exchanges	12.10.2000
897	Fifth Third Bancorp,Cincinnati	State Savings Co,Columbus,OH	Commercial Banks, Bank Holding Companies	05.01.1998
893	First Empire State Corp,NY	ONBANCorp Inc,Syracuse,NY	Commercial Banks, Bank Holding Companies	28.10.1997
890	KeyCorp,Albany,NY(Key Corp,OH)	Puget Sound Bancorp,Tacoma,WA	Commercial Banks, Bank Holding Companies	04.03.1992
888	PNC Bank Corp,Pittsburgh,PA	Mellon Bank-50 Amer Auto Assn	Credit Institutions	04.11.1996
885	Bank of Nova Scotia	National Trustco Inc	Commercial Banks, Bank Holding Companies	24.06.1997
883	NBD Bancorp,Detroit,Michigan	INB Financial Corp	Commercial Banks, Bank Holding Companies	18.03.1992
883	Barnett Banks,Jacksonville,FL	First Florida Banks Inc	Commercial Banks, Bank Holding Companies	18.05.1992
881	Banco Osorno y la Union	Banco Santander Chile	Commercial Banks, Bank Holding Companies	10.04.1996
878	Banco Bilbao Vizcaya SA	Banco Excel Economico SA	Commercial Banks, Bank Holding Companies	29.04.1998
875	Bank Hapoalim BM	Ampal-Amer Israel-Indl Loan	Credit Institutions	28.06.1990
875	Westpac Banking Corp	Trust Bank New Zealand Ltd	Commercial Banks, Bank Holding Companies	19.04.1996
867	Dexia Belgium	Labouchere NV(Aegon NV)	Insurance	14.03.2000
853	BANC ONE Corp,Columbus,Ohio	Liberty National Bancorp	Commercial Banks, Bank Holding Companies	03.11.1993
852	First Union Corp,Charlotte,NC	Florida Nat Bks of Florida Inc	Commercial Banks, Bank Holding Companies	07.03.1989
848	Eurafrance(Lazard Freres)	Azeo(Eurafrance)	Investment & Commodity Firms,Dealers,Exchanges	13.11.2000
828	Citicorp	Bank New England-Credit Card	Credit Institutions	29.01.1990
827	Unitas Oy	KOP	Commercial Banks, Bank Holding Companies	09.02.1995
822	North Fork Bancorp,Melville,NY	New York Bancorp,Douglaston,NY	Savings and Loans, Mutual Savings Banks	07.10.1997
820	Marshall & Ilsley,Milwaukee,WI	Valley Bancorp,Appleton,WI	Commercial Banks, Bank Holding Companies	20.09.1993
817	Mercantile Bancorp,St Louis,MO	Mark Twain Bancshares,MO	Commercial Banks, Bank Holding Companies	28.10.1996
811	Svenska Handelsbanken AB	Skopbank-Selected Assets	Real Estate; Mortgage Bankers and Brokers	23.05.1995
805	Union Bank,San Francisco,CA	Bank of California	Commercial Banks, Bank Holding Companies	28.09.1995
800	BankBoston Corp,Boston,MA	Robertson Stephens & Co	Investment & Commodity Firms,Dealers,Exchanges	29.05.1998
799	Colonial Ltd	Prudential Corp PLC-AU/NZ Ops	Insurance	17.08.1998
794	Crestar Finl Corp,Richmond,VA	Citizens Bancorp,Laurel,MD	Commercial Banks, Bank Holding Companies	16.09.1996
790	First Bank Sys,Minneapolis,MN	Metropolitan Financial Corp	Commercial Banks, Bank Holding Companies	01.07.1994
782	New York Community Bancorp Inc	Richmond County Financial Corp	Savings and Loans, Mutual Savings Banks	27.03.2001
779	Peoples Heritage Finl Group,ME	Banknorth Group Inc	Commercial Banks, Bank Holding Companies	02.06.1999
774	Regions Financial Corp	Morgan Keegan Inc	Investment & Commodity Firms,Dealers,Exchanges	18.12.2000
771	Daiwa Bank Ltd	Cosmo Securities Co Ltd	Investment & Commodity Firms,Dealers,Exchanges	13.08.1993
768	US Bancorp,Minneapolis,MN	Piper Jaffray Cos	Investment & Commodity Firms,Dealers,Exchanges	15.12.1997
768	National City,Cleveland,Ohio	Fort Wayne Natl Corp,Indiana	Commercial Banks, Bank Holding Companies	09.01.1998
763	Royal Bank of Scotland Group	Citizens Financial Group,RI	Savings and Loans, Mutual Savings Banks	14.08.1998

Transaktions-volumen (in Mio. USD)	Käufer	Übernommenes Unternehmen	Industriesegment des fusionierten Unternehmens	Bekannt-gabe der Fusion
756	Banco de Credito Nacional SA	Banco Pontual	Commercial Banks, Bank Holding Companies	04.11.1998
750	Schweizerischer Bankverein	Brinson Partners Inc	Investment & Commodity Firms,Dealers,Exchanges	31.08.1994
747	Banca Intesa SpA	Banca Popolare Friuladria	Commercial Banks, Bank Holding Companies	11.06.1998
731	Generale de Banque SA	Credit Lyonnais Bank Nederland	Commercial Banks, Bank Holding Companies	27.04.1995
726	BANC ONE Corp,Columbus,Ohio	Team Bancshares Inc	Commercial Banks, Bank Holding Companies	23.03.1992
721	Alpha Credit Bank	Ionian Bank	Commercial Banks, Bank Holding Companies	11.11.1999
713	CoreStates Financial Corp,PA	First Pennsylvania Corp	Commercial Banks, Bank Holding Companies	15.09.1989
711	First Bank Sys,Minneapolis,MN	FirsTier Financial Inc	Commercial Banks, Bank Holding Companies	07.08.1995
705	Peoples Heritage Finl Group,ME	CFX Corp,Keene,New Hampshire	Savings and Loans, Mutual Savings Banks	27.10.1997
703	GreenPoint Financial Corp,NY	Bank of America-BankAmerica	Real Estate; Mortgage Bankers and Brokers	13.04.1998
701	Star Banc Corp,Cincinnati,OH	Trans Finl,Bowling Green,KY	Commercial Banks, Bank Holding Companies	10.04.1998
701	Credit Lyonnais SA	UAF(Credit Lyonnais SA)	Insurance	06.03.2000
696	BNP	Paribas SA(BNP)	Commercial Banks, Bank Holding Companies	10.11.1999
695	BANC ONE Corp,Columbus,Ohio	Premier Bancorp,Baton Rouge,LA	Commercial Banks, Bank Holding Companies	19.07.1995
694	Banca Popolare di Verona	Credito Bergamasco	Commercial Banks, Bank Holding Companies	28.07.1997
692	Bipop-Carire	Entrium Direct Bankers AG	Business Services	26.06.2000
692	Fifth Third Bancorp,Cincinnati	CitFed Bancorp Inc,Dayton,OH	Savings and Loans, Mutual Savings Banks	14.01.1998
691	Erste Oesterreichische	GiroCredit Bank AG	Commercial Banks, Bank Holding Companies	05.03.1997
688	HSBC Holdings PLC	Roberts SA de Inversiones	Commercial Banks, Bank Holding Companies	30.05.1997
686	Tokyo Securities Co Ltd	Tokai Maruman Securities Co	Investment & Commodity Firms,Dealers,Exchanges	17.02.2000
685	Setouchi Bank	Hiroshima Sogo Bank	Commercial Banks, Bank Holding Companies	31.10.2000
680	Bank of Scotland PLC	Bank of Western Australia	Commercial Banks, Bank Holding Companies	20.09.1995
676	Bank of New York,New York,NY	First City Bancorp-Credit Card	Credit Institutions	16.03.1990
675	Banco Santander Central Hispan	Banco Rio de la Plata SA	Commercial Banks, Bank Holding Companies	10.02.2000
674	Royal Bank of Scotland Group	GRS Holding Co Ltd	Business Services	17.12.1997
669	Mercantile Bancorp,St Louis,MO	Firstbank of IL,Springfield,IL	Investment & Commodity Firms,Dealers,Exchanges	02.02.1998
663	Star Banc Corp,Cincinnati,OH	Great Financial Corp,Kentucky	Savings and Loans, Mutual Savings Banks	15.09.1997
655	National City,Cleveland,Ohio	Merchants National Corp	Commercial Banks, Bank Holding Companies	30.10.1991
654	Canadian Imperial Bk Commerce	Norex Leasing Ltd(Onex Corp)	Credit Institutions	07.12.1990
653	Regions Financial Corp	First National Bancorp,Georgia	Commercial Banks, Bank Holding Companies	23.10.1995
652	Royal Bank of Canada	Tucker Anthony Sutro	Investment & Commodity Firms,Dealers,Exchanges	01.08.2001
620	Citizens Bancshares Inc,OH	Mid Am Inc,Bowling Green,Ohio	Commercial Banks, Bank Holding Companies	21.05.1998
615	Texas Commerce Bancshares,TX	First City Bancorp of Texas	Commercial Banks, Bank Holding Companies	21.10.1992
608	Centura Banks Inc,NC	Triangle Bancorp,Raleigh,NC	Commercial Banks, Bank Holding Companies	20.08.1999

Transaktions-volumen (in Mio. USD)	Käufer	Übernommenes Unternehmen	Industriesegment des fusionierten Unternehmens	Bekanntgabe der Fusion
601	Banca Popolare di Milano	Banca di Legnano(Banca Comm)	Commercial Banks, Bank Holding Companies	20.12.2000
600	Lloyds TSB Group PLC	Banco Multiplic-Consumer & Cor	Commercial Banks, Bank Holding Companies	05.02.1997
594	Banco Frances del Rio de la	Banco de Credito Argentino SA	Commercial Banks, Bank Holding Companies	09.05.1997
594	North Fork Bancorp,Melville,NY	JSB Financial Inc,Lynbrook,NY	Commercial Banks, Bank Holding Companies	16.08.1999
592	Bank of New York,New York,NY	National Community Banks Inc	Commercial Banks, Bank Holding Companies	29.01.1993
590	National Westminster Bank PLC	Greenwich Capital Markets Inc	Investment & Commodity Firms,Dealers,Exchanges	11.06.1996
586	Boatmen's Bancshares,St Louis	Worthen Banking,Little Rock,AR	Commercial Banks, Bank Holding Companies	18.08.1994
584	BANC ONE Corp,Columbus,Ohio	Key Centurion Bancshares,WV	Commercial Banks, Bank Holding Companies	05.06.1992
579	Abbey National PLC	LMF,LTF,LBEL	Credit Institutions	18.11.1998
577	KeyCorp,Cleveland,Ohio	McDonald & Co Investments Inc	Investment & Commodity Firms,Dealers,Exchanges	12.06.1998
577	CNB Bancshares Inc,Indiana	Pinnacle Financial Svcs Inc,MI	Commercial Banks, Bank Holding Companies	15.10.1997
575	Sanwa Bank Ltd	Senshu Bank Ltd	Commercial Banks, Bank Holding Companies	22.12.2000
575	Guoco Group Ltd	Overseas Trust Bank Ltd	Commercial Banks, Bank Holding Companies	12.07.1993
575	Bankers Trust New York Corp	USL Capital-RE Financing Op	Investment & Commodity Firms,Dealers,Exchanges	22.08.1996
575	Piraeus Bank Group	Xiosbank	Commercial Banks, Bank Holding Companies	20.12.1999
568	Norwest Corp,Minneapolis,MN	Shawmut Natl Corp-Credit Card	Credit Institutions	03.01.1991
566	Old Kent Finl Corp,Michigan	First Evergreen Corp,IL	Commercial Banks, Bank Holding Companies	22.04.1998
561	Barnett Banks,Jacksonville,FL	Oxford Resources Corp	Repair Services	14.01.1997
561	MNC Financial Inc	Equitable Bancorp,Baltimore,MD	Commercial Banks, Bank Holding Companies	12.07.1989
561	First of Amer Bk,Kalamazoo,MI	Security Bancorp,Southgate,MI	Commercial Banks, Bank Holding Companies	12.09.1991
560	Bank of East Asia Ltd	FPB Bank Holding Co Ltd	Commercial Banks, Bank Holding Companies	20.11.2000
554	Colonial Ltd	Legal & General Australia Ltd	Insurance	26.05.1998
548	Toronto-Dominion Bank	Waterhouse Investor Services	Investment & Commodity Firms,Dealers,Exchanges	10.04.1996
545	Wachovia Corp,Winston-Salem,NC	Jefferson Bankshares Inc,VA	Commercial Banks, Bank Holding Companies	10.06.1997
544	Zions Bancorp,Utah	Sumitomo Bank of California	Commercial Banks, Bank Holding Companies	26.03.1998
541	Bank Austria AG	Creditanstalt-Bankverein AG	Commercial Banks, Bank Holding Companies	27.08.1997
541	United Building Society Hldgs	Allied,Volkskas	Commercial Banks, Bank Holding Companies	28.01.1991
539	Industri og Skipsbanken	Finansbanken ASA(Sparebanken)	Commercial Banks, Bank Holding Companies	22.03.1996
534	Bank of Osaka, Ltd	Bank of Kinki Ltd	Commercial Banks, Bank Holding Companies	17.05.1999
530	BANC ONE Corp,Columbus,Ohio	Liberty Bancorp Inc,Oklahoma	Commercial Banks, Bank Holding Companies	30.12.1996
528	National Westminster Bank PLC	Indosuez UK Asset Management	Investment & Commodity Firms,Dealers,Exchanges	19.02.1996
522	Advance Bank Australia Ltd	State Bank of South Australia	Savings and Loans, Mutual Savings Banks	01.06.1995
514	Bank of Melbourne Ltd	Challenge Bank Ltd-Victorian	Commercial Banks, Bank Holding Companies	08.05.1996
513	First Bank Sys,Minneapolis,MN	Colorado National Bankshares	Commercial Banks, Bank Holding Companies	09.11.1992

Transaktions-volumen (in Mio. USD)	Käufer	Übernommenes Unternehmen	Industriesegment des fusionierten Unternehmens	Bekannt-gabe der Fusion
509	Republic New York Corp,NY,NY	Brooklyn Bancorp Inc	Commercial Banks, Bank Holding Companies	22.09.1995
504	Union Planters Corp,Memphis,TN	Leader Financial,Memphis,TN	Savings and Loans, Mutual Savings Banks	08.03.1996
503	Westpac Banking Corp	Challenge Bank Ltd	Commercial Banks, Bank Holding Companies	31.07.1995
502	ABN-AMRO Holding NV	Cragin Financial Corp	Savings and Loans, Mutual Savings Banks	06.07.1993
501	Societe Generale SA	Hambros PLC-Banking Group	Investment & Commodity Firms,Dealers,Exchanges	19.12.1997
501	Society Corp	Trustcorp Inc,Toledo,Ohio	Commercial Banks, Bank Holding Companies	19.06.1989
500	Shawmut National Corp	Barclays Business Credit Inc	Credit Institutions	08.11.1994

Communications Equipment

10936	Motorola Inc	General Instrument Corp	Communications Equipment	15.09.1999
7058	Alcatel SA	Newbridge Networks Corp	Communications Equipment	23.02.2000
7057	Nortel Networks Corp	Alteon Websystems Inc	Electronic and Electrical Equipment	28.07.2000
4685	Alcatel Alsthom CGE	DSC Communications Corp	Communications Equipment	04.06.1998
3580	Alcatel Alsthom CGE	Alcatel NV(Alcatel Alsthom)	Communications Equipment	03.03.1992
3529	Ascend Communications Inc	Cascade Communications Corp	Electronic and Electrical Equipment	31.03.1997
2798	Lucent Technologies Inc	Ortel Corp	Communications Equipment	07.02.2000
2163	Alcatel Alsthom CGE	Telettra SpA(Fiat SpA)	Communications Equipment	04.10.1990
1901	Alcatel Alsthom CGE	Generale Occidentale SA	Wholesale Trade-Nondurable Goods	03.04.1991
1863	Nortel Networks Corp	Clarify Inc	Prepackaged Software	18.10.1999
1850	Corning Inc	NetOptix Corp	Metal and Metal Products	14.02.2000
1825	Lucent Technologies Inc	Octel Communications Corp	Communications Equipment	17.07.1997
1772	Alcatel SA	Genesys Telecommun Labs	Prepackaged Software	28.09.1999
1659	Corning Inc	Oak Industries Inc	Electronic and Electrical Equipment	14.11.1999
1612	ADC Telecommunications Inc	PairGain Technologies Inc	Communications Equipment	23.02.2000
1323	GEC PLC	Tracor Inc	Measuring, Medical, Photo Equipment; Clocks	21.04.1998
1270	GEC PLC	VSEL Consortium PLC	Transportation Equipment	28.10.1994
1044	Lucent Technologies Inc	Yurie Systems Inc	Communications Equipment	27.04.1998
1018	GEC PLC	GPT Holdings Ltd	Communications Equipment	24.06.1998
970	Ascend Communications Inc	Stratus Computer Inc	Computer and Office Equipment	03.08.1998
874	Comverse Technology Inc	Boston Technology Inc	Electronic and Electrical Equipment	21.08.1997
664	Tellabs Inc	Coherent Communications Sys	Communications Equipment	16.02.1998
650	Lucent Technologies Inc	Livingston Enterprises	Communications Equipment	15.10.1997
565	Corning Inc	Damon Corp	Health Services	28.06.1993
500	Polycom Inc	Accord Networks Ltd	Electronic and Electrical Equipment	06.12.2000

Computer and Office Equipment

9124	Compaq Computer Corp	Digital Equipment Corp	Computer and Office Equipment	26.01.1998
5658	Cisco Systems Inc	ArrowPoint Communications Inc	Computer and Office Equipment	05.05.2000
4834	Cisco Systems Inc	StrataCom Inc	Communications Equipment	22.04.1996
3264	IBM Corp	Lotus Development Corp	Prepackaged Software	05.06.1995
2780	Compaq Computer Corp	Tandem Computers Inc	Computer and Office Equipment	23.06.1997
1925	Sun Microsystems Inc	Cobalt Networks Inc	Communications Equipment	18.09.2000
1632	Xerox Corp	Rank Xerox(Xerox,Rank Organis)	Machinery	06.06.1997
1375	Maxtor Corp	Quantum HDD(Quantum Corp)	Computer and Office Equipment	04.10.2000
1245	Hewlett-Packard Co	VeriFone Inc	Computer and Office Equipment	23.04.1997
1174	Wellfleet Communications	SynOptics Communications Inc	Business Services	05.07.1994
1165	Seagate Technology Inc	Conner Peripherals Inc	Computer and Office Equipment	20.09.1995

194

Transaktions-volumen (in Mio. USD)	Käufer	Übernommenes Unternehmen	Industriesegment des fusionierten Unternehmens	Bekannt-gabe der Fusion
1106	Cybex Computer Products Corp	Apex Inc	Computer and Office Equipment	08.03.2000
779	FORE Systems Inc	Alantec Corp	Business Services	14.12.1995
770	Silicon Graphics Inc	Cray Research Inc	Computer and Office Equipment	23.02.1996
710	IBM Corp	Tivoli Systems Inc	Prepackaged Software	31.01.1996
678	Cisco Systems Inc	Aironet Wireless Communication	Communications Equipment	09.11.1999
571	Symbol Technologies Inc	Telxon Corp	Computer and Office Equipment	26.07.2000
529	Hewlett-Packard Co	Bluestone Software Inc	Prepackaged Software	24.10.2000

Construction Firms

7783	Halliburton Co	Dresser Industries Inc	Machinery	26.02.1998
1695	Vinci SA	Groupe GTM	Construction Firms	13.07.2000
1516	DR Horton Inc	Schuler Homes Inc	Construction Firms	23.10.2001
1505	Lennar Corp	US Home Corp	Construction Firms	17.02.2000
845	Group Maintenance America	Building One Services Corp	Business Services	02.11.1999
814	Taylor Woodrow PLC	Bryant Group PLC	Construction Firms	15.01.2001
809	Bouygues SA	Colas SA(CFTR/Bouygues SA)	Construction Firms	04.07.2000
702	NBM-Amstelland NV	Wilma Nederland BV	Construction Firms	08.05.1998
590	DR Horton Inc	Continental Homes Holding	Construction Firms	19.12.1997
587	Halliburton Co	Landmark Graphics Corp	Business Services	01.07.1996

Credit Institutions

8704	Household International Inc	Beneficial Corp	Credit Institutions	07.04.1998
3975	Household International Inc	Bank of New York-AFL-CIO Union	Credit Institutions	17.06.1996
3960	Household International Inc	Transamerica-Consumer Finance	Credit Institutions	21.05.1997
1693	Newcourt Credit Group Inc	AT&T Capital Corp	Credit Institutions	05.11.1997
1350	Commercial Credit Group Inc	BarclaysAmer/Finl-Br,Portfolio	Credit Institutions	24.11.1998
995	Associates First Capital Corp	DIC Finance(Daiei Inc)	Real Estate; Mortgage Bankers and Brokers	19.03.1998
959	Providian Financial Corp	First Union,NC-CC Receivables	Credit Institutions	29.12.1997
901	Associates First Capital Corp	USL Capital Corp-Vehicle Fleet	Repair Services	12.06.1996
896	Associates First Capital Corp	SPS Transaction Svcs-Assets	Credit Institutions	18.04.1998
620	Green Tree Financial Corp	Manufacturer and Dealer Svcs	Prepackaged Software	21.10.1996
560	First USA Inc(BANC ONE Corp)	Chevy Chase Bank FSB-Credit	Credit Institutions	03.09.1998
527	Sanyo Shinpan Finance Co Ltd	Mycal Card Inc	Credit Institutions	27.03.2001

Drugs

89168	Pfizer Inc	Warner-Lambert Co	Drugs	04.11.1999
75961	Glaxo Wellcome PLC	SmithKline Beecham PLC	Drugs	17.01.2000
14285	Glaxo Holdings PLC	Wellcome PLC	Drugs	20.01.1995
11070	Johnson & Johnson	ALZA Corp	Drugs	27.03.2001
10200	Roche Holding AG	Corange Ltd	Drugs	26.05.1997
9561	American Home Products Corp	American Cyanamid Co	Drugs	02.08.1994
6989	Upjohn Co	Pharmacia AB	Drugs	21.08.1995
6226	Merck & Co Inc	Medco Containment Services Inc	Wholesale Trade-Nondurable Goods	28.07.1993
6090	Astra AB	Astra Merck Inc(Merck & Co)	Wholesale Trade-Nondurable Goods	05.06.1998
5307	Roche Holding AG	Syntex Corp	Drugs	02.05.1994
4236	Fresenius AG	National Medical Care Inc	Wholesale Trade-Durable Goods	06.02.1996
4000	Lilly Eli & Co	PCS Health Systems(McKesson)	Business Services	11.07.1994
3748	Shire Pharmaceuticals Group	BioChem Pharma Inc	Drugs	11.12.2000
3523	King Pharmaceuticals Inc	Jones Pharmaceutical Inc	Drugs	13.07.2000
3488	Johnson & Johnson	Depuy Inc(Corange Ltd)	Measuring, Medical, Photo Equipment; Clocks	21.07.1998
2925	SmithKline Beecham PLC	Sterling Winthrop Inc	Drugs	29.08.1994
2888	Rhone-Poulenc Rorer Inc	Fisons PLC	Drugs	18.08.1995
2417	Millennium Pharmaceuticals Inc	COR Therapeutics Inc	Drugs	06.12.2001

Transaktions-volumen (in Mio. USD)	Käufer	Übernommenes Unternehmen	Industriesegment des fusionierten Unternehmens	Bekanntgabe der Fusion
1878	Johnson & Johnson	Cordis Corp	Measuring, Medical, Photo Equipment; Clocks	19.10.1995
1858	Mallinckrodt Inc	Nellcor Puritan-Bennett	Measuring, Medical, Photo Equipment; Clocks	24.07.1997
1825	Elf Sanofi SA	Sterling Winthrop-Prescription	Wholesale Trade-Nondurable Goods	23.06.1994
1708	Elan Corp PLC	Dura Pharmaceuticals Inc	Drugs	11.09.2000
1665	MedImmune Inc	Aviron	Drugs	03.12.2001
1550	Reckitt & Colman PLC	L&F Products Group-Worldwide	Soaps, Cosmetics, and Personal-Care Products	26.09.1994
1530	Roche Holding AG	Genentech Inc	Drugs	02.02.1990
1468	Invitrogen Corp	Dexter Corp	Chemicals and Allied Products	07.07.2000
1450	Pfizer Inc	SmithKline Beecham Animal Hlth	Wholesale Trade-Nondurable Goods	23.11.1994
1257	Bayer AG	Nova Corp-Polysar Rubber Div	Chemicals and Allied Products	21.05.1990
1250	Reckitt & Colman PLC	Boyle-Midway Household Prods	Food and Kindred Products	09.03.1990
1235	SmithKline Beecham PLC	Block Drug Co	Measuring, Medical, Photo Equipment; Clocks	09.10.2000
1100	Roche Holding AG	Tastemaker	Chemicals and Allied Products	05.02.1997
1100	Bayer AG	Chiron Diagnostics Corp	Drugs	16.09.1998
1052	Genzyme Corp	GelTex Pharmaceuticals Inc	Drugs	11.09.2000
1050	Warner-Lambert Co	Warner Wellcome Consumer Hlth	Wholesale Trade-Nondurable Goods	19.12.1995
1008	Johnson & Johnson	Eastman Kodak-Clinical	Drugs	06.09.1994
1006	American Home Products Corp	Genetics Institute Inc	Business Services	17.12.1996
933	Johnson & Johnson	Neutrogena Corp	Soaps, Cosmetics, and Personal-Care Products	22.08.1994
916	Watson Pharmaceuticals Inc	Schein Pharmaceutical Inc	Drugs	25.05.2000
914	Yoshitomi Pharmaceutical Inds	Green Cross Corp	Drugs	24.02.1997
910	Novartis AG	Merck-Crop Protection Business	Chemicals and Allied Products	13.05.1997
854	Corixa Corp	Coulter Pharmaceuticals Inc	Drugs	16.10.2000
825	Elan Corp PLC	Neurex Corp	Drugs	29.04.1998
822	Abbott Laboratories	MediSense Inc	Drugs	29.03.1996
821	Roche Holding AG	Nicholas(Nicholas Kiwi AU)	Drugs	03.06.1991
805	Chiron Corp	Cetus Corp	Business Services	22.07.1991
700	Chiron Corp	PathoGenesis Corp	Drugs	14.08.2000
668	Elan Corp PLC	Liposome Co Inc	Drugs	06.03.2000
667	American Home Products Corp	Genetics Institute Inc	Drugs	19.09.1991
621	Watson Pharmaceuticals Inc	Circa Pharmaceuticals Inc	Drugs	30.03.1995
616	Chiron Corp	Ciba-Corning Diag,Biocine	Drugs	21.11.1994
616	Merck & Co Inc	Rosetta Inpharmatics Inc	Business Services	11.05.2001
614	Merck E(Merck AG)	Merck AG	Drugs	10.04.1995
612	IVAX Corp	Zenith Laboratories Inc	Drugs	29.08.1994
605	Glaxo Wellcome PLC	Nippon Glaxo(Glaxo-Wellcome)	Drugs	03.01.1995
601	Elan Corp PLC	Athena Neurosciences Inc	Drugs	18.03.1996
594	Barr Laboratories Inc	Duramed Pharmaceuticals Inc	Drugs	29.06.2001
587	Revco DS Inc	Hook-SupeRx Inc	Miscellaneous Retail Trade	04.04.1994
580	Bayer AG	Monsanto Co-Styrenics Plastics	Rubber and Miscellaneous Plastic Products	14.11.1995
561	Galen Holdings PLC	Warner Chilcott PLC	Drugs	05.05.2000
554	Vertex Pharmaceuticals Inc	Aurora Biosciences Corp	Measuring, Medical, Photo Equipment; Clocks	30.04.2001
Electric, Gas, and Water Distribution				
40428	Vivendi SA	Seagram Co Ltd	Motion Picture Production and Distribution	20.06.2000
16006	El Paso Energy Corp	Coastal Corp	Electric, Gas, and Water Distribution	18.01.2000
13153	VEBA AG	VIAG AG	Electric, Gas, and Water Distribution	27.09.1999

Transaktions-volumen (in Mio. USD)	Käufer	Übernommenes Unternehmen	Industriesegment des fusionierten Unternehmens	Bekanntgabe der Fusion
11866	Vivendi SA	Canal Plus SA	Radio and Television Broadcasting Stations	20.06.2000
11827	FirstEnergy Corp	GPU Inc	Electric, Gas, and Water Distribution	08.08.2000
8501	NiSource Inc	Columbia Energy Group	Electric, Gas, and Water Distribution	28.02.2000
8048	National Grid Group PLC	Niagara Mohawk Holdings Inc	Electric, Gas, and Water Distribution	05.09.2000
7984	Carolina Power & Light Co	Florida Progress Corp	Electric, Gas, and Water Distribution	22.08.1999
7667	Duke Power Co	PanEnergy Corp	Oil and Gas; Petroleum Refining	25.11.1996
7386	PECO Energy Co	Unicom Corp	Electric, Gas, and Water Distribution	23.09.1999
6662	American Electric Power Co	Central & South West Corp	Electric, Gas, and Water Distribution	22.12.1997
6482	Dominion Resources Inc	Consolidated Natural Gas Co	Electric, Gas, and Water Distribution	22.02.1999
6256	RWE AG	Thames Water PLC	Electric, Gas, and Water Distribution	25.09.2000
5939	Suez Lyonnaise des Eaux SA	Societe Generale de Belgique	Holding Companies, Except Banks	07.04.1998
5426	PowerGen PLC	LG&E Energy Corp	Electric, Gas, and Water Distribution	28.02.2000
4906	TransCanada Pipelines Ltd	NOVA Corp of Alberta Ltd	Chemicals and Allied Products	26.01.1998
4830	Northern States Power Co	New Century Energies Inc	Electric, Gas, and Water Distribution	25.03.1999
4772	Cie Generale des Eaux SA{CGE}	Havas SA	Advertising Services	09.03.1998
4726	Brooklyn Union Gas Co	LILCO	Electric, Gas, and Water Distribution	30.12.1996
4473	Scottish Hydro-Electric PLC	Southern Electric PLC	Electric, Gas, and Water Distribution	01.09.1998
4217	National Grid Group PLC	New England Electric System	Electric, Gas, and Water Distribution	14.12.1998
4185	DTE Energy Co	MCN Energy Group Inc	Electric, Gas, and Water Distribution	05.10.1999
3879	El Paso Natural Gas Co	Tenneco Energy Resources Corp	Electric, Gas, and Water Distribution	19.06.1996
3649	Houston Industries Inc	NorAm Energy Corp	Oil and Gas; Petroleum Refining	09.08.1996
3432	RWE AG	VEW AG	Electric, Gas, and Water Distribution	21.10.1999
3157	PowerGen PLC	East Midlands Electricity(DR)	Construction Firms	29.06.1998
3125	VIAG AG	Bayernwerk AG	Electric, Gas, and Water Distribution	28.10.1992
3115	Cia di Partecipazioni Assicura	Montedison(Cie de Partecipazi)	Chemicals and Allied Products	04.02.2000
2870	Enova Corp	Pacific Enterprises Inc	Electric, Gas, and Water Distribution	14.10.1996
2862	North West Water Group PLC	Norweb PLC	Electric, Gas, and Water Distribution	06.09.1995
2852	Illinova Corp	Dynegy Inc	Oil and Gas; Petroleum Refining	11.06.1999
2757	AES Corp	IPALCO Enterprises Inc	Electric, Gas, and Water Distribution	17.07.2000
2757	Williams Cos Inc	Barrett Resources Corp	Oil and Gas; Petroleum Refining	08.05.2001
2706	Williams Cos Inc	Transco Energy Co	Electric, Gas, and Water Distribution	12.12.1994
2634	Williams Cos Inc	MAPCO Inc	Oil and Gas; Petroleum Refining	24.11.1997
2561	KeySpan Corp	Eastern Enterprises	Electric, Gas, and Water Distribution	04.11.1999
2554	Scottish Power PLC	Southern Water PLC	Electric, Gas, and Water Distribution	24.05.1996
2543	Central & South West Corp	Seeboard PLC	Retail Trade-Home Furnishings	06.11.1995
2352	Hidroelectrica Iberica	Hidroelectrica Iberica Iberdue	Electric, Gas, and Water Distribution	23.04.1991

197

Transaktions-volumen (in Mio. USD)	Käufer	Übernommenes Unternehmen	Industriesegment des fusionierten Unternehmens	Bekanntgabe der Fusion
2300	Northeast Utilities	Public Service Co of NH	Electric, Gas, and Water Distribution	24.03.1988
2281	Entergy Corp	Gulf States Utilities Co	Electric, Gas, and Water Distribution	08.06.1992
2264	Dominion Resources Inc	Louis Dreyfus Natural Gas	Oil and Gas; Petroleum Refining	07.09.2001
2166	Catalana de Gas SA	Gas Madrid,Repsol Burtano SA	Oil and Gas; Petroleum Refining	18.02.1991
2006	GPU Inc	PowerNet Victoria(GPU Inc)	Electric, Gas, and Water Distribution	13.10.1997
1900	Sydkraft AB	Bakab Energi	Electric, Gas, and Water Distribution	09.03.1992
1855	Lyonnaise des Eaux SA	Dumez SA	Construction Firms	09.07.1990
1845	Suez Lyonnaise des Eaux SA	United Water Resources Inc	Electric, Gas, and Water Distribution	23.08.1999
1829	Scottish Power PLC	Manweb PLC	Electric, Gas, and Water Distribution	24.07.1995
1731	VEBA AG	GFC Gmbh fuer	Chemicals and Allied Products	21.05.1997
1687	Texas Utilities Co	ENSERCH Corp	Electric, Gas, and Water Distribution	15.04.1996
1658	AES Corp	CA La Electricidad de Caracas	Electric, Gas, and Water Distribution	28.04.2000
1638	Energy Group PLC	Peabody Holding Co(Hanson Ind)	Mining	07.03.1997
1631	Southern Co Inc	South Western Electricity PLC	Electric, Gas, and Water Distribution	13.07.1995
1613	Texas Utilities Co	Eastern Energy Ltd (Australia)	Electric, Gas, and Water Distribution	03.11.1995
1613	Ohio Edison Co	Centerior Energy Corp	Electric, Gas, and Water Distribution	16.09.1996
1590	PG&E Corp	New England Elec Sys-Power Gen	Electric, Gas, and Water Distribution	06.08.1997
1548	Cincinnati Gas & Electric Co	PSI Resources Inc	Electric, Gas, and Water Distribution	11.12.1992
1539	LG&E Energy Corp	KU Energy Corp	Electric, Gas, and Water Distribution	21.05.1997
1522	Elektrowatt AG	Landis & Gyr AG	Holding Companies, Except Banks	07.12.1995
1473	Kinder Morgan Energy Partners	Santa Fe Pacific Pipeline	Oil and Gas; Petroleum Refining	20.10.1997
1445	Wisconsin Energy Corp	WICOR Inc	Electric, Gas, and Water Distribution	28.06.1999
1408	PG&E Corp	Valero Energy Corp-Natural Gas	Oil and Gas; Petroleum Refining	31.01.1997
1404	Sonat Inc	Zilkha Energy Co	Oil and Gas; Petroleum Refining	24.11.1997
1373	AES Corp	Cie Centro Oeste	Electric, Gas, and Water Distribution	09.09.1997
1343	Welsh Water PLC	South Wales Electricity PLC	Electric, Gas, and Water Distribution	04.12.1995
1333	VEBA AG	Vebacom GmbH	Telecommunications	07.02.1997
1319	AES Corp	Gener SA	Electric, Gas, and Water Distribution	03.11.2000
1296	Entergy Corp	Citipower Ltd(Entergy Corp)	Electric, Gas, and Water Distribution	17.11.1995
1268	Lyonnaise des Eaux SA	Northumbrian Water Group PLC	Electric, Gas, and Water Distribution	23.11.1995
1242	Union Electric Co	CIPSCO Inc	Electric, Gas, and Water Distribution	14.08.1995
1231	Energy East Corp	CMP Group Inc	Electric, Gas, and Water Distribution	15.06.1999
1224	Public Service Co of Colorado	Southwestern Public Service Co	Electric, Gas, and Water Distribution	23.08.1995
1214	Indiana Energy Inc	SIGCORP Inc	Electric, Gas, and Water Distribution	11.06.1999
1121	WPL Holdings Inc	IES Industries Inc	Electric, Gas, and Water Distribution	10.11.1995
1099	Kansas Power & Light Co	Kansas Gas & Electric Co	Electric, Gas, and Water Distribution	12.09.1990

Transaktions-volumen (in Mio. USD)	Käufer	Übernommenes Unternehmen	Industriesegment des fusionierten Unternehmens	Bekannt-gabe der Fusion
1096	Calpine Corp	Encal Energy Ltd	Oil and Gas; Petroleum Refining	08.02.2001
1077	Thames Water PLC	E'town Corp	Electric, Gas, and Water Distribution	22.11.1999
999	VIAG AG	Continental Can Europe	Metal and Metal Products	12.04.1991
951	Delmarva Power & Light	Atlantic Energy(Conoco)	Electric, Gas, and Water Distribution	12.08.1996
941	SCANA Corp	PSNC	Electric, Gas, and Water Distribution	17.02.1999
938	California Energy Co Inc	Magma Power Co	Electric, Gas, and Water Distribution	19.09.1994
933	British Gas PLC	Consumers Gas Co Ltd	Electric, Gas, and Water Distribution	07.03.1990
913	White Martins SA(Praxair Inc)	Liquid Carbonic Ind-South Amer	Chemicals and Allied Products	03.05.1996
900	Western Resources Inc	Protection One Inc	Business Services	30.07.1997
890	Tejas Gas Corp	Transok Inc	Electric, Gas, and Water Distribution	09.05.1996
868	Interprovincial Pipe Line	Consumers Gas Co Ltd	Electric, Gas, and Water Distribution	19.11.1993
781	AES Corp	Southern CA Edison-Plants(12)	Electric, Gas, and Water Distribution	24.11.1997
702	Westcoast Energy Inc	Inter-City Gas-Utils,Propane	Electric, Gas, and Water Distribution	12.12.1989
690	Electricity Generating PLC	Khanom Electricity Generating	Electric, Gas, and Water Distribution	27.06.1995
682	Northeast Utilities	Yankee Energy System Inc	Electric, Gas, and Water Distribution	15.06.1999
657	Sithe Energies(Cie Generale)	Boston Edison-Power Plants(12)	Electric, Gas, and Water Distribution	10.12.1997
642	Midwest Resources Inc	Iowa-Illinois Gas & Electric	Electric, Gas, and Water Distribution	27.07.1994
642	New England Electric System	Eastern Utilities Associates	Electric, Gas, and Water Distribution	29.01.1999
622	Energy East Corp	Connecticut Energy	Electric, Gas, and Water Distribution	23.04.1999
596	Enbridge Inc	Midcoast Energy Resources Inc	Electric, Gas, and Water Distribution	16.03.2001
591	ONEOK Inc	Western Res-Ok & KS Natural	Electric, Gas, and Water Distribution	12.12.1996
575	Energy East Corp	CTG Resources Inc	Electric, Gas, and Water Distribution	30.06.1999
526	Seagull Energy Corp	Global Natural Resources Inc	Oil and Gas; Petroleum Refining	22.07.1996
520	Cia Forca e Luz Cataguazes	Empresa Energetica de Sergipe	Electric, Gas, and Water Distribution	04.12.1997
516	Midwest Energy Co	Iowa Resources	Electric, Gas, and Water Distribution	16.03.1990
501	Duke Energy Corp	PG&E-CA Generating Plants(3)	Electric, Gas, and Water Distribution	18.11.1997
Electronic and Electrical Equipment				
41144	JDS Uniphase Corp	SDL Inc	Electronic and Electrical Equipment	10.07.2000
15394	JDS Uniphase Corp	E-Tek Dynamics Inc	Electronic and Electrical Equipment	17.01.2000
7406	Matsushita Electric Industrial	MCA Inc	Motion Picture Production and Distribution	24.09.1990
6956	Texas Instruments Inc	Burr-Brown Corp	Electronic and Electrical Equipment	21.06.2000
5502	Schneider Electric SA	Legrand SA	Electronic and Electrical Equipment	15.01.2001
5122	Westinghouse Electric Corp	CBS Inc	Radio and Television Broadcasting Stations	01.08.1995
4738	Westinghouse Electric Corp	Infinity Broadcasting Corp	Radio and Television Broadcasting Stations	20.06.1996

Transaktions-volumen (in Mio. USD)	Käufer	Übernommenes Unternehmen	Industriesegment des fusionierten Unternehmens	Bekannt-gabe der Fusion
4465	Applied Micro Circuits Corp	MMC Networks Inc	Electronic and Electrical Equipment	27.08.2000
2766	JDS Uniphase Corp	Optical Coating Laboratory Inc	Measuring, Medical, Photo Equipment; Clocks	04.11.1999
2723	Farnell Electronics PLC	Premier Industrial Corp	Wholesale Trade-Durable Goods	22.01.1996
2700	Smiths Industries PLC	TI Group PLC	Metal and Metal Products	18.09.2000
2636	Solectron Corp	C-Mac Industries Inc	Business Services	09.08.2001
2628	Marvell Technology Group Ltd	Galileo Technology Ltd	Electronic and Electrical Equipment	17.10.2000
2591	Flextronics International Ltd	DII Group	Electronic and Electrical Equipment	22.11.1999
2406	Solectron Corp	NatSteel Electronics Pte Ltd	Computer and Office Equipment	31.10.2000
2167	Sony Corp	Sony Music Entertainment(JP)	Electronic and Electrical Equipment	09.03.1999
2165	Schneider SA	Square D Co	Electronic and Electrical Equipment	19.02.1991
2017	PMC-Sierra Inc	Quantum Effect Devices Inc	Electronic and Electrical Equipment	12.07.2000
1780	QLogic Corp	Ancor Communication Inc	Computer and Office Equipment	08.05.2000
1666	Matsushita Electric Industrial	Matsushita Electronics Corp	Electronic and Electrical Equipment	30.04.1993
1621	Maxim Integrated Products Inc	Dallas-Semiconductor Corp	Electronic and Electrical Equipment	29.01.2001
1561	ASM Lithography Holding NV	Silicon Valley Group Inc	Electronic and Electrical Equipment	29.09.2000
1550	Westinghouse Electric Corp	Nashville Network,Country	Radio and Television Broadcasting Stations	10.02.1997
1525	Siemens AG	Westinghouse-Conven Power Gen	Machinery	13.11.1997
1407	Fujitsu Ltd	International Computers Ltd	Prepackaged Software	18.07.1990
1320	Sunbeam Corp	Coleman Co Inc	Electronic and Electrical Equipment	02.03.1998
1312	TriQuint Semiconductor Inc	Sawtek Inc	Communications Equipment	15.05.2001
1286	Micron Technology Inc	Texas Instruments-MMP Bus	Electronic and Electrical Equipment	18.06.1998
1030	Koninklijke Philips Electronic	MedQuist Inc	Business Services	22.05.2000
985	Siemens AG	Siemens Nixdorf Info AG	Electronic and Electrical Equipment	21.10.1991
962	Acer Display Technology Inc	Unipac Optoelectronics Corp	Computer and Office Equipment	13.03.2001
926	Celestica Inc	Omni Industries Ltd	Electronic and Electrical Equipment	15.06.2001
925	Fujitsu Ltd	Amdahl Corp	Computer and Office Equipment	30.07.1997
890	Vishay Intertechnology Inc	General Semiconductor Inc	Electronic and Electrical Equipment	02.04.2001
866	LSI Logic Corp	C-Cube Microsystems Inc	Electronic and Electrical Equipment	26.03.2001
848	Semi-Tech Microelectronics Ltd	Singer Co NV	Wholesale Trade-Durable Goods	22.06.1993
847	Conexant Systems Inc	Maker Communications Inc	Electronic and Electrical Equipment	20.12.1999
816	Siemens AG	Elektrowatt AG-Industrial	Electric, Gas, and Water Distribution	28.01.1997
786	Koninklijke Philips Electronic	ATL Ultrasound Inc	Measuring, Medical, Photo Equipment; Clocks	29.07.1998
760	LSI Logic Corp	Symbios Inc	Computer and Office Equipment	29.06.1998
756	Advanced Micro Devices Inc	NexGen Inc	Electronic and Electrical Equipment	20.10.1995
702	Intel Corp	Xircom Inc	Business Services	15.01.2001
700	ASEA AB	Incentive AB	Measuring, Medical, Photo Equipment; Clocks	02.04.1990
700	Intel Corp	Digital Equip-Semiconductor	Electronic and Electrical Equipment	27.10.1997
683	Electrolux AB	AEG Hausgeraete	Electronic and Electrical Equipment	08.12.1993

Transaktions-volumen (in Mio. USD)	Käufer	Übernommenes Unternehmen	Industriesegment des fusionierten Unternehmens	Bekannt-gabe der Fusion
661	General Electric Co	Nuovo Pignone	Measuring, Medical, Photo Equipment; Clocks	22.12.1993
632	Flextronics International Ltd	JIT Holdings Ltd	Electronic and Electrical Equipment	10.08.2000
632	Whirlpool Corp	Whirlpool International BV	Electronic and Electrical Equipment	31.01.1990
630	GlobeSpan Inc	Virata Corp	Electronic and Electrical Equipment	01.10.2001
625	Texas Instruments Inc	Silicon Systems Inc(TDK USA)	Electronic and Electrical Equipment	04.06.1996
570	Thomas & Betts Corp	Augat Inc	Electronic and Electrical Equipment	07.10.1996
566	National Semiconductor Corp	Cyrix Corp	Electronic and Electrical Equipment	28.07.1997
563	Kyocera Corp	AVX Corp(Kyocera)	Electronic and Electrical Equipment	28.09.1989
557	Allegheny Teledyne Inc	Oregon Metallurgical Corp	Metal and Metal Products	03.11.1997
550	Exide Corp	CEAC(Magneti Marelli/Fiat SpA)	Electronic and Electrical Equipment	20.10.1994
537	Schneider SA	Merlin Gerlin SA(Schneider)	Electronic and Electrical Equipment	28.04.1992
527	Sansui Electric Co(Polly Peck)	Capetronics,Imperial	Electronic and Electrical Equipment	22.05.1990
519	General Electric Co	Greenwich Air Services Inc	Aerospace and Aircraft	10.03.1997
Food and Kindred Products				
25065	Unilever PLC	Bestfoods	Food and Kindred Products	02.05.2000
15968	Grand Metropolitan PLC	Guinness PLC	Food and Kindred Products	12.05.1997
14392	PepsiCo Inc	Quaker Oats Co	Food and Kindred Products	04.12.2000
5704	Seagram Co Ltd	MCA Inc(Matsushita Electric)	Motion Picture Production and Distribution	10.04.1995
4652	Kellogg Co	Keebler Foods Co	Food and Kindred Products	26.10.2000
4233	Tyson Foods Inc	IBP Inc	Food and Kindred Products	04.12.2000
3300	PepsiCo Inc	Tropicana Products Inc	Food and Kindred Products	20.07.1998
3294	ConAgra Inc	Beatrice Co	Machinery	07.06.1990
3036	ConAgra Inc	International Home Foods Inc	Food and Kindred Products	23.06.2000
2950	Bass PLC	Saison Holdings BV	Hotels and Casinos	22.02.1998
2906	Sara Lee Corp	Earthgrains Co	Food and Kindred Products	02.07.2001
2893	Hellenic Bottling Co SA	Coca-Cola Beverages PLC	Food and Kindred Products	18.08.1999
2739	Coca-Cola Amatil Ltd	Coca-Cola Bottlers Philippines	Food and Kindred Products	02.04.1997
2440	Procordia AB	Pharmacia AB(Pharmacia SpA)	Drugs	12.12.1989
2367	Cadbury Schweppes PLC	Dr Pepper/Seven-Up Cos Inc	Food and Kindred Products	09.03.1994
2225	Bass PLC	Holiday Inns Inc(Holiday Corp)	Hotels and Casinos	24.08.1989
1999	Hellenic Bottling Co SA	Molino Beverages Holding SA	Food and Kindred Products	29.09.1997
1935	Bacardi Corp	Diageo PLC	Wholesale Trade-Nondurable Goods	30.03.1998
1768	Koninklijke Numico NV	Rexall Sundown Inc	Drugs	01.05.2000
1703	Quaker Oats Co	Snapple Beverage Corp	Food and Kindred Products	02.11.1994
1700	Seagram Co Ltd	USA Network(Viacom,Seagram)	Radio and Television Broadcasting Stations	22.09.1997
1500	Bacardi Corp	Martini & Rossi SpA	Food and Kindred Products	10.09.1992
1493	Jacobs Suchard AG	Freia Marabou AS	Food and Kindred Products	28.09.1992
1372	Coca-Cola Enterprises Inc	Johnston Coca-Cola Btlg Group	Food and Kindred Products	30.08.1991
1356	Procordia AB	Provendor AB(Volvo AB)	Agriculture, Forestry, and Fishing	12.12.1989
1349	PepsiCo Inc	Walkers Crisps,Smith Crisps	Food and Kindred Products	03.07.1989
1310	Beghin-Say SA	Eridania Zuccherifici	Food and Kindred Products	14.11.1991
1298	Loblaw Cos(George Weston Ltd)	Provigo Inc	Retail Trade-Food Stores	30.10.1998
1185	Nestle SA	Spillers Petfoods(Dalgety PLC)	Food and Kindred Products	04.02.1998
1120	Coca-Cola Enterprises Inc	Coca-Cola Bottling,Texas Bottl	Food and Kindred Products	06.04.1998
1115	Campbell Soup Co	Pace Foods	Food and Kindred Products	28.11.1994

201

Transaktions-volumen (in Mio. USD)	Käufer	Übernommenes Unternehmen	Industriesegment des fusionierten Unternehmens	Bekanntgabe der Fusion
1112	Panamerican Beverages Inc	Coca-Cola Hitt de Venezuela	Food and Kindred Products	12.05.1997
1072	Scottish & Newcastle Breweries	Grand Met-Chef,Brewer Chains	Retail Trade-Eating and Drinking Places	29.09.1993
995	Suedzucker AG	Raffinerie Tirlemontoise SA	Food and Kindred Products	02.11.1989
991	Scottish & Newcastle Breweries	Courage Ltd	Food and Kindred Products	27.03.1995
972	Suiza Foods Corp	Morningstar Group Inc	Food and Kindred Products	29.09.1997
971	Coca-Cola Amatil Ltd	Coca-Cola Co-Italian Assets	Food and Kindred Products	06.02.1998
961	Coca-Cola Enterprises Inc	Coca-Cola & Schweppes Beverage	Food and Kindred Products	04.06.1996
955	Coca-Cola Enterprises Inc	Coca-Cola & Schweppes Beverage	Food and Kindred Products	04.06.1996
941	Whitbread PLC	Swallow Group PLC	Food and Kindred Products	22.11.1999
915	Coca-Cola Enterprises Inc	Coca-Cola Beverages SA,Coca-Co	Food and Kindred Products	13.05.1996
906	Coca-Cola Enterprises Inc	Coca-Cola Beverages Ltd	Food and Kindred Products	27.05.1997
885	Allied-Lyons PLC	Whitbread & Co-Spirits Div	Food and Kindred Products	22.12.1989
865	CPC International Inc	Kraft General Foods-Baking Div	Food and Kindred Products	07.08.1995
813	Koninklijke Wessanen NV	Koninklijke Distilleerderijen	Food and Kindred Products	19.01.1993
755	Nestle SA	Nestle Philippines Inc	Food and Kindred Products	20.08.1998
749	Saint Louis SA	Arjomari-Prioux SA	Paper and Allied Products	21.11.1991
737	Unilever NV	Helene Curtis Industries Inc	Soaps, Cosmetics, and Personal-Care Products	14.02.1996
725	HJ Heinz Co	Quaker Oats-US & CA Pet Food	Food and Kindred Products	06.02.1995
680	Molson Companies Ltd	Molson Breweries of CA(Molson)	Food and Kindred Products	23.06.1998
657	IBP Inc	Foodbrands America Inc	Food and Kindred Products	25.03.1997
648	Tyson Foods Inc	Hudson Foods Inc	Food and Kindred Products	04.09.1997
645	Northern Foods PLC	Express Dairy Ltd,Eden Vale	Wholesale Trade-Nondurable Goods	11.11.1991
583	Imperial Sugar Co	Savannah Foods & Industries	Food and Kindred Products	26.08.1997
570	Unilever NV	Diversey Corp(Molson Cos Ltd)	Soaps, Cosmetics, and Personal-Care Products	23.01.1996
557	Verenigde Bedrijven Nutricia	Milupa AG	Food and Kindred Products	24.08.1995
554	Danone Group	Panzalim	Food and Kindred Products	09.06.1994
549	Eridania Beghin-Say	Cie Francaise de Sucrerie	Food and Kindred Products	05.06.1996
524	Cervecerias Backus y Johnston	Cia Nacional de Cerveza	Food and Kindred Products	17.10.1996
511	Coca-Cola Amatil Ltd	Coca-Cola Korea Bottling Co	Food and Kindred Products	06.02.1998
507	General Mills Inc	Ralcorp Hldgs-Branded Cereal	Food and Kindred Products	14.08.1996
507	Azucarera Ebro Agricolas SA	Puleva	Food and Kindred Products	20.10.2000
500	HJ Heinz Co	JL Foods Inc(John Labatt Ltd)	Food and Kindred Products	18.07.1991

Health Services

5605	Columbia Healthcare Corp	HCA-Hospital Corp of America	Health Services	03.10.1993
5219	Columbia/HCA Healthcare Corp	HealthTrust Inc-The Hospital	Health Services	05.10.1994
4188	Columbia Hospital Corp	Galen Health Care Inc	Health Services	10.06.1993
3300	National Medical Enterprises	American Medical Holdings Inc	Health Services	19.09.1994
3123	Tenet Healthcare Corp	OrNda HealthCorp	Health Services	17.10.1996
2708	MedPartners/Mullikin Inc	Caremark International Inc	Health Services	14.05.1996
2474	Health Care and Retirement	Manor Care Inc	Health Services	10.06.1998
2290	United HealthCare Corp	MetraHealth Cos(Travelers,Met)	Health Services	21.06.1995
2000	PacifiCare Health Systems Inc	FHP International Corp	Health Services	05.08.1996
1896	Vencor Inc	Hillhaven Corp	Health Services	26.01.1995
1651	HealthSouth Corp	Horizon/CMS Healthcare Corp	Health Services	14.02.1997
1459	HealthSouth Corp	Surgical Care Affiliates Inc	Health Services	10.10.1995
1363	Total Renal Care Holdings Inc	Renal Treatment Centers Inc	Health Services	19.11.1997
1250	Integrated Health Services Inc	HealthSouth-Long Term Care	Health Services	03.11.1997
1218	Mayne Nickless Ltd	FH Faulding & Co Ltd	Drugs	31.05.2001
1132	Columbia/HCA Healthcare Corp	Value Health Inc	Insurance	15.01.1997
1033	FHP International Corp	TakeCare Inc	Health Services	10.01.1994

Transaktions-volumen (in Mio. USD)	Käufer	Übernommenes Unternehmen	Industriesegment des fusionierten Unternehmens	Bekannt-gabe der Fusion
1004	HealthTrust Inc-The Hospital	EPIC Healthcare Group Inc	Health Services	07.01.1994
919	Integrated Health Services Inc	RoTech Medical Corp	Health Services	07.07.1997
876	Columbia Healthcare Corp	Medical Care America Inc	Health Services	23.05.1994
846	Medical Care International Inc	Critical Care America Inc	Health Services	17.06.1992
703	HealthSouth Corp	National Surgery Centers Inc	Health Services	06.05.1998
684	Qual-Med Inc	Health Net Inc	Health Services	30.08.1993
678	Genesis Health Ventures Inc	Vitalink Pharmacy Services Inc	Health Services	27.04.1998
628	Vencor Inc	Transitional Hospitals Corp	Health Services	07.05.1997
622	Paragon Health Network Inc	Mariner Health Group Inc	Health Services	13.04.1998
594	Horizon Healthcare Corp	Continental Medical Systems	Health Services	31.03.1995
588	Sun Healthcare Group Inc	Regency Health Services Inc	Health Services	28.07.1997
565	United HealthCare Corp	Ramsay-HMO	Health Services	15.02.1994
549	T2 Medical Inc	Medisys,HealthInfusion,1 Other	Health Services	07.02.1994
512	United HealthCare Corp	Gencare Health Systems	Insurance	12.09.1994
500	HealthSouth Corp	Columbia/HCA Healthcare-34 Amb	Health Services	15.04.1998

Holding Companies, Except Banks

48174	British Petroleum Co PLC	Amoco Corp	Oil and Gas; Petroleum Refining	11.08.1998
11858	CGU PLC	Norwich Union PLC	Insurance	21.02.2000
7445	Lyonnaise des Eaux-Dumez SA	Cie de Suez SA	Electric, Gas, and Water Distribution	17.03.1997
2373	Repola Oy	Kymmene Oy(UPM-Kymmene)	Paper and Allied Products	11.09.1995
1797	GFC Financial Corp	TriCon Capital(Bell Atlantic)	Credit Institutions	04.03.1994
1650	Knight-Ridder Inc	Walt Disney-Kansas City Star,	Printing, Publishing, and Allied Services	07.04.1997
1572	Societe Generale de Belgique	TRACTEBEL SA	Holding Companies, Except Banks	17.09.1996
1074	Internationale Nederlanden	Barings PLC-Assets	Commercial Banks, Bank Holding Companies	03.03.1995
962	Havas SA	Generale Occidentale-Publishin	Printing, Publishing, and Allied Services	25.10.1995
875	Jefferson-Pilot Corp	Chubb Life Ins Co of America	Insurance	24.02.1997
670	American Brands Inc	Cobra Golf Inc	Miscellaneous Manufacturing	18.12.1995
636	Financiere Agache SA	Au Bon Marche(Financiere)	Retail Trade-General Merchandise and Apparel	03.10.1994
583	Yorkshire Water PLC	Aquarion Co	Electric, Gas, and Water Distribution	01.06.1999
575	Jefferson-Pilot Corp	Alexander Hamilton Life Ins	Insurance	10.08.1995

Hotels and Casinos

3138	Hilton Hotels Corp	Bally Entertainment Corp	Hotels and Casinos	06.06.1996
2300	Accor SA	Motel 6 LP	Hotels and Casinos	12.07.1990
1810	HFS Inc	PHH Corp	Business Services	11.11.1996
1704	Promus Hotel Corp	Doubletree Corp	Hotels and Casinos	02.09.1997
1696	ITT Corp	Caesars World Inc	Hotels and Casinos	16.12.1994
1212	CapStar Hotel Co	American General Hospitality	Investment & Commodity Firms,Dealers,Exchanges	16.03.1998
1174	Doubletree Corp	Red Lions Hotels(Red Lion Inn)	Hotels and Casinos	28.08.1996
908	Marriott International Inc	Renaissance Hotel Group NV	Hotels and Casinos	18.02.1997
903	Rank Organisation PLC	Mecca Leisure Group PLC	Retail Trade-Eating and Drinking Places	01.06.1990
832	Hilton Hotels Corp	Grand Casinos Inc	Hotels and Casinos	29.06.1998
825	HFS Inc	Resort Condominiums Intl Inc	Hotels and Casinos	07.10.1996
800	HFS Inc	Avis Inc	Repair Services	03.06.1996
750	Sterling Worldwide Corp	LY Transportation Construction	Real Estate; Mortgage Bankers and Brokers	15.08.1997
659	Bristol Hotel Co	Bass PLC-N Amer Holiday Inn	Hotels and Casinos	10.12.1996
622	Marriott International Inc	Forum Group Inc	Health Services	16.02.1996
609	Mandalay Resort Group	Gold Strike Resorts	Hotels and Casinos	20.03.1995

Transaktions-volumen (in Mio. USD)	Käufer	Übernommenes Unternehmen	Industriesegment des fusionierten Unternehmens	Bekannt-gabe der Fusion
540	Host Marriott Corp	Forum Group Inc	Health Services	18.03.1997
532	Stakis PLC	Metropole Hotels(Holdings)Ltd	Hotels and Casinos	31.10.1996
513	Trump Hotels & Casino Resorts	Trump's Castle Casino(Trump's)	Hotels and Casinos	13.05.1996
502	Trusthouse Forte PLC	Bass PLC-40 Crest Hotels	Hotels and Casinos	15.05.1990

Insurance

72558	Travelers Group Inc	Citicorp	Commercial Banks, Bank Holding Companies	06.04.1998
30957	Citigroup Inc	Associates First Capital Corp	Credit Institutions	06.09.2000
23398	American International Group	American General Corp	Insurance	03.04.2001
22338	Berkshire Hathaway Inc	General Re Corp	Insurance	19.06.1998
19656	Allianz AG	Dresdner Bank AG	Commercial Banks, Bank Holding Companies	01.04.2001
19399	Zurich Allied AG	Allied Zurich PLC	Insurance	17.04.2000
18355	Zurich Versicherungs GmbH	BAT Industries PLC-Financial	Insurance	13.10.1997
12821	Citigroup Inc	Banacci	Commercial Banks, Bank Holding Companies	17.05.2001
12470	Fortis (B)	Fortis(NL)NV	Insurance	27.09.2001
12299	Fortis AG	Generale de Banque SA	Commercial Banks, Bank Holding Companies	18.05.1998
11153	Commercial Union PLC	General Accident PLC	Insurance	25.02.1998
10605	Axa SA	UAP	Insurance	12.11.1996
10180	Assicurazioni Generali SpA	INA	Insurance	14.09.1999
8852	Travelers Group Inc	Salomon Inc	Investment & Commodity Firms,Dealers,Exchanges	24.09.1997
7458	Nationale-Nederlanden NV	NMB Postbank Groep NV	Commercial Banks, Bank Holding Companies	05.11.1990
7359	Conseco Inc	Green Tree Financial Corp	Credit Institutions	07.04.1998
5974	ING Groep NV	ReliaStar Financial Corp	Insurance	28.04.2000
5118	Allianz AG	AGF	Insurance	17.11.1997
5075	Assicurazioni Generali SpA	Aachener und Muenchener	Insurance	22.12.1997
4516	ING Groep NV	Banque Bruxelles Lambert SA	Commercial Banks, Bank Holding Companies	11.11.1997
4326	Mitsui Marine & Fire Insurance	Sumitomo Marine & Fire Ins	Insurance	27.03.2000
4000	Travelers Group Inc	Aetna Life & Casualty-Ppty	Insurance	29.11.1995
3968	Muenchener Rueckversicherungs	American Re Corp	Insurance	14.08.1996
3956	Primerica Corp	Travelers Corp	Insurance	22.09.1993
3919	Prudential PLC	Scottish Amicable Life	Insurance	25.03.1997
3807	Sun Alliance Group PLC	Royal Insurance Holdings PLC	Insurance	03.05.1996
3782	St Paul Cos Inc	USF&G Corp	Insurance	19.01.1998
3689	Fortis(NL)NV	ASR Verzekeringsgroep	Insurance	09.10.2000
3504	Aegon NV	Providian Corp-Insurance	Insurance	27.12.1996
3393	Muenchener Rueckversicherungs	Ergo Versicherungsgruppe AG	Insurance	01.04.2001
3138	AXA-UAP	Royale Belge SA	Insurance	05.05.1998
3127	SAFECO Corp	American States Financial Corp	Insurance	09.06.1997
3100	Allianz AG Holding	Fireman's Fund Insurance Co	Insurance	02.08.1990
2721	Swiss Reinsurance Co	Mercantile and General Reinsur	Insurance	27.08.1996
2626	ING Groep NV	Equitable of Iowa Cos	Insurance	08.07.1997
2449	Citigroup Inc	Travelers Property Casualty	Insurance	21.03.2000
2374	American General Corp	USLIFE Corp	Insurance	13.02.1997
2349	Berkshire Hathaway Inc	GEICO Corp(Berkshire Hathaway)	Insurance	25.08.1995
2187	Allianz AG	Allianz Lebensversicherungs AG	Insurance	01.04.2001
2130	Marsh & McLennan Cos Inc	Sedgwick Group PLC	Insurance	25.08.1998
2122	EXEL Ltd	Mid Ocean Ltd	Insurance	13.03.1998
2111	Great-West Lifeco (Power Finl)	London Insurance Group Inc	Insurance	18.08.1997
2101	AGF	Athena Assurances	Insurance	10.11.1997
2098	Commercial Union PLC	Cie Financiere Groupe Victoire	Insurance	10.06.1994

Transaktionsvolumen (in Mio. USD)	Käufer	Übernommenes Unternehmen	Industriesegment des fusionierten Unternehmens	Bekanntgabe der Fusion
1930	Allianz AG	PIMCO Advisors Holdings LP	Investment & Commodity Firms,Dealers,Exchanges	06.10.1999
1800	Marsh & McLennan Cos Inc	Johnson & Higgins	Insurance	12.03.1997
1795	Swiss Reinsurance Co	Life Re Corp	Insurance	27.07.1998
1687	American Premier Underwriters	American Financial Corp	Insurance	12.12.1994
1667	Zurich Versicherungs GmbH	Scudder Stevens & Clark Inc	Investment & Commodity Firms,Dealers,Exchanges	27.06.1997
1653	CIGNA Corp	Healthsource Inc	Health Services	28.02.1997
1629	Fortis(NL)NV	Banque Generale du Luxembourg	Commercial Banks, Bank Holding Companies	28.01.2000
1518	Berkshire Hathaway Inc	FlightSafety International	Electronic and Electrical Equipment	15.10.1996
1457	Old Mutual PLC	United Asset Management Corp	Investment & Commodity Firms,Dealers,Exchanges	19.06.2000
1436	Fortis AG	MeesPierson NV(ABN-AMRO Hldg)	Commercial Banks, Bank Holding Companies	04.10.1996
1431	American International Group	HSB Group Inc	Insurance	18.08.2000
1400	Lincoln National Corp	CIGNA-Indiv Life Ins & Annuity	Insurance	28.07.1997
1400	Triad Hospitals Inc	Quorum Health Group Inc	Health Services	18.10.2000
1325	Hartford Fin Svcs Group Inc	Hartford Life(ITT Hartford)	Insurance	27.03.2000
1323	Sanlam Ltd	Gensec	Investment & Commodity Firms,Dealers,Exchanges	07.05.1998
1290	Assicurazioni Generali SpA	Banca della Svizzera Italiana	Commercial Banks, Bank Holding Companies	26.06.1998
1290	Fidelity National Financial	Chicago Title Corp	Insurance	01.08.1999
1277	Foundation Health Corp	Health Systems International	Health Services	01.10.1996
1227	Aon Corp	Alexander & Alexander Services	Insurance	11.12.1996
1215	American General Corp	Western National Corp	Insurance	12.09.1997
1208	Refuge Group PLC	United Friendly Group PLC	Insurance	08.08.1996
1171	Provident Cos	Paul Revere Corp(Textron Inc)	Insurance	29.04.1996
1170	American General Corp	Franklin Life Insurance Co	Insurance	28.11.1994
1169	Dai-Tokyo Fire & Marine Ins Co	Chiyoda Fire & Marine Ins Co	Insurance	01.03.2000
1164	Riunione Adriatica di Securita	Elvia Schweizerische	Insurance	30.09.1994
1156	Sun Life and Provincial	Axa Equity and Law Life,Axa	Insurance	02.07.1997
1150	Primerica Corp	Shearson Lehman Brothers Inc	Investment & Commodity Firms,Dealers,Exchanges	09.03.1993
1122	American International Group	International Lease Finance	Business Services	25.06.1990
1110	CNA Financial Corp(Loews Corp)	Continental Corp	Insurance	06.12.1994
1073	TransAmerica Corp	Tiphook PLC-Core Container Bus	Business Services	15.11.1993
1050	Aetna Inc	NYLCare Health Plans Inc	Health Services	02.03.1998
1029	PartnerRe Ltd	Societe Anonyme Francaise de	Insurance	28.02.1997
1027	Fubon Insurance Co Ltd	Fubon Securities Co Ltd	Investment & Commodity Firms,Dealers,Exchanges	12.09.2001
1016	Berkshire Hathaway Inc	Benjamin-Moore and Co	Chemicals and Allied Products	09.11.2000
1012	Tryg Forsikring A/S	Baltica Forsikring A/S	Insurance	23.05.1995
1000	Lincoln National Corp	Aetna Inc-Domestic Individual	Insurance	20.05.1998
976	ACE Ltd	Tempest Reinsurance Co Ltd	Insurance	09.02.1996
967	Fubon Insurance Co Ltd	Fubon Comercial Bank Co Ltd	Commercial Banks, Bank Holding Companies	12.09.2001
935	Magellan Health Services Inc	Merit Behavioral Care Corp	Health Services	24.10.1997
923	Nippon Fire & Marine Insurance	Koa Fire & Marine Insurance	Insurance	22.03.2000
905	General Re Corp	National Re Corp	Insurance	28.06.1996
868	Conseco Inc	American Travellers Corp	Insurance	26.08.1996
856	Old Mutual PLC	Gerrard Group PLC	Commercial Banks, Bank Holding Companies	18.01.2000
840	UAP	Sun Life Hldgs(TransAtlantic)	Insurance	21.07.1995
839	Conseco Inc	Life Partners Group Inc	Holding Companies, Except Banks	11.03.1996
837	Willis Faber PLC	Corroon & Black Corp	Insurance	04.06.1990
831	ACE Ltd	Tarquin Ltd	Insurance	16.06.1998

Transaktions-volumen (in Mio. USD)	Käufer	Übernommenes Unternehmen	Industriesegment des fusionierten Unternehmens	Bekanntgabe der Fusion
817	Axa SA	National Mutual Life Assn AU	Insurance	19.01.1995
817	Allmerica Financial Corp	Allmerica Property & Casualty	Insurance	17.12.1996
808	Foersaekringsbolaget SPP	London & Edinburgh Trust PLC	Real Estate; Mortgage Bankers and Brokers	02.04.1990
780	PartnerRe Ltd	Winterthur-Active Reinsurance	Insurance	31.08.1998
778	Markel Corp	Terra Nova(Bermuda)Holdings	Insurance	16.08.1999
777	CIGNA Corp	Equicor(Equitable Life,HCA)	Health Services	21.11.1989
775	Guardian Royal Exchange PLC	Netherlands Insurance Co	Insurance	29.05.1998
758	AGF(Allianz AG)	Royal Nederland Verzekeringsgr	Insurance	22.12.1997
749	UAP	Vinci BV(UAP)	Insurance	12.10.1993
737	Assicurazioni Generali SpA	GPA Vie(Athena Assurances)	Insurance	22.12.1997
732	Fortis AG	Generale de Banque SA	Commercial Banks, Bank Holding	29.06.1998
718	Guardian Royal Exchange PLC	PPP Healthcare Group PLC	Health Services	17.12.1997
715	Conseco Inc	Capitol American Financial	Insurance	26.08.1996
711	ACE Ltd	CAT Ltd	Insurance	26.03.1998
701	Berkshire Hathaway Inc	Executive Jet Inc	Air Transportation and Shipping	23.07.1998
700	Gerling Konzern Versicherungs	Constitution Re(Exor America)	Insurance	24.07.1998
680	Fairfax Financial Holdings Ltd	Crum & Forster Hldgs(Talegen)	Insurance	11.03.1998
665	American General Corp	Home Beneficial Corp	Insurance	24.12.1996
649	Lawyers Title Corp	Commonwealth Land,Transnation	Insurance	21.08.1997
643	Humana Inc	Emphesys Financial Group Inc	Insurance	10.08.1995
630	Winterthur Schweizerische	General Casualty Cos	Insurance	12.03.1990
611	Citigroup Inc	Bank Handlowy SA	Commercial Banks, Bank Holding Companies	15.05.2000
599	MBIA Inc	CapMAC Holdings Inc	Insurance	29.10.1997
597	Berkshire Hathaway Inc	International Dairy Queen Inc	Wholesale Trade-Nondurable Goods	21.10.1997
584	Berkshire Hathaway Inc	Justin Industries Inc	Stone, Clay, Glass, and Concrete Products	20.06.2000
584	Berkshire Hathaway Inc	XTRA Corp	Business Services	31.07.2001
577	UNUM Corp	Colonial Cos Inc	Insurance	04.12.1992
564	Conseco Inc	Pioneer Financial Services	Insurance	16.12.1996
551	Torchmark Corp	American Income Holdings	Insurance	15.09.1994
550	Radian Group Inc	Enhance Financial Svcs Grp	Insurance	14.11.2000
548	QBE Insurance Group Ltd	Limit PLC	Insurance	30.06.2000
545	ReliaStar Financial Corp	Security-Connecticut Corp	Insurance	24.02.1997
540	Swiss Reinsurance Co	Societe Anonyme Francaise de	Insurance	14.01.1997
533	General Accident PLC	Canadian General Insurance Grp	Insurance	20.10.1997
532	Lincoln National Corp	Delaware Management Holdings	Investment & Commodity Firms,Dealers,Exchanges	12.12.1994
524	Norwich Union PLC	London & Edinburgh Ins	Insurance	27.10.1998
524	Prudential PLC	Peninsular and Oriental-Arndal	Real Estate; Mortgage Bankers and Brokers	22.12.1997
523	Storebrand ASA	Uni Forsikring	Insurance	06.06.1990
500	SCOR US Corp(SCOR SA)	Allstate Reinsurance(Allstate)	Insurance	23.07.1996
Investment & Commodity Firms,Dealers,Exchanges				
13748	Starwood Hotels & Resorts	ITT Corp	Hotels and Casinos	20.10.1997
10573	Dean Witter Discover & Co	Morgan Stanley Group Inc	Investment & Commodity Firms,Dealers,Exchanges	05.02.1997
8939	Aetna Life & Casualty Co	US Healthcare Inc	Health Services	01.04.1996
7021	Equity Office Properties Trust	Spieker Properties Inc	Investment & Commodity Firms,Dealers,Exchanges	23.02.2001
5781	Simon DeBartolo Group Inc	Corporate Property Investors	Investment & Commodity Firms,Dealers,Exchanges	19.02.1998
5464	United Overseas Bank Ltd	Overseas Union Bank Ltd	Commercial Banks, Bank Holding Companies	29.06.2001

Transaktions-volumen (in Mio. USD)	Käufer	Übernommenes Unternehmen	Industriesegment des fusionierten Unternehmens	Bekannt-gabe der Fusion
5256	Merrill Lynch & Co Inc	Mercury Asset Management Group	Investment & Commodity Firms,Dealers,Exchanges	19.11.1997
4550	Equity Office Properties Trust	Cornerstone Properties Inc	Investment & Commodity Firms,Dealers,Exchanges	11.02.2000
4039	Equity Office Properties Trust	Beacon Properties Corp	Investment & Commodity Firms,Dealers,Exchanges	15.09.1997
3358	Rodamco North America NV	Urban Shopping Centers Inc	Investment & Commodity Firms,Dealers,Exchanges	26.09.2000
3215	Archstone Communities Trust	Charles E Smith Residential	Investment & Commodity Firms,Dealers,Exchanges	03.05.2001
3187	SG Warburg Group PLC	SG Warburg Group PLC	Investment & Commodity Firms,Dealers,Exchanges	10.05.1995
3070	Credit Local de France SA	Credit Communal de Belgique SA	Investment & Commodity Firms,Dealers,Exchanges	14.03.1996
2962	Simon Property Group Inc	DeBartolo Realty Corp	Investment & Commodity Firms,Dealers,Exchanges	26.03.1996
2907	Meditrust Acquisition Co	La Quinta Inns Inc	Hotels and Casinos	05.01.1998
2858	PC Holdings SA	Perez Companc SA	Wood Products, Furniture, and Fixtures	17.11.1999
2660	ORIX Corp	Crown Leasing Corp-Domestic	Investment & Commodity Firms,Dealers,Exchanges	06.06.1997
2613	Charles Schwab Corp	US Trust Corp,New York,NY	Commercial Banks, Bank Holding Companies	13.01.2000
2100	Softbank Corp	Ziff Davis Media Inc	Printing, Publishing, and Allied Services	13.10.1995
2056	Patriot Amer Hosp/Wyndham Intl	Interstate Hotels Co	Hotels and Casinos	02.12.1997
1986	Equity Residential Pptys Trust	Merry Land & Investment Co Inc	Investment & Commodity Firms,Dealers,Exchanges	08.07.1998
1940	E*Trade Group Inc	TeleBanc Financial Corp,VA	Savings and Loans, Mutual Savings Banks	01.06.1999
1850	General Growth Properties Inc	Homart Development Co	Real Estate; Mortgage Bankers and Brokers	12.06.1995
1847	Bay Apartment Communites Inc	Avalon Properties Inc	Investment & Commodity Firms,Dealers,Exchanges	09.03.1998
1810	Cornerstone Properties Inc	William Wilson & Associates	Investment & Commodity Firms,Dealers,Exchanges	01.05.1998
1793	Felcor Lodging Trust Inc	Bristol Hotel Co	Hotels and Casinos	23.03.1998
1751	Amvescap PLC	Trimark Financial Corp	Investment & Commodity Firms,Dealers,Exchanges	09.05.2000
1729	Pulte Homes Inc	Del Webb Corp	Construction Firms	01.05.2001
1715	Excel Realty Trust Inc	New Plan Realty Trust	Investment & Commodity Firms,Dealers,Exchanges	14.05.1998
1681	Security Capital Pacific Trust	Security Capital Atlantic Inc	Investment & Commodity Firms,Dealers,Exchanges	02.04.1998
1599	Invesco PLC	AIM Management Group Inc	Investment & Commodity Firms,Dealers,Exchanges	04.11.1996
1513	Amvescap PLC	Perpetual PLC	Investment & Commodity Firms,Dealers,Exchanges	19.10.2000
1500	Investcorp	BATUS Inc-Saks Fifth Avenue	Retail Trade-General Merchandise and Apparel	25.04.1990
1436	Bell Resources Ltd(Bond Corp)	Bond Australian Brewing Hldgs	Food and Kindred Products	19.09.1989
1300	Amvescap PLC	Chancellor LGT Asset Mgmt	Investment & Commodity Firms,Dealers,Exchanges	29.01.1998
1217	Edper Group Ltd	Brascan Limited	Mining	29.04.1997
1175	Cali Realty Corporation	Mack Co,Patriot American	Investment & Commodity Firms,Dealers,Exchanges	14.08.1997
1175	Morgan Stanley Group Inc	Van Kampen/American Capital	Investment & Commodity Firms,Dealers,Exchanges	24.06.1996
1101	CS Holding AG	Swiss Volksbank	Commercial Banks, Bank Holding Companies	06.01.1993
1100	Westfield America Inc	TrizecHahn-Shopping Centers(7)	Real Estate; Mortgage Bankers and Brokers	06.04.1998

Transaktions-volumen (in Mio. USD)	Käufer	Übernommenes Unternehmen	Industriesegment des fusionierten Unternehmens	Bekannt-gabe der Fusion
1091	Cornerstone Properties Inc	Dutch Institutional Hldg-Ppty	Real Estate; Mortgage Bankers and Brokers	18.08.1997
1071	Softbank Corp	Kingston Technology Corp	Computer and Office Equipment	15.08.1996
1051	Westfield America Trust	Westfield America Inc	Investment & Commodity Firms,Dealers,Exchanges	15.02.2001
995	Equity Residential Pptys Trust	Wellsford Residential Ppty	Investment & Commodity Firms,Dealers,Exchanges	16.01.1997
971	Healthcare Realty Trust Inc	Capstone Capital Corp	Investment & Commodity Firms,Dealers,Exchanges	08.06.1998
951	Grupo Financiero Galicia SA	Banco de Galicia,Buenos Aires	Commercial Banks, Bank Holding Companies	23.05.2000
932	Equity Residential Pptys Trust	Evans Withycombe Residential	Investment & Commodity Firms,Dealers,Exchanges	28.08.1997
931	New Africa Investments Ltd	Theta Group Ltd	Investment & Commodity Firms,Dealers,Exchanges	21.05.1998
913	Franklin Resources Inc	Templeton Galbraith & Hanberge	Investment & Commodity Firms,Dealers,Exchanges	31.07.1992
900	Bear Stearns Cos Inc	HF Ahmanson & Co-Single-Family	Investment & Commodity Firms,Dealers,Exchanges	19.07.1993
900	Standard Chartered PLC	First Interstate Bank-Corp	Investment & Commodity Firms,Dealers,Exchanges	24.02.1992
872	Thomson Advisory Group LP	Cadence Capital Mgmt,3 others	Investment & Commodity Firms,Dealers,Exchanges	28.02.1994
871	General Growth Properties Inc	MEPC PLC-US Shopping Malls(8)	Real Estate; Mortgage Bankers and Brokers	24.04.1998
871	Kimco Realty Corp	Price REIT Inc	Investment & Commodity Firms,Dealers,Exchanges	14.01.1998
867	Prime Retail Inc	Horizon Group Inc	Investment & Commodity Firms,Dealers,Exchanges	13.11.1997
854	Rashid Hussain Bhd	Kwong Yik Bank Bhd	Commercial Banks, Bank Holding Companies	25.10.1996
850	PIMCO Advisors LP	Oppenheimer Capital LP	Investment & Commodity Firms,Dealers,Exchanges	05.11.1997
849	Brierley Investments Ltd	Mount Charlotte Investments	Hotels and Casinos	24.09.1990
821	Merrill Lynch & Co Inc	Smith New Court PLC	Investment & Commodity Firms,Dealers,Exchanges	21.07.1995
816	Franklin Resources Inc	Fiduciary Trust Co Intl	Investment & Commodity Firms,Dealers,Exchanges	25.10.2000
810	Apartment Investment & Mgmt Co	Insignia Properties Trust	Investment & Commodity Firms,Dealers,Exchanges	17.03.1998
806	Merrill Lynch & Co Inc	Midland Walwyn Inc	Investment & Commodity Firms,Dealers,Exchanges	22.06.1998
806	Franklin Resources Inc	Heine Securities Corp	Investment & Commodity Firms,Dealers,Exchanges	25.06.1996
805	Grupo Sanborns(Grupo Carso)	CompUSA Inc	Retail Trade-Home Furnishings	25.01.2000
787	United Dominion Realty Tr Inc	American Apartment Communities	Investment & Commodity Firms,Dealers,Exchanges	10.09.1998
773	Patriot Amer Hosp/Wyndham Intl	Wyndham Hotel Corp	Hotels and Casinos	14.04.1997
765	Investcorp	Granada Group-Welcome Break	Retail Trade-Eating and Drinking Places	18.02.1997
725	Spieker Properties Inc	Goldman Sachs-Office, Ind Ppty	Real Estate; Mortgage Bankers and Brokers	17.09.1997
715	Investec Holdings Ltd	Hambros PLC	Commercial Banks, Bank Holding Companies	30.04.1998
711	Baltica Holding A/S	Statsanstalten	Insurance	31.12.1991
700	Simon Property Group Inc	Retail Property Trust	Investment & Commodity Firms,Dealers,Exchanges	28.08.1997
676	Walden Residential Properties	Drever Partners Inc	Real Estate; Mortgage Bankers and Brokers	09.05.1997
670	PaineWebber Group Inc	Kidder Peabody & Co	Investment & Commodity Firms,Dealers,Exchanges	05.10.1994
663	Apartment Investment & Mgmt Co	Ambassador Apartments Inc	Investment & Commodity Firms,Dealers,Exchanges	16.12.1997

Transaktions-volumen (in Mio. USD)	Käufer	Übernommenes Unternehmen	Industriesegment des fusionierten Unternehmns	Bekannt-gabe der Fusion
656	Vornado Realty Trust	Mendik Company Inc	Investment & Commodity Firms,Dealers,Exchanges	12.03.1997
637	Storage Equities Inc	Public Storage Inc (OLD)	Construction Firms	13.03.1995
630	Vornado Realty Trust	Merchandise Mart,Apparel Ctr,3	Real Estate; Mortgage Bankers and Brokers	26.01.1998
625	Equity Office Properties Trust	Wright Runstad Hldgs-Of(10)	Real Estate; Mortgage Bankers and Brokers	17.12.1997
625	Camden Property Trust	Paragon Group Inc	Investment & Commodity Firms,Dealers,Exchanges	16.12.1996
623	Direkt Anlage Bank AG	Self Trade	Investment & Commodity Firms,Dealers,Exchanges	13.09.2000
622	Highwoods Properties Inc	Associated Capital Properties	Real Estate; Mortgage Bankers and Brokers	03.09.1997
615	Arden Realty Inc	AEW/LBA Acquisition Co-Office	Real Estate; Mortgage Bankers and Brokers	07.01.1998
612	Brandywine Realty Trust	Lazard Freres-Properteis(68)	Real Estate; Mortgage Bankers and Brokers	26.08.1998
606	New Japan Securities Co Ltd	Wako Securities Co Ltd	Investment & Commodity Firms,Dealers,Exchanges	24.03.1999
600	Post Properties Inc	Columbus Realty Trust	Investment & Commodity Firms,Dealers,Exchanges	04.08.1997
597	CS Holding AG	Bank Leu Ltd(CS Holding AG)	Commercial Banks, Bank Holding Companies	12.11.1993
584	Investcorp	Falcon Building Products Inc	Stone, Clay, Glass, and Concrete Products	20.03.1997
583	Grupo Financiero Mexival	Aseguradora Mexicana(Mexico)	Insurance	17.09.1993
575	Robeco NV	Weiss Peck & Greer	Investment & Commodity Firms,Dealers,Exchanges	07.05.1998
569	Baltica Holding A/S	Statsanstalten Livsforsikring	Credit Institutions	29.09.1990
558	Highwoods Properties Inc	JC Nichols Co	Real Estate; Mortgage Bankers and Brokers	23.12.1997
556	VastNed Offices/Industrial NV	Stichting Pensioen-Coml Ppty	Real Estate; Mortgage Bankers and Brokers	09.07.1998
548	CS Holding AG	New Bank of Argovie	Commercial Banks, Bank Holding Companies	20.09.1994
548	United Dominion Realty Tr Inc	South West Property Trust Inc	Investment & Commodity Firms,Dealers,Exchanges	01.10.1996
538	Highwoods Properties Inc	Crocker Realty Trust Inc	Investment & Commodity Firms,Dealers,Exchanges	29.04.1996
524	Westshore Terminals Income	Westshore Terminals Ltd	Transportation and Shipping (except air)	22.01.1997
502	Developers Diversified Realty	Homart Dvlp-Cmnty Ctrs Div	Real Estate; Mortgage Bankers and Brokers	18.10.1995

Leather and Leather Products

3895	Hanson PLC	Eastern Group(Hanson Trust)	Electric, Gas, and Water Distribution	28.07.1995
3220	Hanson PLC	Quantum Chemical Corp	Chemicals and Allied Products	30.06.1993
2930	Hanson PLC	Beazer PLC(Hanson PLC)	Construction Firms	16.09.1991
1111	Hanson PLC	General Oriental Securities Co	Business Services	16.10.1990
726	Hanson PLC	Peabody Holding Co	Mining	15.02.1990
706	Orkla A/S	Pripps Ringnes(Orkla,Volvo)	Food and Kindred Products	14.02.1997
693	Reebok International Ltd	Pentland Holdings	Investment & Commodity Firms,Dealers,Exchanges	21.02.1991
583	Orkla Borregaard A/S	Nora Industrier A/S	Food and Kindred Products	24.06.1991
577	Orkla Borregaard A/S	BCP Branded Cons Prods-2 Units	Food and Kindred Products	03.04.1995
576	Magnant SA	Cie des Entrepots et Magasins	Transportation and Shipping (except air)	18.05.1990

Machinery

9341	Tyco International Ltd	CIT Group Inc	Credit Institutions	13.03.2001
5269	Tyco International Ltd	ADT Ltd	Business Services	17.03.1997

Transaktions-volumen (in Mio. USD)	Käufer	Übernommenes Unternehmen	Industriesegment des fusionierten Unternehmens	Bekanntgabe der Fusion
4564	Baker Hughes Inc	Western Atlas Inc	Oil and Gas; Petroleum Refining	11.05.1998
4393	Tyco International Ltd	Mallinckrodt Inc	Drugs	28.06.2000
4083	Linde AG	AGA AB	Chemicals and Allied Products	16.08.1999
3394	Tyco International Ltd	US Surgical Corp	Wholesale Trade-Durable Goods	25.05.1998
2671	EVI Inc	EVI Weatherford Inc	Business Services	03.03.1998
2560	Ingersoll-Rand Co	Thermo King Corp	Machinery	12.09.1997
2203	Tyco International Ltd	Sensormatic Electronics Corp	Business Services	03.08.2001
1846	Applied Materials Inc	Etec Systems Inc	Machinery	12.01.2000
1837	Ingersoll-Rand Co	Hussmann International Inc	Machinery	12.05.2000
1770	Tyco International Ltd	Sherwood-Davis & Geck	Measuring, Medical, Photo Equipment; Clocks	22.12.1997
1599	Friedrich Krupp GmbH	Hoesch AG	Metal and Metal Products	07.11.1991
1474	United States Filter Corp	Culligan Water Technologies	Machinery	09.02.1998
1467	Ingersoll-Rand Co	Clark Equipment Co	Wholesale Trade-Durable Goods	28.03.1995
1362	Tyco International Ltd	Keystone International Inc	Metal and Metal Products	20.05.1997
1325	Caterpillar Inc	Perkins Engines Group Ltd	Machinery	11.12.1997
1270	Tenneco Inc	Mobil Corp-Plastics Division	Rubber and Miscellaneous Plastic Products	02.10.1995
957	Kennametal Inc	Greenfield Industries Inc	Machinery	10.10.1997
856	Tyco International Ltd	TyCom Ltd(Tyco Intl Ltd)	Communications Equipment	04.10.2001
850	Tyco International Ltd	AT&T Submarine Systems Inc	Communications Equipment	11.04.1997
842	Dresser Industries Inc	Baroid Corp	Machinery	07.09.1993
724	Saurer AG	BB Industrie Holding(Bank am)	Investment & Commodity Firms,Dealers,Exchanges	23.04.1997
711	Baker Hughes Inc	Petrolite Corp	Chemicals and Allied Products	26.02.1997
610	Camco International Inc	Production Operators Corp	Machinery	27.02.1997
591	Charter PLC	Howden Group PLC	Business Services	21.03.1997
558	Baker Hughes Inc	Eastman Christensen Co(Norton)	Machinery	15.12.1989
555	Oce-van der Grinten NV	Hochleistungsdrucke HLD	Computer and Office Equipment	15.02.1996
550	Atlas Copco AB	Milwaukee Electric Tool(Amsta)	Machinery	21.06.1995
541	Weatherford International Inc	Enterra Corp	Business Services	26.06.1995
531	Durco International Inc	BW/IP Inc	Machinery	06.05.1997
525	Rolls-Royce PLC	Allison Engine Co	Aerospace and Aircraft	21.11.1994
501	Persetel Holdings Ltd	Q Data Ltd	Prepackaged Software	07.08.1997

Measuring, Medical, Photo Equipment; Clocks

9500	Raytheon Co	Hughes Aircraft(Hughes Electn)	Measuring, Medical, Photo Equipment; Clocks	16.01.1997
3304	Medtronic Inc	MiniMed Inc	Measuring, Medical, Photo Equipment; Clocks	30.05.2001
2950	Raytheon Co	Texas Instruments-Electronics	Measuring, Medical, Photo Equipment; Clocks	06.01.1997
2255	Raytheon Co	E-Systems Inc	Measuring, Medical, Photo Equipment; Clocks	03.04.1995
2100	Boston Scientific Corp	Schneider Worldwide	Measuring, Medical, Photo Equipment; Clocks	16.06.1998
1661	Incentive AB	Vivra Inc	Health Services	05.05.1997
1650	Stryker Corp	Howmedica(Pfizer Inc)	Measuring, Medical, Photo Equipment; Clocks	21.07.1998
1575	Loral Corp	IBM Federal Systems Co(IBM)	Computer and Office Equipment	13.12.1993
1569	Incentive AB	Gambro AB(Incentive AB)	Measuring, Medical, Photo Equipment; Clocks	02.01.1996
1350	Johnson Controls Inc	Prince Automotive	Transportation Equipment	18.07.1996
1344	KLA Instruments Corp	Tencor Instruments Inc	Electronic and Electrical Equipment	14.01.1997
1326	Luxottica Group SpA	US Shoe Corp	Retail Trade-General Merchandise and Apparel	02.03.1995
1275	Emerson Electric Co	Fisher Controls International	Measuring, Medical, Photo Equipment; Clocks	04.08.1992

Transaktions-volumen (in Mio. USD)	Käufer	Übernommenes Unternehmen	Industriesegment des fusionierten Unternehmens	Bekanntgabe der Fusion
1218	Boston Scientific Corp	Target Therapeutics Inc	Measuring, Medical, Photo Equipment; Clocks	20.01.1997
1150	Beckman Instruments Inc	Coulter Corp	Measuring, Medical, Photo Equipment; Clocks	02.09.1997
1088	Incentive AB	Investment AB Cardo(Incentive)	Transportation Equipment	25.04.1994
925	Johnson Controls Inc	Becker Group Inc	Rubber and Miscellaneous Plastic Products	27.04.1998
897	Boston Scientific Corp	SciMed Life Systems Inc	Measuring, Medical, Photo Equipment; Clocks	08.11.1994
862	Loral Corp	Unisys Corp-Defense Electn Bus	Electronic and Electrical Equipment	20.03.1995
832	Thermo Electron Corp	Thermo Instrument Systems Inc	Measuring, Medical, Photo Equipment; Clocks	02.02.2000
736	American Cyanamid Co	Immunex Corp	Drugs	15.12.1992
733	Agilent Technologies Inc	Objective Systems Integrators	Prepackaged Software	27.11.2000
732	Siebe PLC	Unitech PLC	Electronic and Electrical Equipment	03.04.1996
715	Luxottica Group SpA	Sunglass Hut International Inc	Miscellaneous Retail Trade	22.02.2001
702	Siebe PLC	Eurotherm PLC	Measuring, Medical, Photo Equipment; Clocks	27.04.1998
700	Thoratec Cardiosystems Inc	Thermo Cardiosystems Inc	Measuring, Medical, Photo Equipment; Clocks	03.10.2000
673	Steris Corp	AMSCO International	Measuring, Medical, Photo Equipment; Clocks	18.12.1995
621	SulzerMedica(Sulzer AG)	Spine-Tech Inc	Measuring, Medical, Photo Equipment; Clocks	16.12.1997
597	Honeywell Inc	Measurex Corp	Measuring, Medical, Photo Equipment; Clocks	27.01.1997
577	GENDEX Corp	Dentsply International Inc	Measuring, Medical, Photo Equipment; Clocks	17.12.1992
567	Seton Healthcare Group PLC	Scholl PLC	Wholesale Trade-Nondurable Goods	06.05.1998
550	Arterial Vascular Engineering	CR Bard Inc-Coronary Catheter	Measuring, Medical, Photo Equipment; Clocks	09.07.1998
532	Eastman Kodak Co Inc	Imation-Medical Imaging Bus	Measuring, Medical, Photo Equipment; Clocks	03.08.1998
529	Medtronic Inc	Physio-Control International	Measuring, Medical, Photo Equipment; Clocks	29.06.1998
525	St Jude Medical Inc	Siemens-Pace,Siemens-Elema	Electronic and Electrical Equipment	27.06.1994
515	Invensys PLC	BAAN Co NV	Prepackaged Software	31.05.2000
509	Siebe PLC	APV PLC	Holding Companies, Except Banks	09.05.1997

Metal and Metal Products

11511	BHP Ltd	Billiton PLC	Mining	19.03.2001
7232	Gillette Co	Duracell International Inc	Electronic and Electrical Equipment	12.09.1996
6077	Alcoa Inc	Reynolds Metals Co	Metal and Metal Products	11.08.1999
4981	Crown Cork & Seal Co	CarnaudMetalbox	Metal and Metal Products	22.05.1995
4789	Alcan Aluminum Ltd	Alusuisse Lonza Group Ltd	Paper and Allied Products	11.08.1999
3348	Inco Ltd	Diamond Fields Resources Inc	Mining	27.03.1996
2778	Alcoa Inc	Cordant Technologies Inc	Aerospace and Aircraft	14.03.2000
2432	BHP	Magma Copper Co	Mining	30.11.1995
2097	Allegheny Ludlum Corp	Teledyne Inc	Measuring, Medical, Photo Equipment; Clocks	02.04.1996
1960	Mitsubishi Metal Corp	Mitsubishi Mining & Cement Co	Stone, Clay, Glass, and Concrete Products	10.04.1990
1884	Usinor SA	Aceralia	Metal and Metal Products	19.02.2001
1518	Preussag AG	Hapag-Lloyd AG(Preussag AG)	Transportation and Shipping (except air)	12.06.1997

Transaktions-volumen (in Mio. USD)	Käufer	Übernommenes Unternehmen	Industriesegment des fusionierten Unternehmens	Bekanntgabe der Fusion
1427	Ispat International	Inland Steel Co	Metal and Metal Products	17.03.1998
1250	Usinor SA	Arbed SA	Metal and Metal Products	19.02.2001
1076	Tostem Corp	INAX Corp	Stone, Clay, Glass, and Concrete Products	03.04.2001
930	Sumitomo Metal Industries Ltd	Sumitomo Sitix Corp	Metal and Metal Products	18.12.1997
918	Alcatel Cable SA	STC Submarine Systems	Telecommunications	21.07.1993
829	Precision Castparts Corp	Wyman-Gordon Co	Metal and Metal Products	17.05.1999
795	Inland Steel Industries Inc	Inland Steel Industries Inc	Metal and Metal Products	20.07.1998
791	US Industries Inc	Zurn Industries Inc	Measuring, Medical, Photo Equipment; Clocks	17.02.1998
747	Pechiney SA	Pechiney International SA	Paper and Allied Products	13.11.1995
746	Ball Corp	Reynolds Metals-Aluminum Can	Metal and Metal Products	16.12.1997
725	Tower Automotive(Hidden Creek)	Automotive Products(AO Smith)	Transportation Equipment	24.01.1997
721	Usinor-Sacilor SA	Ugine SA(Usinor-Sacilor)	Metal and Metal Products	18.09.1995
710	Sanwa Shutter Corp	Overhead Door Corp	Wood Products, Furniture, and Fixtures	28.06.1996
703	Thyssen AG	Giddings & Lewis Inc	Machinery	12.06.1997
700	Bethlehem Steel Corp	Lukens Inc	Metal and Metal Products	12.12.1997
699	Danaher Corp	Fluke Corp	Measuring, Medical, Photo Equipment; Clocks	27.04.1998
650	Schmalbach-Lubeca AG(E.ON AG)	Johnson Controls-Plastic Div	Rubber and Miscellaneous Plastic Products	09.12.1996
630	GKN PLC	Westland Group PLC	Aerospace and Aircraft	08.02.1994
625	WHX Corp	Handy & Harman	Metal and Metal Products	23.01.1998
590	Gillette Co	Parker Pen Holdings Ltd	Miscellaneous Manufacturing	10.09.1992
578	NCI Building Systems Inc	Metal Building Components Inc	Metal and Metal Products	26.03.1998
551	Onex Corp	Celestica Inc(IBM Canada Ltd)	Electronic and Electrical Equipment	01.10.1996
529	Crown Cork & Seal Co	CONSTAR International Inc	Rubber and Miscellaneous Plastic Products	17.09.1992
500	Kaba Holding AG	Unican Security Systems Ltd	Metal and Metal Products	22.12.2000
Mining				
2822	Newmont Mining Corp	Franco-Nevada Mining Corp Ltd	Mining	14.11.2001
2657	Cyprus Minerals Co	AMAX Inc	Metal and Metal Products	25.05.1993
2506	Newmont Mining Corp	Santa Fe Pacific Gold Corp	Mining	05.12.1996
2295	Barrick Gold Corp	Homestake Mining Co	Mining	25.06.2001
2091	Rio Tinto Ltd	North Ltd	Mining	23.06.2000
1973	Anglo American PLC	Tarmac PLC	Stone, Clay, Glass, and Concrete Products	05.11.1999
1615	American Barrick Resources	Lac Minerals Ltd	Mining	25.07.1994
1535	Battle Mountain Gold Co	Hemlo Gold Mines Inc	Mining	11.03.1996
1428	Minorco SA	Anglo American-Selected Mining	Mining	28.09.1993
1278	Imetal SA(Parfinance)	Parfinance SA	Commercial Banks, Bank Holding Companies	26.03.1998
1272	RJB Mining PLC	English Coal	Mining	09.12.1994
1200	Gencor	Cerro Matoso SA(Royal Dutch/1)	Mining	21.04.1994
1143	Gencor	Billiton Intl-Certain Assets	Mining	11.05.1993
1103	Billiton PLC	Rio Algom Ltd	Mining	25.08.2000
902	Rio Tinto Ltd	Comalco Ltd(Rio Tinto Ltd)	Metal and Metal Products	25.02.2000
819	QNI Ltd(Billiton PLC)	Gencor-Nickel Division	Mining	18.06.1997
803	Barrick Gold Corp	Arequipa Resources Ltd	Oil and Gas; Petroleum Refining	11.07.1996
794	Newmont Mining Corp	Battle Mountain Gold Co	Mining	21.06.2000
705	Minorco SA	Freeport McMoRan Gold Co	Mining	20.02.1990
660	Minmet PLC	Connary Minerals PLC	Mining	02.06.1998
650	Homestake Mining Co	Plutonic Resources Ltd	Mining	19.12.1997
644	Normandy Mining Ltd	Gold Mines of Kalgoorlie	Mining	14.11.1995
630	Normandy Mining Ltd	PosGold(Normandy Mining Ltd)	Mining	14.11.1995
610	Vaal Reefs Expl & Mining Co	Western Areas Gold Mining Co	Mining	25.11.1997

Transaktions-volumen (in Mio. USD)	Käufer	Übernommenes Unternehmen	Industriesegment des fusionierten Unternehmens	Bekannt-gabe der Fusion
560	Vaal Reefs Expl & Mining Co	Free State Consolidated Gold	Mining	25.11.1997
560	Homestake Mining Co	International Corona Corp	Mining	12.03.1992
512	Minorco SA	Tilcon Holdings Ltd(Young)	Mining	27.11.1995
504	Western Areas Gold Mining Co	South Deep Exploration Co Ltd	Mining	25.01.1994

Miscellaneous Manufacturing

3633	Lafarge SA	Perlmooser Zementwerke AG	Stone, Clay, Glass, and Concrete Products	08.08.1997
3012	Lafarge SA	Redland PLC	Stone, Clay, Glass, and Concrete Products	13.10.1997
1435	Tyco International Ltd	Kendall International Inc	Measuring, Medical, Photo Equipment; Clocks	14.07.1994
1327	International Game Technology	Anchor Gaming Inc	Amusement and Recreation Services	09.07.2001
540	Hasbro Inc	Tonka Corp	Miscellaneous Manufacturing	31.01.1991

Miscellaneous Retail Trade

3912	CVS Corp	Revco DS Inc	Drugs	27.01.1997
3082	Office Depot Inc	Viking Office Products Inc	Miscellaneous Retail Trade	18.05.1998
3077	Great Universal Stores PLC	Argos PLC	Retail Trade-General Merchandise and Apparel	03.02.1998
2394	Rite Aid Corp	Thrifty Payless Holdings Inc	Miscellaneous Retail Trade	14.10.1996
1844	YPF SA	Maxus Energy Corp	Oil and Gas; Petroleum Refining	28.02.1995
1700	Great Universal Stores PLC	Experian Corp	Business Services	14.11.1996
1475	CVS Corp	Arbor Drugs Inc	Miscellaneous Retail Trade	09.02.1998
1007	Pinault SA	Au Printemps SA(Pinault SA)	Retail Trade-General Merchandise and Apparel	25.11.1991
988	Pinault-Printemps SA	La Redoute(Pinault-Printemps)	Miscellaneous Retail Trade	18.02.1994
863	Capstone Pharmacy Services Inc	Pharmacy Corp of America Inc	Miscellaneous Retail Trade	16.04.1997
838	Great Universal Stores PLC	Metromail Corp	Business Services	12.03.1998
778	Pinault SA	CFAO	Transportation and Shipping (except air)	24.09.1990
759	Pinault SA	Conforama SA	Retail Trade-Home Furnishings	24.05.1991
666	Staples Inc	Quill Corp	Business Services	07.04.1998
533	Ratners Group PLC	Kay Jewelers Inc	Miscellaneous Retail Trade	02.07.1990

Miscellaneous Services

11343	CUC International Inc	HFS Inc	Hotels and Casinos	27.05.1997
1145	CUC International Inc	Davidson & Associates Inc	Prepackaged Software	20.02.1996
911	CUC International Inc	Sierra On-Line Inc	Prepackaged Software	20.02.1996

Motion Picture Production and Distribution

6881	Time Warner	Turner Broadcasting System Inc	Radio and Television Broadcasting Stations	29.08.1995
2412	Time Warner	KBLCOM Inc(Houston Industries)	Radio and Television Broadcasting Stations	17.01.1995
2272	Vivendi Universal SA	Houghton Mifflin Co	Printing, Publishing, and Allied Services	01.06.2001
2094	Time Warner	Cablevision Industries Corp	Radio and Television Broadcasting Stations	03.11.1994
1700	Time Warner	American Television & Commun	Radio and Television Broadcasting Stations	16.10.1991
1509	CNET Networks Inc	Ziff-Davis Inc(Softbank Corp)	Printing, Publishing, and Allied Services	18.07.2000
1500	General Cinema Corp	Harcourt Brace Jovanovich Inc	Printing, Publishing, and Allied Services	23.01.1991
564	MCA Inc	Geffen Records	Electronic and Electrical Equipment	14.03.1990
553	Paramount Communications	Macmillan Inc	Printing, Publishing, and Allied Services	10.11.1993

Transaktions-volumen (in Mio. USD)	Käufer	Übernommenes Unternehmen	Industriesegment des fusionierten Unternehmens	Bekannt-gabe der Fusion
Oil and Gas; Petroleum Refining				
50070	Total Fina SA	Elf Aquitaine	Oil and Gas; Petroleum Refining	05.07.1999
42872	Chevron Corp	Texaco Inc	Oil and Gas; Petroleum Refining	16.10.2000
27224	BP Amoco PLC	ARCO	Oil and Gas; Petroleum Refining	01.04.1999
10947	Texas Utilities Co	Energy Group PLC	Electric, Gas, and Water Distribution	02.03.1998
9388	Phillips Petroleum Co Inc	Tosco Corp	Oil and Gas; Petroleum Refining	04.02.2001
9091	Transocean Sedco Forex Inc	R&B Falcon Corp	Oil and Gas; Petroleum Refining	18.08.2000
7250	Anadarko Petroleum Corp	Union Pacific Resources Group	Oil and Gas; Petroleum Refining	03.04.2000
6759	Electrafina SA	Groupe Bruxelles Lambert SA	Radio and Television Broadcasting Stations	13.03.2001
6215	Valero Energy Corp	Ultramar Diamond Shamrock Corp	Oil and Gas; Petroleum Refining	04.05.2001
5646	Lyondell Petrochemical(ARCO)	ARCO Chemical Co(ARCO)	Chemicals and Allied Products	18.06.1998
4705	BP Amoco PLC	Burmah Castrol PLC	Oil and Gas; Petroleum Refining	14.03.2000
4562	Devon Energy Corp	Anderson Exploration Ltd	Oil and Gas; Petroleum Refining	04.09.2001
3990	KN Energy Inc	MidCon Corp(Occidental Petro)	Electric, Gas, and Water Distribution	18.12.1997
3976	ENI SpA	LASMO PLC	Oil and Gas; Petroleum Refining	22.12.2000
3650	Occidental Petroleum Corp	US of America-Elk Hills Petrol	Oil and Gas; Petroleum Refining	06.10.1997
3487	Devon Energy Corp	Mitchell Energy & Development	Oil and Gas; Petroleum Refining	14.08.2001
3448	Union Pacific Resources Group	Norcen Energy Resources Ltd	Oil and Gas; Petroleum Refining	26.01.1998
3426	Devon Energy Corp	Sante Fe Synder Corp	Oil and Gas; Petroleum Refining	26.05.2000
3229	Amerada Hess Corp	Triton Energy Ltd	Oil and Gas; Petroleum Refining	10.07.2001
2954	Burlington Resources Inc	Louisiana Land & Exploration	Oil and Gas; Petroleum Refining	17.07.1997
2741	ARCO	Union Texas Petroleum Holdings	Oil and Gas; Petroleum Refining	04.05.1998
2587	Falcon Drilling Co	Reading & Bates Corp	Oil and Gas; Petroleum Refining	10.07.1997
2556	General Sekiyu(Esso Eastern)	Tonen Corp(Exxon Mobil)	Oil and Gas; Petroleum Refining	17.02.2000
2080	LASMO PLC	Ultramar PLC	Oil and Gas; Petroleum Refining	17.10.1991
2050	Tosco Corp	76 Products Co(Unocal Corp)	Miscellaneous Retail Trade	18.11.1996
2047	Total Fina Elf SA	Elf Aquitaine(Total Fina SA)	Oil and Gas; Petroleum Refining	25.05.2000
2025	Burlington Resources Inc	Canadian Hunter Exploration	Oil and Gas; Petroleum Refining	08.10.2001
1970	Pride International Inc	Marine Drilling Cos	Oil and Gas; Petroleum Refining	23.05.2001
1722	Kerr-McGee Corp	HS Resources Inc	Oil and Gas; Petroleum Refining	14.05.2001
1634	Epic Energy Inc	Australia-Dampier to Bunbury	Oil and Gas; Petroleum Refining	04.03.1998
1576	BP Amoco PLC	Vastar Resources Inc	Oil and Gas; Petroleum Refining	17.03.2000
1464	Gulf Canada Resources Ltd	Crestar Energy Inc	Oil and Gas; Petroleum Refining	29.09.2000
1435	Texaco Inc	Monterey Resources Inc	Oil and Gas; Petroleum Refining	18.08.1997
1408	Patterson Energy Inc	UTI Energy Corp	Oil and Gas; Petroleum Refining	05.02.2001
1345	Sonat Offshore Drilling	Transocean Drilling A/S	Oil and Gas; Petroleum Refining	25.04.1996
1257	ENI SpA	British Borneo Oil & Gas PLC	Oil and Gas; Petroleum Refining	29.03.2000
1229	Saga Petroleum AS	Santa Fe Exploration	Oil and Gas; Petroleum Refining	04.12.1996
1222	NGC Corp	Destec Energy Inc	Electric, Gas, and Water Distribution	18.02.1997
1200	Pioneer Natural Resources Co	Chauvco Resources Ltd	Oil and Gas; Petroleum Refining	04.09.1997
1191	Caltex Australia(Caltex Petro)	Ampol Ltd(Pioneer Intl Ltd)	Miscellaneous Retail Trade	30.11.1994
1170	Pennzoil Co	Chevron PBC Inc(Chevron Corp)	Oil and Gas; Petroleum Refining	30.09.1992
1125	Schlumberger Ltd	Dowell Schlumberger	Chemicals and Allied Products	07.12.1992
1120	Oryx Energy Co	British Petro-North Sea Hldgs	Oil and Gas; Petroleum Refining	14.09.1989
1076	Canadian Natural Resources Ltd	Ranger Oil Ltd	Oil and Gas; Petroleum Refining	15.06.2000
1049	Teck Corp	Cominco Ltd	Mining	01.05.2001
1048	Westport Resources Corp	Belco Oil & Gas Corp	Oil and Gas; Petroleum Refining	09.06.2001
1044	USX-Marathon Group	Tarragon Oil and Gas Ltd	Oil and Gas; Petroleum Refining	29.05.1998
1043	Talisman Energy Inc	Bow Valley Energy Inc	Oil and Gas; Petroleum Refining	17.05.1994
1032	Ocean Energy Inc	United Meridian Corp	Oil and Gas; Petroleum Refining	23.12.1997
1014	Anadarko Petroleum Corp	Berkley Petroleum Corp	Oil and Gas; Petroleum Refining	12.02.2001
1013	NGC Corp	Chevron-Gas Gathering,Process	Electric, Gas, and Water Distribution	22.01.1996
983	Tosco Corp	Circle K Corp	Retail Trade-Food Stores	16.02.1996

Transaktions-volumen (in Mio. USD)	Käufer	Übernommenes Unternehmen	Industriesegment des fusionierten Unternehmens	Bekannt-gabe der Fusion
939	Parker & Parsley Petroleum Co	Mesa Inc	Oil and Gas; Petroleum Refining	07.04.1997
924	Anderson Exploration Ltd	Home Oil Co Ltd	Oil and Gas; Petroleum Refining	11.08.1995
896	Devon Energy Corp	Northstar Energy Corp	Oil and Gas; Petroleum Refining	26.06.1998
886	Petroleum Geo-Services A/S	Awilco-Floating Prodn,Storage	Transportation and Shipping (except air)	20.10.1997
861	Ultramar Corp	Diamond Shamrock Inc	Oil and Gas; Petroleum Refining	23.09.1996
849	TrizecHahn Corp	Sears Tower,Chicago,Illinois	Real Estate; Mortgage Bankers and Brokers	02.12.1997
828	Panhandle Eastern Corp	Associated Natural Gas Corp	Electric, Gas, and Water Distribution	10.10.1994
828	Enerplus Resources Fund	EnerMark Income Fund	Oil and Gas; Petroleum Refining	11.05.2001
824	Ultramar Diamond Shamrock Corp	Total Petroleum(North Amer)Ltd	Oil and Gas; Petroleum Refining	15.04.1997
775	Alberta Energy Co Ltd	Conwest Exploration Co Ltd	Mining	11.12.1995
747	Gulf Canada Resources Ltd	Stampeder Exploration Ltd	Oil and Gas; Petroleum Refining	28.07.1997
724	Renaissance Energy Ltd	Pinnacle Resources Ltd	Oil and Gas; Petroleum Refining	08.06.1998
685	Valero Energy Corp	Basis Petroleum(Salomon Inc)	Oil and Gas; Petroleum Refining	17.03.1997
672	Canadian Oil Sands Trust	Athabasca Oil Sands Trust	Oil and Gas; Petroleum Refining	08.03.2001
670	CSR Ltd	ARC America Corp	Stone, Clay, Glass, and Concrete Products	22.11.1989
646	Forest Oil Corp	Forcenergy Inc	Oil and Gas; Petroleum Refining	10.07.2000
642	ARCO	Oryx Energy-Midway-Sunset	Oil and Gas; Petroleum Refining	28.11.1990
616	Pennzoil Co	Proven Properties Inc	Oil and Gas; Petroleum Refining	30.08.1989
592	Anderson Exploration Ltd	Numac Energy Inc	Oil and Gas; Petroleum Refining	18.01.2001
581	BJ Services Co	Nowsco Well Service Ltd	Oil and Gas; Petroleum Refining	03.04.1996
571	Apache Corp	Texaco-Domestic Oil and Gas	Oil and Gas; Petroleum Refining	29.11.1994
570	Arkla Inc	Diversified Energies Inc	Electric, Gas, and Water Distribution	30.07.1990
568	British-Borneo Petroleum Syndi	Hardy Oil & Gas PLC	Oil and Gas; Petroleum Refining	14.09.1998
560	TrizecHahn Corp	JBG Cos-Cert Real Estate Asts	Investment & Commodity Firms,Dealers,Exchanges	26.09.1997
543	TrizecHahn Corp	Bell Canada-Commercial RE Asts	Real Estate; Mortgage Bankers and Brokers	15.01.1998
543	Vintage Petroleum	Genesis Exploration Ltd	Oil and Gas; Petroleum Refining	28.03.2001
540	Apache Corp	MW Petroleum Corp	Oil and Gas; Petroleum Refining	02.05.1991
538	Petro-Canada	Amerada Hess Canada Ltd	Oil and Gas; Petroleum Refining	03.04.1996
534	Nuevo Energy Co	Unocal Corp-California Crude	Oil and Gas; Petroleum Refining	20.02.1996
518	Ranger Oil Ltd	Elan Energy Inc	Oil and Gas; Petroleum Refining	02.09.1997
517	Diamond Offshore Drilling Inc	Arethusa Offshore Ltd	Oil and Gas; Petroleum Refining	08.12.1995
516	PrimeWest Energy Trust	Cypress Energy Inc	Oil and Gas; Petroleum Refining	17.02.2001
514	Caltex Australia(Caltex Petro)	Ampol Ltd(Caltex,Pioneer)	Holding Companies, Except Banks	02.10.1997
505	Canadian Natural Resources Ltd	Sceptre Resources Ltd	Oil and Gas; Petroleum Refining	10.06.1996
502	Northstar Energy Corp	Morrison Petroleums Ltd	Oil and Gas; Petroleum Refining	13.02.1997
Other Financial				
671	Credit National	BFCE	Commercial Banks, Bank Holding Companies	13.12.1995
Paper and Allied Products				
9640	International Paper Co	Champion International Corp	Paper and Allied Products	25.04.2000
6823	Kimberly-Clark Corp	Scott Paper Co	Paper and Allied Products	17.07.1995
5683	James River Corp of Virginia	Fort Howard Corp	Paper and Allied Products	05.05.1997
4940	Stora Enso Oyj	Consolidated Papers Inc	Paper and Allied Products	22.02.2000
4913	Enso Oy	Stora Kopparbergs Bergslags AB	Agriculture, Forestry, and Fishing	02.06.1998
4851	Sealed Air Corp	Grace Packaging(WR Grace & Co)	Chemicals and Allied Products	14.08.1997
4818	Abitibi-Consolidated Inc	Donohue Inc	Paper and Allied Products	11.02.2000
3737	International Paper Co	Federal Paper Board Co	Paper and Allied Products	06.11.1995
2961	Mead Corp	Westvaco Corp	Paper and Allied Products	29.08.2001

Transaktions-volumen (in Mio. USD)	Käufer	Übernommenes Unternehmen	Industriesegment des fusionierten Unternehmens	Bekanntgabe der Fusion
2601	New Oji Paper Co	Honshu Paper Co Ltd	Paper and Allied Products	29.03.1996
2331	Bowater Inc	Avenor Inc	Paper and Allied Products	09.03.1998
1978	Rexam PLC	American National Can Group	Metal and Metal Products	03.04.2000
1935	Svenska Cellulosa AB(SCA)	PWA Papierwerke Waldhof	Holding Companies, Except Banks	05.01.1995
1808	Svenska Cellulosa AB(SCA)	Reedpack Ltd	Investment & Commodity Firms,Dealers,Exchanges	20.06.1990
1399	Smurfit-Stone Container Corp	St Laurent Paperboard Inc	Paper and Allied Products	23.02.2000
1313	Sappi Ltd	KNP Leykam(KNP BT)	Paper and Allied Products	15.09.1997
1040	Jefferson Smurfit Group PLC	Cellulose du Pin-Paper & Pkg	Paper and Allied Products	02.08.1994
1011	Wiggins Teape Appleton PLC	Arjomari-Prioux SA-Assets	Paper and Allied Products	07.11.1990
941	Nippon Paper Industries Co Ltd	Daishowa Paper Mfg Co Ltd	Paper and Allied Products	27.03.2000
882	Kimberly-Clark Corp	Safeskin Corp	Rubber and Miscellaneous Plastic Products	17.11.1999
878	International Paper Co	Shorewood Packaging Corp	Paper and Allied Products	17.02.2000
764	Bowater Inc	Alliance Forest Products Inc	Paper and Allied Products	02.04.2001
761	Donohue Inc	QUNO Corp(Tribune Co)	Paper and Allied Products	22.12.1995
708	Kimberly Clark de Mexico SA	Crisoba	Paper and Allied Products	09.10.1995
704	Fletcher Challenge Canada Ltd	Crown Forest Inds-Forest Prod	Wood Products, Furniture, and Fixtures	14.12.1992
660	Consolidated Papers Inc	Repap USA(Repap Enterprises)	Paper and Allied Products	09.07.1997
641	Norske Skog Canada Ltd	Pacifica Papers Inc	Paper and Allied Products	26.03.2001
640	Mead Corp	Boise Cascade Group-Coated	Paper and Allied Products	30.09.1996
613	Enso-Gutzeit Oy	Tampella Forest Oy,1 Other	Paper and Allied Products	24.04.1992
603	Alliance Forest Products Inc	Kimberly-Clark-Coosa Pines	Paper and Allied Products	16.12.1996
575	James River Corp of Virginia	Jamont Holding NV	Printing, Publishing, and Allied Services	27.04.1994
546	Domtar Inc	EB Eddy Forest Products Ltd	Paper and Allied Products	16.06.1998
539	Koninklijke Nederlandse Papier	Buhrmann-Tetterode NV	Paper and Allied Products	30.11.1992
530	Enso-Gutzeit Oy	Veitsiluoto Oy(Finland)	Paper and Allied Products	12.05.1995
522	Trinity International Holdings	Thomson Reg Newspapers-Newspap	Printing, Publishing, and Allied Services	07.07.1995
508	St Laurent Paperboard Inc	Chesapeake Corp-Kraft-Products	Paper and Allied Products	02.04.1997
504	Avery International Corp	Dennison Manufacturing Co	Paper and Allied Products	25.05.1990

Personal Services

3373	Cendant Corp	Galileo International Inc	Transportation and Shipping (except air)	18.06.2001
1485	Cendant Corp	Avis Group Holdings Inc	Repair Services	15.08.2000
1345	Cendant Corp	National Parking Corp Ltd	Holding Companies, Except Banks	23.03.1998
805	Cendant Corp	Fairfield Communities Inc	Construction Firms	03.11.2000

Prepackaged Software

164746	America Online Inc	Time Warner	Motion Picture Production and Distribution	10.01.2000
18515	Veritas Software Corp	Seagate Technology Inc	Computer and Office Equipment	29.03.2000
7974	i2 Technologies Inc	Aspect Development Inc	Prepackaged Software	13.03.2000
6511	3Com Corp	US Robotics Corp	Communications Equipment	26.02.1997
4207	Kana Communications Inc	Silknet Software Inc	Business Services	07.02.2000
3720	Computer Associates Intl Inc	Sterling Software Inc	Prepackaged Software	14.02.2000
2466	Vignette Corp	Ondisplay Inc	Prepackaged Software	22.05.2000
1924	Healtheon/WebMD Inc	Medical Manager Corp	Rubber and Miscellaneous Plastic Products	14.02.2000
1907	Peregrine Systems Inc	Harbinger Corp	Prepackaged Software	05.04.2000
1884	Healtheon/WebMD Inc	CareInsite Inc(Medical Mgr)	Business Services	14.02.2000
1799	Computer Associates Intl Inc	Legent Corp	Prepackaged Software	25.05.1995
1416	Novell Inc	WordPerfect Corp	Prepackaged Software	21.03.1994
1413	NetIQ Corp	Mission Critical Software Inc	Prepackaged Software	25.02.2000
1375	Microsoft Corp	Visio Corp	Prepackaged Software	15.09.1999

Transaktions-volumen (in Mio. USD)	Käufer	Übernommenes Unternehmen	Industriesegment des fusionierten Unternehmens	Bekanntgabe der Fusion
1248	Computer Associates Intl Inc	Cheyenne Software Inc	Prepackaged Software	07.10.1996
1218	Peregrine Systems Inc	Remedy Corp	Prepackaged Software	11.06.2001
1142	McAfee Associates Inc	Network General Corp	Business Services	13.10.1997
1094	FI Group PLC	Druid Group PLC	Business Services	17.01.2000
1031	NetIQ Corp	WebTrends Corp	Prepackaged Software	17.01.2001
988	Symantec Corp	AXENT Technologies Inc	Prepackaged Software	27.07.2000
958	Rational Software Corp	Pure Atria Corp	Business Services	07.04.1997
940	Microsoft Corp	Great Plains Software Inc	Prepackaged Software	21.12.2000
916	Misys PLC	Medic Computer Systems Inc	Business Services	05.09.1997
909	Informix Corp	Ardent Software Inc	Prepackaged Software	01.12.1999
901	America Online Inc	MapQuest.com Inc	Business Services	22.12.1999
873	VA Linux Systems Inc	Andover.net Inc	Business Services	03.02.2000
858	Siebel Systems Inc	Janna Systems Inc	Business Services	11.09.2000
817	Sybase Inc	Powersoft Corp	Prepackaged Software	14.11.1994
777	BroadVision Inc	Interleaf Inc	Prepackaged Software	26.01.2000
773	Axime	Sligos(Credit Lyonnais/France)	Business Services	28.10.1996
731	MedicaLogic Inc/Medscape Inc	Medscape Inc	Business Services	22.02.2000
729	Singular SA	Delta Informatics(Alpha Cr Bk)	Business Services	06.10.1999
681	3Com Corp	Chipcom Corp	Electronic and Electrical Equipment	27.07.1995
642	Network Associates Inc	Dr Solomon's Group PLC	Prepackaged Software	09.06.1998
592	Cap Gemini Sogeti SA(Sogeti)	Hoskyns Group PLC(GEC Siemens)	Prepackaged Software	19.01.1990
591	Konami Co Ltd	People Co Ltd(Mycal Finance)	Amusement and Recreation Services	29.01.2001
580	SoftKey International Inc	Learning Co	Prepackaged Software	30.10.1995
567	Adobe Systems Inc	Frame Technology Corp	Prepackaged Software	22.06.1995
548	Borland International Inc	Ashton-Tate Corp	Prepackaged Software	10.07.1991
544	BCE Emergis Inc(BCE Inc)	United Payors & United Provide	Insurance	06.02.2000
532	Micro Focus Group PLC	Intersolv Inc	Prepackaged Software	17.06.1998
531	Synopsys Inc	Viewlogic Systems Inc	Prepackaged Software	15.10.1997

Printing, Publishing, and Allied Services

14110	Time Inc	Warner Communications Inc	Motion Picture Production and Distribution	04.03.1989
4600	Pearson PLC	Simon & Schuster-Educ,Prof	Printing, Publishing, and Allied Services	15.05.1998
3425	Thomson Corp	West Publishing Co	Printing, Publishing, and Allied Services	26.02.1996
2986	News Corp Ltd	Chris-Craft Industries Inc	Radio and Television Broadcasting Stations	14.08.2000
2521	Pearson PLC	National Computer Systems Inc	Computer and Office Equipment	31.07.2000
2446	Gannett Co Inc	Central Newspapers Inc	Printing, Publishing, and Allied Services	28.06.2000
2352	Gannett Co Inc	Multimedia Inc	Radio and Television Broadcasting Stations	24.07.1995
2341	Verenigd Bezit VNU{VNU}	ACNielsen Corp	Business Services	18.12.2000
2287	United News & Media PLC	MAI PLC	Business Services	08.02.1996
2230	Jefferson Smurfit Corp	Stone Container Corp	Paper and Allied Products	11.05.1998
2173	News Corp Ltd	New World Commun Grp(Mafco)	Radio and Television Broadcasting Stations	17.07.1996
2100	Verenigd Bezit VNU{VNU}	ITT World Directories Inc	Printing, Publishing, and Allied Services	18.12.1997
1901	Wolters Kluwer NV	Commerce Clearing House Inc	Printing, Publishing, and Allied Services	27.11.1995
1508	Lagardere Group	Matra-Hachette	Printing, Publishing, and Allied Services	26.04.1993
1430	Belo Corp	Providence Journal Co	Radio and Television Broadcasting Stations	26.09.1996
1352	News Corp Ltd	Heritage Media Corp	Radio and Television Broadcasting Stations	17.03.1997

Transaktions-volumen (in Mio. USD)	Käufer	Übernommenes Unternehmen	Industriesegment des fusionierten Unternehmens	Bekannt-gabe der Fusion
1346	McClatchy Newspapers Inc	Cowles Media Co Inc	Printing, Publishing, and Allied Services	13.11.1997
1331	Bertelsmann AG	RTL Group(Bertelsmann AG)	Radio and Television Broadcasting Stations	21.12.2001
1300	Bertelsmann AG	Random House Inc	Printing, Publishing, and Allied Services	23.03.1998
1132	Times Mirror Co	Chandis Securities(Chandler)	Investment & Commodity Firms,Dealers,Exchanges	08.08.1997
1094	Tribune Co	Renaissance Commun Corp	Radio and Television Broadcasting Stations	01.07.1996
1093	New York Times Co	Affiliated Publications Inc	Printing, Publishing, and Allied Services	10.06.1993
1081	Thomson Corp	Primark Corp	Business Services	05.06.2000
1064	De La Rue PLC	Portals Group PLC	Paper and Allied Products	20.12.1994
991	Lagardere Group	Hachette Filipacchi Medias	Printing, Publishing, and Allied Services	25.04.2000
901	Hachette SA(Marlis SA)	Matra SA(Matra-Hachette)	Aerospace and Aircraft	27.01.1992
888	News Corp Ltd	BHC Communications Inc	Radio and Television Broadcasting Stations	14.08.2000
858	United News & Media PLC	Blenheim Group PLC	Amusement and Recreation Services	14.10.1996
790	News Corp Ltd	United Television Inc	Radio and Television Broadcasting Stations	14.08.2000
781	Elsevier NV(Reed Internat PLC)	Pergamon Press PLC	Printing, Publishing, and Allied Services	28.03.1991
776	Harcourt General Inc	National Education Corp	Educational Services	21.04.1997
726	Seat Pagine Gialle SPA	Buffetti	Wholesale Trade-Nondurable Goods	27.12.1999
710	Media General Inc	Park Acquisitions Inc	Printing, Publishing, and Allied Services	22.07.1996
700	PRIMEDIA Inc	About.com Inc	Business Services	27.10.2000
682	Dow Jones & Co Inc	Telerate Inc(Dow Jones & Co)	Business Services	21.09.1989
650	PRIMEDIA Inc	Murdoch Magazines(News Corp)	Printing, Publishing, and Allied Services	17.04.1991
580	Pearson PLC	HarperCollins Educational	Printing, Publishing, and Allied Services	09.02.1996
568	RR Donnelley & Sons Co	Meredith-Burda Cos	Printing, Publishing, and Allied Services	22.12.1989
560	Bonnier Group	Tidnings Marieberg AB	Printing, Publishing, and Allied Services	31.03.1998
525	News Corp Ltd	HutchVision Ltd	Radio and Television Broadcasting Stations	22.07.1993
510	Quebecor Inc	Maxwell Graphics Inc	Printing, Publishing, and Allied Services	30.10.1989
500	Pearson PLC	All American Communications	Motion Picture Production and Distribution	16.09.1997
Radio and Television Broadcasting Stations				
23112	Clear Channel Communications	AMFM Inc	Radio and Television Broadcasting Stations	04.10.1999
11398	US WEST Media Group	Continental Cablevision Inc	Radio and Television Broadcasting Stations	26.02.1996
5275	HSN Inc	Universal Studios-TV assets	Motion Picture Production and Distribution	17.10.1997
4171	Clear Channel Communications	SFX Entertainment Inc	Amusement and Recreation Services	29.02.2000
3700	Telewest Communications PLC	Flextech PLC	Motion Picture Production and Distribution	27.01.2000
3411	Tele-Communications Inc	Liberty Media Corp	Radio and Television Broadcasting Stations	06.10.1993
2985	Liberty Media Group(AT&T Corp)	Associated Group Inc	Telecommunications	01.06.1999
2536	Liberty Media Group(AT&T Corp)	UnitedGlobalCom Inc	Radio and Television Broadcasting Stations	23.02.2001

Transaktions-volumen (in Mio. USD)	Käufer	Übernommenes Unternehmen	Industriesegment des fusionierten Unternehmens	Bekannt-gabe der Fusion
2441	CBS Corp	American Radio Systems Corp	Radio and Television Broadcasting Stations	19.09.1997
2050	Tele-Communications Inc	TCI Pacific Communications Inc	Radio and Television Broadcasting Stations	25.07.1995
1998	TCI Satellite Entertainment	Primestar Inc	Radio and Television Broadcasting Stations	11.06.1997
1628	Clear Channel Communications	Universal Outdoor Holdings Inc	Advertising Services	23.10.1997
1574	Comcast Corp	EW Scripps Co-Cable TV Systems	Radio and Television Broadcasting Stations	27.10.1995
1441	Canal Plus SA	NetHold BV	Radio and Television Broadcasting Stations	06.09.1996
1411	Continental Cablevision Inc	Providence Journal-Cable Sys	Radio and Television Broadcasting Stations	22.11.1994
1313	USA Networks Inc	Expedia Inc	Transportation and Shipping (except air)	16.07.2001
1270	Comcast Corp	Maclean Hunter Ltd-US Cable	Radio and Television Broadcasting Stations	17.06.1994
1261	Tele-Communications Inc	TeleCable Corp	Radio and Television Broadcasting Stations	08.08.1994
1217	Silver King Communications Inc	Home Shopping Network(Liberty)	Miscellaneous Retail Trade	26.08.1996
1200	Sinclair Broadcast Group Inc	River City Broadcasting LP	Radio and Television Broadcasting Stations	11.04.1996
1189	Tele-Communications Inc	United Artists Entertainment	Motion Picture Production and Distribution	01.05.1991
1150	Clear Channel Communications	Eller Media Corp	Advertising Services	25.02.1997
1118	Telewest Communications PLC	General Cable PLC	Radio and Television Broadcasting Stations	30.03.1998
1091	Cablevision Systems Corp	Tele-Commun-New York Area	Radio and Television Broadcasting Stations	09.06.1997
1000	Sinclair Broadcast Group Inc	Sullivan Broadcast Holdings	Radio and Television Broadcasting Stations	23.02.1998
997	NTL Inc	Comcast UK Cable Partners Ltd	Radio and Television Broadcasting Stations	05.02.1998
930	Chancellor Media Corp	Whiteco Outdoor Advertising	Advertising Services	31.08.1998
908	NTL Inc	ComTel Ltd	Radio and Television Broadcasting Stations	16.06.1998
870	Price Communications Corp	Palmer Wireless Inc	Telecommunications	23.05.1997
843	Tele-Communications Inc	TKR Cable Co	Radio and Television Broadcasting Stations	08.03.1996
802	Tele-Communications Inc	Kearns-Tribune LLC	Printing, Publishing, and Allied Services	21.04.1997
775	Clear Channel Communications	More Group PLC	Advertising Services	05.03.1998
768	Jacor Communications Inc	Citicasters Inc	Radio and Television	13.02.1996
759	Shaw Communications Inc	Moffat Communications Ltd	Radio and Television Broadcasting Stations	07.12.2000
749	Liberty Media Group(AT&T Corp)	Ascent Entertainment Group Inc	Motion Picture Production and Distribution	22.02.2000
688	USA Networks Inc	Precision Response Corp	Business Services	12.01.2000
687	American Radio Systems Corp	EZ Communications Inc	Radio and Television Broadcasting Stations	05.08.1996
669	Evergreen Media Corp	Chancellor Broadcasting Co	Radio and Television Broadcasting Stations	18.02.1997
638	Chancellor Media Corp	Capstar Bdcstg-Radio Statn(11)	Radio and Television Broadcasting Stations	20.02.1998
630	Sinclair Broadcast Group Inc	Heritage Media-Radio & TV	Radio and Television Broadcasting Stations	16.07.1997
629	Clear Channel Communications	Paxson Communications-Entire	Radio and Television Broadcasting Stations	23.06.1997
620	Jacor Communications Inc	Nationwide Commun-Radio(17)	Radio and Television Broadcasting Stations	27.10.1997
615	Cablevision Systems Corp	Madison Square Garden Corp	Amusement and Recreation Services	18.02.1997

219

Transaktions-volumen (in Mio. USD)	Käufer	Übernommenes Unternehmen	Industriesegment des fusionierten Unternehmens	Bekannt-gabe der Fusion
610	Chancellor Media Corp	Martin Media LP	Advertising Services	22.06.1998
607	Bell Cablemedia PLC	Cable Road(UK)Ltd	Radio and Television Broadcasting Stations	22.10.1996
565	Tele-Communications Inc	Chronicle Publishing Co-Cable	Radio and Television Broadcasting Stations	28.06.1995
500	Comcast Corp	Philadelphia 76ers Basketball	Amusement and Recreation Services	15.03.1996

Real Estate; Mortgage Bankers and Brokers

Transaktions-volumen	Käufer	Übernommenes Unternehmen	Industriesegment des fusionierten Unternehmens	Bekannt-gabe der Fusion
14904	Halifax Group PLC	Bank of Scotland PLC	Commercial Banks, Bank Holding Companies	04.05.2001
2200	Fund American Cos Inc	Fireman's Fund Ins-Assets	Insurance	02.08.1990
1401	GFC	Union Immobiliere de France	Real Estate; Mortgage Bankers and Brokers	28.05.1998
984	Cambridge Shopping Centres Ltd	Markborough Properties Inc	Real Estate; Mortgage Bankers and Brokers	28.04.1997
978	United Industrial Corp Ltd	Singapore Land Ltd	Real Estate; Mortgage Bankers and Brokers	09.04.1990
952	Security Capital Group Inc	Security Capital US Realty	Investment & Commodity Firms,Dealers,Exchanges	26.09.2000
846	Mitsubishi Estate Co	Rockefeller Group Inc	Real Estate; Mortgage Bankers and Brokers	30.10.1989
790	Persimmon PLC	Beazer Homes PLC	Construction Firms	24.01.2001
762	Daiei Agora Corp(Daiei Inc)	Jujiya Co	Retail Trade-Food Stores	19.04.1995
736	Sefimeg(Fimalac)	Fourmi Immobiliere	Real Estate; Mortgage Bankers and Brokers	22.07.1996
714	Liberty International PLC	Capital Shopping Centres PLC	Real Estate; Mortgage Bankers and Brokers	14.09.2000
679	Wihlborgs Fastigheter AB	Klovern Foervaltnings AB	Real Estate; Mortgage Bankers and Brokers	12.09.1997
620	Ladbroke Group PLC(Hilton Grp)	Coral Group (Bass PLC)	Amusement and Recreation Services	01.01.1998
604	Brookfield Properties Corp	World Financial Properties Inc	Real Estate; Mortgage Bankers and Brokers	28.04.1998
596	WCM Beteiligungs	Kloeckner-Werke AG	Rubber and Miscellaneous Plastic Products	22.11.2000
565	Jacobs Holdings PLC	B&C Breakdown Services	Business Services	01.10.1997
555	Unibail	Cie Fonciere-Ppty Portfolio	Real Estate; Mortgage Bankers and Brokers	30.05.1994
527	Mitsubishi Estate Co	Rockefeller Group Inc	Real Estate; Mortgage Bankers and Brokers	30.10.1989
522	Pillar Property PLC	Wates City of London Props PLC	Real Estate; Mortgage Bankers and Brokers	24.11.2000
521	Capital Shopping Centres PLC	Church of England-MetroCentre	Construction Firms	11.06.1995
519	Boston Properties Inc	Prudential Ins-Prudential Ctr	Real Estate; Mortgage Bankers and Brokers	09.01.1998

Repair Services

Transaktions-volumen	Käufer	Übernommenes Unternehmen	Industriesegment des fusionierten Unternehmens	Bekannt-gabe der Fusion
1681	Team Rental Group Inc	Budget Rent-A-Car Corp	Repair Services	14.01.1997
699	Budget Group Inc	Ryder TRS Inc	Repair Services	03.03.1998

Retail Trade-Eating and Drinking Places

Transaktions-volumen	Käufer	Übernommenes Unternehmen	Industriesegment des fusionierten Unternehmens	Bekannt-gabe der Fusion
911	Compass Group PLC	Eurest(Intl des Wagon-Lits)	Retail Trade-Eating and Drinking Places	23.06.1995
813	Greenalls Group PLC	Boddington Group PLC	Food and Kindred Products	06.10.1995
743	Luminar PLC	Northern Leisure PLC	Retail Trade-Eating and Drinking Places	10.05.2000
573	Compass Group PLC	Morrison Management Specialist	Retail Trade-Eating and Drinking Places	06.02.2001
545	Compass Group PLC	Selecta Group	Miscellaneous Retail Trade	12.02.2001

Transaktions-volumen (in Mio. USD)	Käufer	Übernommenes Unternehmen	Industriesegment des fusionierten Unternehmens	Bekanntgabe der Fusion
Retail Trade-Food Stores				
15837	Carrefour SA	Promodes	Retail Trade-Food Stores	30.08.1999
3713	Food Lion Inc	Hannaford Bros Co	Retail Trade-Food Stores	18.08.1999
3619	Koninklijke Ahold NV	US Foodservice Inc	Wholesale Trade-Nondurable Goods	08.03.2000
2871	Koninklijke Ahold NV	Stop & Shop Cos	Retail Trade-Food Stores	28.03.1996
2865	Carrefour SA	Comptoirs Modernes SA	Retail Trade-Food Stores	28.08.1998
2634	Koninklijke Ahold NV	Giant Food Inc	Retail Trade-Food Stores	19.05.1998
2252	Safeway Inc	Vons Cos Inc	Retail Trade-Food Stores	30.10.1996
2018	Fred Meyer Inc	Smith's Food & Drug Centers	Retail Trade-Food Stores	12.05.1997
1854	Safeway Inc	Dominick's Supermarkets Inc	Retail Trade-Food Stores	13.10.1998
1088	Koninklijke Ahold NV	Superdiplo SA	Retail Trade-Food Stores	07.09.2000
1003	Tesco PLC	Associated British Foods-Irish	Retail Trade-Food Stores	20.03.1997
955	Iceland Group PLC	Booker PLC	Wholesale Trade-Nondurable Goods	25.05.2000
794	Circle K Japan Co Ltd	Sunkus & Associates Inc	Retail Trade-Food Stores	07.09.2000
780	Somerfield PLC	Kwik Save Group PLC	Retail Trade-Food Stores	19.02.1998
577	Casino Groupe	Etablissements Baud SA	Retail Trade-Food Stores	04.09.1997
572	Casino Groupe	TLC Beatrice Intl-Food Distn	Wholesale Trade-Nondurable Goods	02.09.1997
544	ASDA Group PLC	Burwood House(ASDA,British)	Real Estate; Mortgage Bankers and Brokers	21.08.1995
Retail Trade-General Merchandise and Apparel				
3449	Federated Department Stores	RH Macy & Co Inc	Retail Trade-General Merchandise and Apparel	31.12.1993
3299	JC Penney Co	Eckerd Corp	Miscellaneous Retail Trade	04.11.1996
3282	Proffitt's Inc	Saks Holdings	Retail Trade-General Merchandise and Apparel	03.07.1998
3096	Fred Meyer Inc	Food 4 Less Holdings Inc	Retail Trade-Food Stores	07.11.1997
2943	Dillard's Inc	Mercantile Stores Co Inc	Retail Trade-General Merchandise and Apparel	18.05.1998
2732	CIFRA SA de CV	JV-Wal-Mart Stores Inc,CIFRA	Retail Trade-Food Stores	03.06.1997
1825	Etablissements Delhaize Freres	Delhaize America Inc	Retail Trade-Food Stores	07.09.2000
1703	Fred Meyer Inc	Quality Food Centers Inc	Retail Trade-Food Stores	07.11.1997
1666	Costco Wholesale Corp	Price Co	Retail Trade-General Merchandise and Apparel	16.06.1993
1614	Federated Department Stores	Broadway Stores(Federated Dep)	Retail Trade-General Merchandise and Apparel	14.08.1995
1506	Kingfisher PLC	Financiere Darty SA	Retail Trade-Home Furnishings	04.02.1993
1104	Vendex International NV	Koninklijke Bijenkorf Beheer	Retail Trade-General Merchandise and Apparel	09.02.1998
1050	Dayton Hudson Corp	Marshall Field & Co(BATUS Inc)	Retail Trade-General Merchandise and Apparel	19.04.1990
994	Consolidated Stores Corp	Mac Frugal's Bargains	Wholesale Trade-Nondurable Goods	05.11.1997
931	Karstadt AG	Hertie Waren und Kaufhaus GmbH	Retail Trade-General Merchandise and Apparel	05.11.1993
868	Proffitt's Inc	Carson Pirie Scott & Co	Miscellaneous Retail Trade	29.10.1997
867	Pinault-Printemps Redoute	Gucci Group NV	Leather and Leather Products	10.09.2001
823	Centros Comerciales Pryca SA	Centros Comerciales Continente	Miscellaneous Retail Trade	22.09.1999
704	Pinault-Printemps Redoute	Guilbert SA	Wholesale Trade-Nondurable Goods	22.01.1998
550	TJX Co Inc	Marshall's Inc(Melville Corp)	Retail Trade-General Merchandise and Apparel	13.10.1995
Retail Trade-Home Furnishings				
715	Dixons Group PLC	Elkjop ASA	Retail Trade-Home Furnishings	29.11.1999
580	Amalgamated Retail Ltd	Beares Group(McCarthy Retail)	Retail Trade-Home Furnishings	05.06.1998

Transaktions-volumen (in Mio. USD)	Käufer	Übernommenes Unternehmen	Industriesegment des fusionierten Unternehmens	Bekanntgabe der Fusion
Rubber and Miscellaneous Plastic Products				
3294	BTR PLC	BTR Nylex Ltd(BTR PLC)	Rubber and Miscellaneous Plastic Products	20.07.1995
2731	BTR PLC	Hawker Siddeley Group PLC	Electronic and Electrical Equipment	19.09.1991
1930	Continental AG	ITT Industries Inc-Automotive	Transportation Equipment	27.07.1998
1500	Michelin et Cie	Uniroyal Goodrich Tire Co	Rubber and Miscellaneous Plastic Products	22.09.1989
1124	Armstrong World Industries Inc	Triangle Pacific Corp	Wood Products, Furniture, and Fixtures	12.06.1998
621	BTR Nylex Ltd(BTR PLC)	FM Holdings Inc	Paper and Allied Products	22.12.1994
583	BTR PLC	Exide Electronics Group Inc	Electronic and Electrical Equipment	17.10.1997
Sanitary Services				
2350	Republic Industries Inc	National Car Rental System Inc	Repair Services	06.01.1997
1804	Laidlaw Environmental Services	Safety-Kleen Corp	Business Services	04.11.1997
1682	USA Waste Services Inc	United Waste Systems Inc	Sanitary Services	14.04.1997
1651	Allied Waste Industries Inc	Laidlaw Waste Systems Inc	Sanitary Services	18.09.1996
1450	SITA(Suez Lyonnaise des Eaux)	Browning-Ferris-Non Amer Asts	Sanitary Services	10.11.1997
1276	Waste Management Inc	Eastern Environmental Services	Sanitary Services	17.08.1998
1237	USA Waste Services Inc	Sanifill Inc	Sanitary Services	24.06.1996
1067	Allied Waste Industries Inc	American Disposal Services Inc	Sanitary Services	10.08.1998
990	Rollins Environmental Services	Laidlaw Environmental Services	Sanitary Services	06.01.1997
870	Waste Management Inc	Wheelabrator Technologies Inc	Measuring, Medical, Photo Equipment; Clocks	20.06.1997
815	Republic Industries Inc	Alamo Rent-A-Car Inc	Repair Services	07.11.1996
810	USA Waste Services Inc	City Management Holdings Trust	Sanitary Services	09.12.1997
725	USA Waste Services Inc	Chambers Development Co Inc	Sanitary Services	28.11.1994
646	Republic Industries Inc	AutoNation USA	Miscellaneous Retail Trade	29.03.1996
528	Browning-Ferris Industries Inc	Attwoods PLC(Browning Ferris)	Sanitary Services	20.09.1994
518	USA Waste Services Inc	Allied Waste Inds-Canadian	Sanitary Services	16.01.1997
507	Philip Environmental Inc	Allwaste Inc	Sanitary Services	06.03.1997
500	Waste Management Inc	Wheelabrator Technologies Inc	Measuring, Medical, Photo Equipment; Clocks	02.04.1990
Savings and Loans, Mutual Savings Banks				
14725	Washington Mutual,Seattle,WA	HF Ahmanson & Co,Irwindale,CA	Savings and Loans, Mutual Savings Banks	17.03.1998
6848	Washington Mutual,Seattle,WA	Great Western Finl Corp,CA	Savings and Loans, Mutual Savings Banks	06.03.1997
5204	Washington Mutual,Seattle,WA	Dime Bancorp Inc,New York,NY	Savings and Loans, Mutual Savings Banks	25.06.2001
1891	Washington Mutual,Seattle,WA	American Svgs FA,Irvine,CA	Savings and Loans, Mutual Savings Banks	28.06.1996
1732	Astoria Finl,Lake Success,NY	Long Island Bancorp,NY	Savings and Loans, Mutual Savings Banks	03.04.1998
1419	Washington Mutual,Seattle,WA	Bank United Corp,Houston,Texas	Savings and Loans, Mutual Savings Banks	21.08.2000
903	HF Ahmanson & Co,Irwindale,CA	Coast Savings Financial Inc,CA	Savings and Loans, Mutual Savings Banks	06.10.1997
828	Charter One Finl,Cleveland,OH	ALBANK Financial Corp,NY	Savings and Loans, Mutual Savings Banks	15.06.1998
663	Washington Mutual,Seattle,WA	Pacific First Bank FSB,Seattle	Savings and Loans, Mutual Savings Banks	27.10.1992
634	Charter One Finl,Cleveland,OH	RCSB Finl Inc,Rochester,NY	Commercial Banks, Bank Holding Companies	21.05.1997
570	Charter One Finl,Cleveland,OH	FirstFed Michigan Corp	Savings and Loans, Mutual Savings Banks	30.05.1995
533	Dime Bancorp Inc	Anchor Bancorp Inc,New York,NY	Savings and Loans, Mutual Savings Banks	06.07.1994

Transaktions-volumen (in Mio. USD)	Käufer	Übernommenes Unternehmen	Industriesegment des fusionierten Unternehmens	Bekanntgabe der Fusion
Soaps, Cosmetics, and Personal-Care Products				
2470	LVMH Moet-Hennessy L Vuitton	DFS Group Ltd	Miscellaneous Retail Trade	29.10.1996
2004	Procter & Gamble Co	Tambrands Inc	Paper and Allied Products	09.04.1997
1540	Tomkins PLC	Ranks Hovis McDougall PLC	Holding Companies, Except Banks	29.10.1992
1400	Tomkins PLC	Gates Corp	Rubber and Miscellaneous Plastic Products	12.12.1995
1289	Henkel KGaA	Loctite Corp	Chemicals and Allied Products	28.10.1996
1196	Hindustan Lever Ltd	Brooke Bond Lipton India Ltd	Agriculture, Forestry, and Fishing	19.04.1996
1060	Procter & Gamble Co	Revlon Inc-Max Factor,Betrix	Soaps, Cosmetics, and Personal-Care Products	10.04.1991
1040	Colgate-Palmolive Co	American Home Prod-Kolynos Bus	Soaps, Cosmetics, and Personal-Care Products	09.01.1995
786	L'Oreal SA(Gesparal)	Maybelline Inc	Soaps, Cosmetics, and Personal-Care Products	11.12.1995
670	Colgate-Palmolive Co	Mennen Co	Soaps, Cosmetics, and Personal-Care Products	11.11.1991
620	LVMH Moet-Hennessy L Vuitton	BSN-Lanson,Pommery Champagne	Food and Kindred Products	07.12.1990
574	Tomkins PLC	Stant Corp(Bessemer Capital Pa	Transportation Equipment	09.04.1997
552	Henkel KGaA	Barnangen(Nobel Industrier)	Soaps, Cosmetics, and Personal-Care Products	09.01.1992
532	LVMH Moet-Hennessy L Vuitton	Celine(Au Bon Agache)	Wholesale Trade-Nondurable Goods	23.03.1995
529	Tomkins PLC	Phillips Industries Inc	Electronic and Electrical Equipment	05.06.1990
Stone, Clay, Glass, and Concrete Products				
3738	Lafarge SA	Blue Circle Industries PLC	Stone, Clay, Glass, and Concrete Products	08.01.2001
3600	Owens-Illinois Inc	BTR PLC-Global Packaging &	Stone, Clay, Glass, and Concrete Products	02.03.1998
2846	Cemex	Southdown Inc	Stone, Clay, Glass, and Concrete Products	29.09.2000
2549	Hanson PLC	Pioneer International Ltd	Stone, Clay, Glass, and Concrete Products	29.11.1999
2043	Cie de Saint-Gobain SA	Meyer International PLC	Wholesale Trade-Durable Goods	01.02.2000
1840	Cie de Saint-Gobain SA	Norton Co(Cie De Saint-Gobain)	Stone, Clay, Glass, and Concrete Products	25.04.1990
1452	RMC Group PLC	Rugby Group PLC	Stone, Clay, Glass, and Concrete Products	08.11.1999
1222	Heidelberger Zement AG	Cimenteries CBR(Heidelberger)	Stone, Clay, Glass, and Concrete Products	14.10.1999
1184	MB-Caradon PLC	RTZ Corp PLC-Pillar,Elec Divs	Metal and Metal Products	16.08.1993
1100	Asahi Glass Co	AFG Industries Inc	Stone, Clay, Glass, and Concrete Products	19.06.1992
1087	Redland PLC	Steetley PLC	Wood Products, Furniture, and Fixtures	10.12.1991
1058	Chichibu Onoda Cement Co	Nihon Cement Co Ltd	Stone, Clay, Glass, and Concrete Products	02.10.1997
1053	Southdown Inc	Medusa Corp	Stone, Clay, Glass, and Concrete Products	18.03.1998
690	Lafarge Corp(Lafarge Coppee)	Lafarge-N Amer Cnstrn Mtrl Bus	Stone, Clay, Glass, and Concrete Products	17.03.1998
680	Sumitomo Cement Co Ltd	Osaka Cement	Stone, Clay, Glass, and Concrete Products	10.03.1994
650	Holcim Ltd	Semen Cibinong PT	Stone, Clay, Glass, and Concrete Products	05.11.2001
635	Holderbank Financiere Glarus	Cedest	Chemicals and Allied Products	09.05.1994
631	Owens Corning	Fibreboard Corp	Wood Products, Furniture, and Fixtures	28.05.1997
575	Newell Rubbermaid Inc	Sanford Corp	Miscellaneous Manufacturing	22.11.1991

Transaktions-volumen (in Mio. USD)	Käufer	Übernommenes Unternehmen	Industriesegment des fusionierten Unternehmens	Bekanntgabe der Fusion
552	RMC Group PLC	Readymix AG fuer Beteiligungen	Stone, Clay, Glass, and Concrete Products	07.09.1995
548	Boral Ltd	Sagasco Holdings Ltd	Oil and Gas; Petroleum Refining	01.09.1993

Telecommunications

Transaktions-volumen (in Mio. USD)	Käufer	Übernommenes Unternehmen	Industriesegment des fusionierten Unternehmens	Bekanntgabe der Fusion
202785	Vodafone AirTouch PLC	Mannesmann AG	Telecommunications	14.11.1999
56307	Qwest Commun Int Inc	US WEST Inc	Telecommunications	14.06.1999
53415	Bell Atlantic Corp	GTE Corp	Telecommunications	28.07.1998
49279	AT&T Corp	MediaOne Group Inc	Radio and Television Broadcasting Stations	22.04.1999
41907	WorldCom Inc	MCI Communications Corp	Telecommunications	01.10.1997
29404	Deutsche Telekom AG	VoiceStream Wireless Corp	Telecommunications	24.07.2000
21345	Bell Atlantic Corp	NYNEX Corp	Telecommunications	22.04.1996
16490	SBC Communications Inc	Pacific Telesis Group	Telecommunications	01.04.1996
15822	DDI Corp	KDD Corp	Telecommunications	16.12.1999
15652	American Telephone & Telegraph	McCaw Cellular Commun Inc	Telecommunications	16.08.1993
13596	WorldCom Inc	MFS Communications Co Inc	Telecommunications	26.08.1996
11188	AT&T Corp	Teleport Communications Group	Telecommunications	08.01.1998
10213	Telefonica SA	Telecommunicacoes de Sao Paulo	Telecommunications	13.01.2000
7893	American Telephone & Telegraph	NCR Corp	Computer and Office Equipment	02.12.1990
6407	Teleglobe Inc	Excel Communications Inc	Telecommunications	15.06.1998
6321	Telecom Italia SpA	Telecom Italia SpA	Telecommunications	11.11.1996
6243	GTE Corp	Contel Corp	Telecommunications	12.07.1990
6153	VoiceStream Wireless Corp	Powertel Inc	Telecommunications	27.08.2000
5949	ALLTEL Corp	360 Communications Co	Telecommunications	16.03.1998
5828	SBC Communications Inc	Southern New England Telecomm	Telecommunications	05.01.1998
5676	AirTouch Communications Inc	MediaOne Grp-Wireless & Cable	Telecommunications	29.01.1998
5066	Bell Canada Enterprises Inc	Teleglobe Inc	Telecommunications	15.02.2000
4931	Tiscali SpA	World Online International NV	Business Services	07.09.2000
4884	TeleCorp PCS Inc	Tritel Inc	Telecommunications	29.02.2000
4816	VoiceStream Wireless Corp	Omnipoint Corp	Telecommunications	23.06.1999
4785	AT&T Wireless Services Inc	TeleCorp PCS Inc	Telecommunications	08.10.2001
4750	US WEST Communications Inc	US WEST Media Grp-US WEST Dex	Printing, Publishing, and Allied Services	16.05.1997
4612	Telefonica SA	Endemol Entertainment NV	Motion Picture Production and Distribution	17.03.2000
4532	Telus Corp	Clearnet Communications Inc	Telecommunications	21.08.2000
4154	WorldCom Inc	Intermedia Communications Inc	Telecommunications	05.09.2000
3967	Sprint Corp	Centel Corp	Telecommunications	27.05.1992
3880	Telecom Italia(Ing C Olivetti)	Telecom Italia Mobile SpA	Telecommunications	26.07.2000
3841	SBC Communications Inc	Sterling Commerce Inc	Prepackaged Software	22.02.2000
3718	Telefonica SA	Telefonica de Argentina SA	Telecommunications	13.01.2000
2793	Global Crossing Ltd	IPC Communications(Citicorp)	Business Services	22.02.2000
2684	Vodafone Group PLC	Japan Telecom Co Ltd	Telecommunications	20.09.2001
2647	Hutchison Whampoa Ltd	Cheung Kong Infrastructure	Construction Firms	06.01.1997
2533	WorldCom Inc	Brooks Fiber Properties Inc	Telecommunications	01.10.1997
2500	LDDS Communications Inc	Williams Telecomm Group Inc	Telecommunications	04.05.1994
2478	VoiceStream Wireless Corp	Aerial Communications Inc	Telecommunications	20.09.1999
2464	Bell Atlantic Corp	Metro Mobile CTS Inc	Telecommunications	24.09.1991
2432	Telefonica SA	Telesudeste Celular	Telecommunications	13.01.2000
2230	Cable & Wireless Communicati	Nynex CableComms(NYNEX)	Radio and Television Broadcasting Stations	22.10.1996
2225	Century Telephone Enterprises	Pacific Telecom (PacifiCorp)	Telecommunications	13.06.1997
2095	Rogers Communications Inc	Maclean Hunter(Rogers Commun)	Radio and Television Broadcasting Stations	02.02.1994
2063	NextLink Communications Inc	Concentric Network Corp	Telecommunications	10.01.2000

Transaktions-volumen (in Mio. USD)	Käufer	Übernommenes Unternehmen	Industriesegment des fusionierten Unternehmens	Bekannt-gabe der Fusion
2061	MFS Communications Co Inc	UUNet Technologies Inc	Business Services	30.04.1996
1961	Resurgens Communications Group	LDDS Communications Inc	Telecommunications	14.05.1993
1906	Telefonica SA	Telefonica del Peru SA	Telecommunications	13.01.2000
1818	Telefonica de Argentina SA	Paginas Doradas(Meller SAICIC)	Printing, Publishing, and Allied Services	30.06.1992
1758	McLeodUSA Inc	SplitRock Services Inc	Telecommunications	07.01.2000
1750	Cable & Wireless PLC	MCI Communications Corp-Whl	Business Services	28.05.1998
1661	Frontier Corp	ALC Communications Corp	Telecommunications	10.04.1995
1657	AirTouch Communications Inc	Cellular Communications Inc	Telecommunications	08.04.1996
1611	Cable & Wireless Communicati	Bell Cablemedia PLC	Radio and Television Broadcasting Stations	22.10.1996
1524	BCE Inc	CTV Inc	Radio and Television Broadcasting Stations	26.02.2000
1300	Contel Cellular Inc(Contel)	McCaw Cellular Commun-AL,KY,TN	Telecommunications	03.10.1989
1283	MCI Communications Corp	SHL Systemhouse Inc	Business Services	20.09.1995
1250	MCI Communications Corp	Telecom USA Inc	Telecommunications	09.04.1990
1208	Call-Net Enterprises Inc	Fonorola Inc	Telecommunications	15.04.1998
1200	US WEST Inc	Wometco Cable Co,Georgia Cable	Radio and Television Broadcasting Stations	14.07.1994
1186	WorldCom Inc	CompuServe Inc(H&R Block)	Business Services	08.09.1997
1100	Citizens Communications Co	GTE Tele Op-500,000 Lines	Telecommunications	19.05.1993
1084	TeleWest PLC	SBC CableComms(SBC,Cox)	Radio and Television Broadcasting Stations	08.06.1995
1046	Excel Communications Inc	Telco Communications Group Inc	Telecommunications	06.06.1997
1000	British Telecommunications PLC	Concert Commun(British,MCI)	Business Services	13.08.1998
922	Nextel Communications Inc	Motorola-Mobile Radio Licenses	Telecommunications	08.11.1993
907	Teleport Communications Group	ACC Corp	Telecommunications	26.11.1997
882	Telefonica de Espana SA	Telefonica Internacional SA	Telecommunications	10.11.1997
880	LDDS Communications Inc	IDB Communications Group Inc	Telecommunications	13.07.1994
877	Global Crossing Ltd	IXnet Inc(IPC Information)	Other Financial	22.02.2000
825	Telefonica de Espana SA	Telefonica Internacional SA	Telecommunications	22.08.1997
761	Hutchison Whampoa Ltd	Cavendish International Hldgs	Real Estate; Mortgage Bankers and Brokers	28.02.1991
737	Helsingin Puhelinyhdistys	Helsingin Puhelin(Helsingin)	Telecommunications	03.03.1998
726	Energis PLC	Ision Internet AG	Business Services	19.12.2000
722	AT&T Corp	Firstcom Corp	Telecommunications	01.11.1999
719	Tiscali SpA	Liberty Surf Groupe SA	Business Services	08.01.2001
718	MetroNet Communications Corp	Rogers Telecommunications Inc	Telecommunications	20.05.1998
718	Nextel Communications Inc	Dial Page Inc	Telecommunications	05.08.1994
714	GTE Corp	BBN Corp	Business Services	06.05.1997
693	Resurgens Communications Group	Metromedia Communications	Telecommunications	23.10.1992
690	Time Warner Telecom Inc	GST Telecommunications Inc	Telecommunications	25.08.2000
680	Southwestern Bell Corp	Associated Communications Corp	Telecommunications	24.02.1994
674	Nextel Communications Inc	OneComm Corp	Telecommunications	14.07.1994
650	Southwestern Bell Corp	Montgomery Cablevision,1 Other	Radio and Television Broadcasting Stations	09.02.1993
610	Ameritech Corp	Republic Security Co Holdings	Business Services	29.09.1997
586	LDDS Communications Inc	Advanced Telecommunications	Telecommunications	03.06.1992
559	Telecom Italia SpA	Finsiel SpA(IRI/Italy)	Prepackaged Software	02.10.1992
550	CoreComm Inc	OCOM Inc(NTL Inc)	Telecommunications	01.06.1998
532	McLeodUSA Inc	CapRock Communications Corp	Construction Firms	03.10.2000
530	United Telecommunications Inc	US Sprint Communications Co	Telecommunications	18.07.1988
517	360 Communications Co	Independent Cellular Network	Telecommunications	24.04.1996
512	Ameritech Corp	CyberTel Finl,CyberTel RSA	Telecommunications	28.05.1991
504	Intermedia Communications Inc	Shared Technologies Fairchild	Communications Equipment	17.11.1997

225

Transaktionsvolumen (in Mio. USD)	Käufer	Übernommenes Unternehmen	Industriesegment des fusionierten Unternehmens	Bekanntgabe der Fusion
Textile and Apparel Products				
768	Pillowtex Corp	Fieldcrest Cannon Inc	Textile and Apparel Products	11.09.1997
690	Shaw Industries Inc	Queen Carpet Corp	Textile and Apparel Products	13.08.1998
565	Jones Apparel Group Inc	McNaughton Apparel Group Inc	Textile and Apparel Products	16.04.2001
546	Tarkett Pegulan-Werke AG	Sommer Allibert SA-Floor	Textile and Apparel Products	28.05.1997
Tobacco Products				
19275	Philip Morris Cos Inc	Nabisco Holdings Corp(Nabisco)	Food and Kindred Products	25.06.2000
11065	RJ Reynolds Tobacco Holdings	Nabisco Group Holdings Corp	Food and Kindred Products	25.06.2000
2607	Cie Financiere Richemont AG	Rothmans International PLC	Tobacco Products	20.04.1995
2238	Philip Morris Cos Inc	Colima Holding AG	Investment & Commodity Firms,Dealers,Exchanges	22.06.1990
1729	Cie Financiere Richemont AG	Vendome Luxury Group PLC	Miscellaneous Manufacturing	28.11.1997
1086	Imperial Tobacco Group PLC	Douwe Egbert Van Nelle Tobacco	Tobacco Products	07.04.1998
1000	BAT Industries PLC	American Tobacco(Amer Brands)	Tobacco Products	26.04.1994
941	Gallaher Group PLC	Austria Tabakwerke AG	Tobacco Products	22.06.2001
761	DIMON Inc	Intabex Holding,Tabex Private	Investment & Commodity Firms,Dealers,Exchanges	14.01.1997
602	British American Tobacco PLC	British American Australasia	Tobacco Products	30.01.2001
Transportation and Shipping (except air)				
665	Inchcape PLC	TKM	Amusement and Recreation Services	31.03.1992
4036	Union Pacific Corp	Southern Pacific Rail Corp	Transportation and Shipping (except air)	02.08.1995
3748	Burlington Northern Inc	Santa Fe Pacific Corp	Transportation and Shipping (except air)	29.06.1994
2931	Canadian National Railway Co	Illinois Central Corp	Transportation and Shipping (except air)	10.02.1998
2731	Preussag AG	Thomson Travel Group PLC	Transportation and Shipping (except air)	15.05.2000
2256	Union Pacific Corp	Chicago and North Western Tran	Transportation and Shipping (except air)	10.03.1995
2185	Ocean Group PLC	NFC PLC	Transportation and Shipping (except air)	21.02.2000
1386	Wesfarmers Ltd	Franked Income Fund	Investment & Commodity Firms,Dealers,Exchanges	13.02.2001
1355	Wesfarmers Ltd	Howard Smith Ltd	Miscellaneous Retail Trade	12.06.2001
1342	Kvaerner ASA	Trafalgar House PLC	Construction Firms	04.03.1996
1315	Royal Caribbean International	Celebrity Cruise Lines Inc	Transportation and Shipping (except air)	17.06.1997
1199	Canadian National Railway Co	Wisconsin Central Transport	Transportation and Shipping (except air)	30.01.2001
1174	Iron Mountain Inc	Pierce Leahy Corp	Transportation and Shipping (except air)	21.10.1999
900	Galileo International Inc	Apollo Travel Services	Transportation and Shipping (except air)	20.05.1997
878	Neptune Orient Lines Ltd	APL Ltd	Real Estate; Mortgage Bankers and Brokers	14.04.1997
784	Delmas	SCAC(Bollore Technologies)	Miscellaneous Retail Trade	02.01.1992
759	Stagecoach Holdings PLC	Porterbrook Leasing Co MEBO	Transportation and Shipping (except air)	31.07.1996
750	Osprey Maritime Ltd	Gotaas-Larsen Shipping Corp	Transportation and Shipping (except air)	13.05.1997
693	Inchcape PLC	IEP(Automotive)Ltd	Investment & Commodity Firms,Dealers,Exchanges	10.12.1991
691	Inchcape PLC	Tozer Kemsley & Millbourn Hldg	Wholesale Trade-Durable Goods	11.12.1991
661	TeeKay Shipping	Ugland Nordic Shipping A/S	Transportation and Shipping (except air)	06.03.2001
591	Bergesen DY A/S	Havtor	Oil and Gas; Petroleum Refining	15.11.1995

Transaktions-volumen (in Mio. USD)	Käufer	Übernommenes Unternehmen	Industriesegment des fusionierten Unternehmens	Bekannt-gabe der Fusion
559	EGL Inc	Circle International Group Inc	Transportation and Shipping (except air)	03.07.2000
554	Roadway Express Inc	Arnold Industries Inc	Transportation and Shipping (except air)	22.08.2001
523	Tidewater Inc	OIL Ltd(Ocean Group PLC)	Oil and Gas; Petroleum Refining	20.03.1997

Transportation Equipment

40466	Daimler-Benz AG	Chrysler Corp	Transportation Equipment	07.05.1998
4125	Dana Corp	Echlin Inc	Transportation Equipment	04.05.1998
2575	Autoliv Sverige AB	Morton Automotive Safety Prods	Repair Services	30.09.1996
2563	Bayerische Motoren Werke AG	Rover Group Holdings Ltd	Transportation Equipment	22.11.1993
2319	SPX Corp	General Signal Corp	Electronic and Electrical Equipment	20.07.1998
2250	Federal-Mogul Corp	T&N PLC	Transportation Equipment	16.10.1997
2199	Honeywell International Inc	Pittway Corp	Miscellaneous Manufacturing	20.12.1999
1900	Federal-Mogul Corp	Cooper Automotive	Transportation Equipment	17.08.1998
1839	SPX Corp	United Dominion Industries Ltd	Machinery	12.03.2001
1700	Valeo SA	ITT Inds-Automotive Electrical	Transportation Equipment	25.06.1998
1100	Eaton Corp	Westinghouse Elec-Distn,Crtl	Electronic and Electrical Equipment	11.08.1993
922	ITT Industries Inc	Goulds Pumps Inc	Machinery	21.04.1997
912	MascoTech Inc	TriMas Corp	Metal and Metal Products	11.12.1997
891	Toyoda Automatic Loom Works	BT Industries AB	Machinery	04.04.2000
880	Volvo AB	BCP Branded Consumer Products	Food and Kindred Products	04.06.1993
790	Volkswagen AG	Rolls-Royce Motor Cars Ltd	Transportation Equipment	02.04.1998
734	Ford Motor Co	Hertz Corp(Ford Motor Co)	Repair Services	21.09.2000
720	Federal-Mogul Corp	Fel-Pro Inc(Felt Products)	Rubber and Miscellaneous Plastic Products	12.01.1998
613	Lear Seating Corp	Automotive Industries Holding	Transportation Equipment	17.07.1995
600	General Dynamics Corp	Computing Devices Intl	Measuring, Medical, Photo Equipment; Clocks	03.11.1997
581	DaimlerChrysler AG	Detroit Diesel	Machinery	20.07.2000
573	Volvo AB	VME Group NV	Machinery	06.03.1995
555	Wassall PLC	TLG PLC	Electronic and Electrical Equipment	10.09.1998
543	PACCAR Inc	DAF Trucks NV	Transportation Equipment	07.10.1996
533	Volvo AB	Procordia AB-Branded Consumer	Food and Kindred Products	04.06.1993

Wholesale Trade-Durable Goods

13314	USA Waste Services Inc	Waste Management Inc	Sanitary Services	11.03.1998
9269	Northern Telecom Ltd(BCE Inc)	Bay Networks Inc	Computer and Office Equipment	15.06.1998
3944	Aluminum Co of America{Alcoa}	Alumax Inc	Metal and Metal Products	06.03.1998
3014	Hughes Electronics Corp	PanAmSat Corp	Telecommunications	20.09.1996
2636	Northern Telecom Ltd(BCE Inc)	STC PLC	Wholesale Trade-Durable Goods	08.11.1990
1145	Mattel Inc	Fisher-Price Inc	Miscellaneous Manufacturing	19.08.1993
804	Tuboscope Inc	Varco International Inc	Machinery	22.03.2000
800	Softbank Corp	Interface Grp-Exhibition Unit	Business Services	13.02.1995
737	Mattel Inc	Tyco Toys Inc	Miscellaneous Manufacturing	18.11.1996
700	Mattel Inc	Pleasant Co	Miscellaneous Retail Trade	15.06.1998
695	Resource Group International	Aker A/S	Holding Companies, Except Banks	27.09.1996
689	Avnet Inc	Kent Electronics Corp	Wholesale Trade-Durable Goods	22.03.2001
688	Danka Business Systems PLC	Eastman Kodak-Sales Marketing	Wholesale Trade-Durable Goods	09.09.1996
679	Physician Sales & Service Inc	Gulf South Medical Supply Inc	Wholesale Trade-Durable Goods	15.12.1997
673	Rexel SA(Pinault-Printemps)	Westburne Inc	Wholesale Trade-Durable Goods	20.07.2000
610	Aluminum Co of America{Alcoa}	Inespal	Metal and Metal Products	25.02.1997
589	Meritor Automotive Inc	Arvin Industries Inc	Transportation Equipment	06.04.2000
551	Posim Bhd	Sabah Forest Industries Sdn	Paper and Allied Products	11.01.1996

227

Transaktions-volumen (in Mio. USD)	Käufer	Übernommenes Unternehmen	Industriesegment des fusionierten Unternehmens	Bekanntgabe der Fusion
520	Meyer International PLC	Harcros Timber & Building	Wholesale Trade-Durable Goods	21.10.1997
Wholesale Trade-Nondurable Goods				
4479	AmeriSource Health Corp	Bergen Brunswig Corp	Wholesale Trade-Nondurable Goods	16.03.2001
3312	Ferruzzi Agricola Finanziaria	Montedison SpA	Chemicals and Allied Products	27.07.1990
2902	Enron Corp	Portland General Corp	Electric, Gas, and Water Distribution	19.07.1996
2834	Metro AG(Metro GmbH/Metro AG	Metro Holding-Wrldwd Whl	Wholesale Trade-Nondurable Goods	16.09.1998
2631	Metro AG(Metro GmbH/Metro AG	Makro Holdings-European	Retail Trade-Food Stores	18.07.1997
2542	Cardinal Health Inc	RP Scherer Corp	Drugs	18.05.1998
2455	Suiza Foods Corp	Dean Foods Co	Food and Kindred Products	05.04.2001
2227	Enron Corp	Wessex Water PLC	Electric, Gas, and Water Distribution	24.07.1998
1973	Nippon Oil Co Ltd	Nippon Petroleum Refining Co	Oil and Gas; Petroleum Refining	06.12.1995
1751	Cardinal Health Inc	Bindley Western Industries Inc	Wholesale Trade-Nondurable Goods	04.12.2000
1722	Abitibi-Price Inc	Stone-Consolidated Corp	Paper and Allied Products	13.02.1997
1436	JP Foodservice Inc	Rykoff-Sexton Inc	Wholesale Trade-Nondurable Goods	30.06.1997
1146	Gehe Invest PLC(Gehe AG)	Lloyds Chemists PLC	Miscellaneous Retail Trade	26.01.1996
1085	Fleming Cos Inc	Scrivner Inc(Franz Haniel)	Retail Trade-Food Stores	01.06.1994
1084	Super Valu Stores Inc	Wetterau Inc	Wholesale Trade-Nondurable Goods	09.06.1992
907	Cardinal Health Inc	Pyxis Corp	Business Services	07.02.1996
775	McKesson Corp	General Medical Corp	Wholesale Trade-Durable Goods	28.01.1997
660	Dalgety PLC	Quaker Oats-European Petfood	Food and Kindred Products	03.02.1995
633	Gehe AG(Franz Haniel & Cie)	AAH PLC	Wholesale Trade-Nondurable Goods	27.02.1995
598	McKesson Corp	FoxMeyer Drug Co	Wholesale Trade-Nondurable Goods	30.09.1996
561	Booker PLC	Fitch Lovell PLC	Food and Kindred Products	17.07.1990
560	Nine West Group Inc	US Shoe Corp-Footwear Division	Leather and Leather Products	17.03.1995
544	Cardinal Health Inc	Owen Healthcare Inc	Wholesale Trade-Nondurable Goods	27.11.1996
509	UniChem PLC	Alliance Sante SA	Wholesale Trade-Nondurable Goods	20.11.1997
Wood Products, Furniture, and Fixtures				
11198	Georgia-Pacific Corp	Fort James Corp	Paper and Allied Products	17.07.2000
3596	Georgia-Pacific Corp	Great Northern Nekoosa Corp	Paper and Allied Products	30.10.1989
690	Weyerhaeuser Co Ltd	TJ International Inc	Wood Products, Furniture, and Fixtures	22.11.1999
650	UPM-Kymmene	Blandin Paper Co	Paper and Allied Products	30.09.1997
600	Weyerhaeuser Co Ltd	Procter&Gamble-Pulp Mills,Saw	Paper and Allied Products	25.06.1992
520	Weyerhaeuser Co Ltd	Bowater Inc-Pulp & Paper Mill	Paper and Allied Products	04.08.1998
519	John Mansfield Group PLC	Waddington PLC	Paper and Allied Products	07.12.1999

Stichwortverzeichnis

Die Autoren

Graeme K. Deans ist Leiter der Global Strategy and Organization Practice von A.T. Kearney und Chairman von A.T. Kearney Canada. Davor war er verantwortlich für verschiedene A.T. Kearney Operations in Südost-Asien und Indien. Graeme Deans' Beratungsspezialitäten umfassen Business und Marketing Strategy, Organisationsstrukturen und -Effectiveness sowie Corporate Restructuring.

Dr. Fritz Kröger ist Vice President von A.T. Kearney mit Sitz Deutschland. Er hat 26 Jahre Beratungserfahrung in Europa, den Vereinigten Staaten und Japan und ist spezialisiert auf Fragen des Unternehmenswachstums, der Strategieentwicklung, Restrukturierungen und Merger. Er ist Autor und Co-Autor von sieben Büchern zum Thema Restrukturierung, Wachstum und Merger.

Stefan Zeisel ist A.T. Kearney Berater in Deutschland und Mitglied des europäischen Strategieteams. Seine Expertise umfasst Automotive, Consumer Goods und Retail Industrie. Er hat für namhafte europäische Firmen gearbeitet in den Bereichen Wachstumsstrategie, Mergers & Acquisitions und Marketing.

Printed by Publishers' Graphics LLC